高职高专"十三五"

配送管理

主　编　申纲领
副主编　薛　丽　高栋华　申　林

南京大学出版社

图书在版编目(CIP)数据

配送管理 / 申纲领主编. —— 南京：南京大学出版社，2017.5(2019.7重印)
高职高专"十三五"规划教材·物流管理专业
ISBN 978-7-305-18388-1

Ⅰ. ①配… Ⅱ. ①申… Ⅲ. ①物流配送中心－运营管理 Ⅳ. ①F253

中国版本图书馆 CIP 数据核字(2017)第 070132 号

出版发行　南京大学出版社
社　　址　南京市汉口路22号　　邮　编　210093
出 版 人　金鑫荣

书　　名　配送管理
主　　编　申纲领
责任编辑　代伟兵　武　坦　　编辑热线　025-83592315

照　　排　南京南琳图文制作有限公司
印　　刷　虎彩印艺股份有限公司
开　　本　787×1092　1/16　印张 14.25　字数 356 千
版　　次　2017 年 5 月第 1 版　2019 年 7 月第 2 次印刷
ISBN　978-7-305-18388-1
定　　价　35.00 元

网址：http://www.njupco.com
官方微博：http://weibo.com/njupco
微信服务号：njuyuexue
销售咨询热线：(025) 83594756

* 版权所有，侵权必究
* 凡购买南大版图书，如有印装质量问题，请与所购图书销售部门联系调换

前 言

在全球经济一体化、企业激烈竞争的今天,配送,这个长期不被重视的领域,已经越来越引起人们的关注,企业管理者试图从中挖掘新的利润源泉。在配送的实践中,人们发现,配送环节确实存在着很大的利润空间,通过正确的运作和管理,可以大大降低企业的生产和流通成本,给企业带来巨大的经济效益,这对资源的节约和社会的可持续发展起到十分重要的作用。

本书以物流配送系统为对象,系统论述了物流配送的相关原理,全面分析、总结了我国物流配送发展的现状,并吸收了国内外先进的物流配送理念、技术和管理思想,尽可能详尽地阐述配送业务中的基础理论、配送组织和管理的技术与操作规程。本书分析了企业配送过程中的难点并提出了相应的解决对策。其内容涉及配送管理概述、配送系统管理、配送中心管理、配送加工管理、配送成本管理、配送业务管理、配送储存管理等。本书注重理论与实践相结合,使读者既能了解和掌握具体的配送业务,提高配送管理能力,又能巩固和补充专业知识,扩大专业知识面,从而具备现代物流配送管理的综合能力。

本书在编写过程中,尽量从学生的角度出发,深入浅出,循序渐进,使学习内容逐步深化。全书从配送管理的实际案例入手,引出各章的重要概念、基本原理和运作程序,并从理论和实践环节上进行详细的阐述,使读者能准确了解所学的知识。每章还增加了知识目标、技能目标、案例分析、实训题等内容,使各章内容的系统性更加突出。

本书适用于高职高专物流管理及相关专业的学生使用,也可作为相关从业人员的在职培训教材和参考书。

许昌职业技术学院申纲领教授担任本书主编,编写了项目九、项目十、项目十一;许昌职业技术学院薛丽老师担任副主编,编写了项目六、项目七、项目八;许昌职业技术学院高栋华老师担任副主编,编写了项目一、项目二;许昌大成建设(集团)有限责任公司申林老师担任副主编,编写了项目三、项目四、项目五。在编写过程中,参考了大量的著作、文献,借鉴了国内外同行专家的很多研究成果,在此一并表示感谢!

由于作者水平有限,书中难免存在疏漏、错误之处,恳请读者批评指正。

编 者
2017 年 4 月

目 录

项目一　配送概述 …………………………………………………………… 1
　　项目概述 ……………………………………………………………………… 1
　　任务一　配送概述 …………………………………………………………… 1
　　任务二　配送的模式与流程 ………………………………………………… 5
　　任务三　配送的合理化 ……………………………………………………… 9
　　项目小结 ……………………………………………………………………… 14
　　同步练习 ……………………………………………………………………… 15

项目二　配送中心 …………………………………………………………… 16
　　项目概述 ……………………………………………………………………… 16
　　任务一　配送中心业务管理 ………………………………………………… 16
　　任务二　配送中心的功能和作业流程 ……………………………………… 21
　　任务三　配送中心的规划与设计 …………………………………………… 29
　　项目小结 ……………………………………………………………………… 30
　　同步练习 ……………………………………………………………………… 31

项目三　进货作业管理 ……………………………………………………… 32
　　项目概述 ……………………………………………………………………… 32
　　任务一　进货作业流程 ……………………………………………………… 32
　　任务二　商品的分类和编码 ………………………………………………… 38
　　任务三　商品的进货验收 …………………………………………………… 43
　　项目小结 ……………………………………………………………………… 49
　　同步练习 ……………………………………………………………………… 49

项目四　储存作业管理 ……………………………………………………… 51
　　项目概述 ……………………………………………………………………… 51
　　任务一　储存作业管理概述 ………………………………………………… 51
　　任务二　仓储管理与控制 …………………………………………………… 56
　　任务三　仓储管理合理化 …………………………………………………… 61
　　任务四　盘点作业 …………………………………………………………… 63
　　项目小结 ……………………………………………………………………… 67
　　同步练习 ……………………………………………………………………… 67

项目五　集货作业管理 ……………………………………………………… 69
　　项目概述 ……………………………………………………………………… 69

1

任务一　订单管理 ··· 69
　　任务二　备货管理 ··· 80
　　项目小结 ··· 83
　　同步练习 ··· 84
项目六　拣选配货作业管理 ··· 85
　　项目概述 ··· 85
　　任务一　拣选作业管理概述 ······································· 85
　　任务二　拣选作业流程 ··· 90
　　任务三　配货作业 ··· 93
　　任务四　自动分拣系统 ··· 96
　　项目小结 ··· 102
　　同步练习 ··· 102
项目七　流通加工管理 ··· 104
　　项目概述 ··· 104
　　任务一　流通加工概述 ··· 104
　　任务二　流通加工的形式与内容 ································· 107
　　任务三　流通加工管理 ··· 113
　　项目小结 ··· 117
　　同步练习 ··· 117
项目八　出货作业管理 ··· 119
　　项目概述 ··· 119
　　任务一　商品出库 ··· 119
　　任务二　退货管理 ··· 132
　　任务三　补货管理 ··· 134
　　项目小结 ··· 138
　　同步练习 ··· 138
项目九　配送技术装备管理 ··· 140
　　项目概述 ··· 140
　　任务一　物流配送的信息技术 ···································· 140
　　任务二　物流配送的作业装备 ···································· 148
　　任务三　物流标准化 ··· 164
　　项目小结 ··· 168
　　同步练习 ··· 168
项目十　配送成本管理 ··· 170
　　项目概述 ··· 170
　　任务一　配送成本概述 ··· 170
　　任务二　配送成本核算 ··· 178
　　任务三　配送成本控制 ··· 185

项目小结	189
同步练习	189

项目十一　配送业务绩效考核　191
- 项目概述　191
- 任务一　绩效考核系统　191
- 任务二　配送服务与配送成本绩效考核　196
- 任务三　运输绩效考核　203
- 任务四　配送员工绩效考核与分析　210
- 项目小结　215
- 同步练习　215

参考文献　217

项目一 配送概述

知识目标	技能目标
1. 掌握配送的含义和作业流程。 2. 掌握配送合理化的方法，了解配送的模式。 3. 熟悉配送的业务流程。	1. 熟悉配送的类型。 2. 熟悉不合理配送的表现形式。 3. 掌握配送的合理化。

> 项目概述

配送就是根据客户的要求，在物流据点内进行分拣、配货等工作，并将配好的货送交收货人的过程。这一过程包括集货、配货和送货三个有机部分。为了满足不同客户或收货人的需要，尤其是"多品种、小批量、多批次、高频率"的物流服务需要，流通企业或物流企业必须对运输资源（包括车辆、运输计划、送货路线、人员）进行科学、合理地配置，以低成本满足客户的需要。配送是物流中一种特殊的、综合的活动形式，是商流与物流的结合。

任务一 配送概述

1.1.1 配送的概念

我国国家质量技术监督局在 2001 年颁布的《中华人民共和国国家标准——物流术语》中，对配送下的定义为：在经济合理区域范围内，根据客户要求，对物品进行分拣、加工、包装、分割、组配等作业，并按时送达指定地点的物流活动。

在买方市场条件下，客户的需求是灵活多变的，消费特点是多品种、小批量的，因此从这个意义上说，配送活动绝不是简单的送货活动，而应该是建立在市场营销策划基础上的企业经营活动。配送是从客户利益出发，按用户要求进行的一种活动，体现了配送服务性的特征。配送的时间、数量、品种规格都必须按用户要求进行，以用户满意为最高目标。

1. 关于配送的概念反映出的信息

（1）配送是接近客户资源配置的全过程。

（2）配送的实质是送货。配送是一种送货形为，但和一般送货又有区别：一般送货可以是一种偶然的行为，而配送却是一种固定的形态，甚至是一种有确定组织、确定渠道，有一套装备和管理力量、技术力量，有一套制度的体制形式。所以，配送是高水平的送货形式。

（3）配送是一种"中转"形式。配送是从物流结点至客户的一种特殊送货形式。从送货功能看，其特殊性表现为：从事送货的是专职流通企业，而不是生产企业；配送是"中转"型送货，而一般送货尤其从工厂至客户的送货往往是直达型；一般送货是生产什么送什么，有什么送什么，配送则是客户需要什么送什么。所以，要做到需要什么送什么，就必须在一定中转环节筹集这种需要，从而使配送必然以中转形式出现。

（4）配送是"配"和"送"的有机结合。配送与一般送货的重要区别在于，配送利用有效的分拣、配货等理货工作，使送货达到一定的规模，以便利用规模优势取得较低的送货成本。如果不进行分拣、配货，有一件运一件，需要一点送一点，这就会大大增加劳动力的消耗，使送货并不优于取货。所以，追求整个配送的优势，分拣、配货等项工作是必不可少的。

（5）配送以客户要求为出发点。在定义中强调"按客户的订货要求"，明确了客户的主导地位。配送是从客户利益出发，按客户要求进行的一种活动，因此，在观念上必须明确"客户第一"、"质量第一"。配送企业的地位是服务地位而不是主导地位，因此不能从本企业利益出发，而应从客户利益出发，在满足客户利益的基础上取得本企业的利益。更重要的是，不能利用配送损伤或控制客户，不能利用配送作为部门分割、行业分割、市场割据的手段。

（6）概念中"根据客户要求"的提法需要基于这样一种考虑：过分强调"根据客户要求"是不妥的，客户要求受客户本身的局限，有时会损失自我或双方的利益。对于配送者来讲，必须以"要求"为依据，但是不能盲目，应该追求合理性，进而指导客户，实现双方共同受益的商业目的。这个问题在近些年国外的研究著作中也常提到。

2．配送的特点

1）满足顾客对物流服务的需求是配送的前提

在买方市场条件下，顾客的需求是灵活多变的，消费特点是多品种、小批量的，因此从这个意义上说，配送活动绝不是简单的送货活动，而应该是建立在市场营销策划基础上的企业经营活动。配送是从用户利益出发，按用户要求进行的一种活动，体现了配送服务性的特点。配送的时间、数量、品种规格都必须按用户要求进行，以用户满意为最高目标。

2）配送是一种末端物流活动

配送的对象是零售商或用户（包括单位用户、消费者），故配送处于供应链的末端，是一种末端物流活动。

3）配送是"配"与"送"的有机结合

所谓"合理地配"，是指在送货活动之前必须依据顾客需求对其进行合理的组织与计划。只有"有组织有计划"地"配"，才能实现现代物流管理中所谓的"低成本、快速度"地"送"，进而有效地满足顾客的需求。

4）配送是在积极合理区域范围内的送货

配送不宜在大范围内实施，通常仅局限在一个城市或地区范围内进行。

5）配送是物流活动和商流活动的结合

良好的配送活动有利于物流运动实现合理化；完善运输和整个物流系统；提高末端物流的效益；通过集中库存使企业实现低库存或零库存；简化事务，方便用户；提高供应保证程度；为电子商务的发展提供基础和支持。

1.1.2 配送的分类

配送有许多种类和形式,可以从以下三个角度加以分类。

1. 按配送的数量及时间不同的分类

(1) 定时配送。定时配送是指按规定的时间间隔进行配送。其特点是间隔时间固定,配送数量和品种可按计划或按一定联络方式(电话、网络)进行确定。有时,这种配送临时性较强,在一定程度上增加了配送难度。

(2) 定量配送。定量配送是指按规定的批量在一定时间范围内进行配送。其特点是配送数量相对固定或稳定,时间要求不十分严格,备货工作相对简单,运输效率较高。

(3) 定时定量配送。定时定量配送是指按规定时间、规定的货物品种数量进行配送。其特点兼有定时和定量配送两种优点。但计划性很强、稳定性要求很高,故选用此类配送不很普遍。

(4) 定时定量定点配送。定时定量定点配送是指按照确定周期、货物品种和数量,计划确定客户或用户进行配送。其特点表明配送中心与用户签有配送协议,并严格执行。这种方式适用于重点企业和重点项目的物流支持。

(5) 即时配送。即时配送是指完全按用户的配送时间、品种数量要求进行随时配送。其特点以当天任务为目标,对临时性或急需货物进行配送。这种方式要求配送企业的配送资源相对富余。

2. 按配送的品种和数量不同的分类

(1) 少品种大批量配送。少品种大批量配送是指对制造业所需的货物品种少但需求量大实行的配送。其特点是配送工作简单、配送成本低廉。

(2) 多品种少批量配送。多品种少批量配送是指针对零售企业所需的货物品种多批量少的特点,配备齐全后,送达该企业或用户的配送。其特点除了配备良好硬件设备外,还需一流的业务操作水平和训练有素的管理水平。

(3) 成套配套配送。成套配套配送是指对那些装配型或流水线制造企业生产的需要,集合各种产品一切的零部件,按生产节奏定时定量的配送。其特点适应于专业化生产和实现制造企业"零库存"的需要。

3. 按配送的组织形式不同的分类

(1) 分散配送。分散配送是指销售网点或仓库根据自身或用户的需要,对小批量、多品种货物进行配送。其特点适合于分布广、服务面宽,近距离、品种繁多的小额货物的配送。

(2) 集中配送。集中配送又称配送中心配送,是指专门从事配送业务的配送中心对社会性用户的货物需要而进行的配送。其特点是规模大、专业性强、计划性强、与客户关系稳定和密切;配送品种多、数量大,是配送的主要形式。

(3) 共同配送。共同配送是指若干企业集中配送资源,指定统一计划,满足用户对货物需求的配送形式。共同配送一般分成两种类型:一种是中小生产企业间通过合理分工和协商,实行共同配送;另一种是中小企业配送中心之间实现联合、共同配送。前者可以弥补配送资源不足的弱点;后者可以实现配送中心联合作业的优势,两者均可实现配送目的,创造

3

共同配送。

此外,按实施配送的结点不同进行分类,配送可分为配送中心配送、仓库配送和商店配送;按经营形式不同进行分类,配送可分为销售配送、供应配送、销售—供应一体化配送和代存代供配送。

❓小思考

配送和传统的送货有哪些不同?

1.1.3 配送的发展

20世纪80年代以后,受多种社会及经济因素的影响,配送有了长足的发展,而且以高技术为支撑,形成了系列化、多功能的供货活动。其具体表现在以下几个方面。

1. 配送区域进一步扩大

近几年,实施配送的国家已不限于发达国家,许多次发达国家和发展中国家也按照流通社会化的要求实行配送,并且积极开展了配送。就发达国家而言,20世纪80年代以后,配送的活动范围已经扩大到了省际、国际和洲际。例如,以商贸业立国的荷兰,配送的范围已扩大到了欧盟诸国。

2. 配送的发展极为迅速

无论是配送的规模和数量,还是配送的方式方法,都得到了迅猛发展。首先是配送中心的数量和规模的增加。在日本,全国各大城市建立了多个流通中心,仅东京就建立了5个流通中心。同时,由于经济发展带来的货物急剧增加;消费向小批量、多品种转化;销售行业竞争激烈,传统的做法被淘汰,销售企业向大型化、综合化发展,使得配送的数量增加也非常迅速。而且,配送的品种也是全方位面向社会,涉及方方面面的货物种类。其次,随着配送货物数量的增加,配送中心除了自己直接配送外,还采取转承包的配送策略。而且,在配送实践中,除了存在独立配送、直达配送等一般性的配送形式外,又出现了"共同配送"、"即时配送"等配送方式。这样,配送方式就得到了进一步发展。

3. 配送的技术水平提高,手段日益先进

这是成熟阶段配送活动的一个重要特征。进入20世纪80年代以后,各种先进技术特别是计算机的应用,使配送基本上实现了自动化,发达国家普遍采用了诸如自动分拣、光电识别、条形码等先进技术,并建立了配套的体系,配备了先进的设备,如无人搬运车、分拣机等,使配送的准确性和效率大大提高。有的工序因采用先进技术和先进设备,工作效率提高了5~10倍,甚至更高。

4. 配送的集约化程度明显提高

20世纪80年代以后,随着市场竞争日趋激烈及企业兼并速度明显加快,配送企业的数量在逐步减少。但是,总体的实力和经营规模却在增长,配送的集约化程度不断提高。

5. 配送的服务质量提高

在激烈的市场竞争中,配送企业必须保持高质量的服务,否则就可能倒闭。配送的服务质量可以归纳为准确和快速,即不出差错和供货周期短,保证物流在时间和速度两个方面的要求。

任务二 配送的模式与流程

1.2.1 配送的模式及选择

1. 配送模式及选择

对于企业而言,必须要认真分析各种配送模式的优缺点及自身情况,选择最优的配送模式。比如在自己的销售密集区可以自建配送中心进行配送服务,密集程度稍低的区域选择第三方物流配送,在偏远区域用邮政系统。在配送体系上,也可以进行一些创新,比如可以通过提供多种配送模式和时间的服务,对不同配送时间要求的顾客收取不同费用,满足顾客不同层次的需要,争取各种需求偏好强烈的顾客。配送模式是企业对配送所采取的基本战略和方法。根据国内外的发展经验及我国的配送理论与实践,目前,主要形成了以下几种配送模式。

1)自营配送模式

自营配送模式是指企业物流配送的各个环节由企业自身筹建并组织管理,实现对企业内部及外部货物配送的模式。这种模式有利于企业供应、生产和销售的一体化作业,系统化程度相对较高,既可满足企业内部原材料、半成品及成品的配送需要,又可满足企业对外进行市场拓展的需求。其不足之处表现在,企业为建立配送体系的投资规模将会大大增加,在企业配送规模较小时,配送的成本和费用也相对较高。

一般而言,采取自营配送模式的企业大都是规模较大的集团公司。有代表性的是连锁企业的配送,其基本上都是通过组建自己的配送系统来完成企业的配送业务,包括对内部各场、各店的配送和对企业外部顾客的配送。

2)联合配送模式

(1)联合配送模式的含义。联合配送是物流配送企业之间为了提高配送效率以及实现配送合理化所建立的一种功能互补的配送联合体。联合配送的优势在于有利于实现配送资源的有效配置,弥补配送企业功能的不足,促使企业配送能力的提高和配送规模的扩大,更好地满足客户需求,提高配送效率,降低配送成本。

(2)联合配送模式的原则。联合配送的核心在于充实和强化配送的功能,提高配送效率,实现配送的合理化和系统化。因此,作为开展联合配送的联合体成员,首先要有共同的目标、理念和利益,这样才能使联合体有凝聚力和竞争力,才能有利于共同目标和利益的实现。开展联合配送、组建联合体要坚持以下几个原则:① 功能互补;② 平等自愿;③ 互惠互利;④ 协调一致。

需要注意的是,在开展联合配送、组建联合体的过程中,要避免行政的干预,谨防"拉郎配"的做法。

(3)联合配送的实施步骤。联合配送的实施步骤为:① 选择联合对象;② 组建谈判小组,做好谈判准备;③ 签订合作意向书及合同,并进行公证;④ 组建领导班子,拟定管理模式;⑤正式运作。

(4) 联合配送的运作方式。在实际运作过程中,由于联合配送联合体的合作形式、所处环境、条件以及客户要求的服务存在差异,因此,联合配送的运作过程也存在着较大的差异,互不相同。

(5) 联合配送的类型。在实际运行过程中,联合配送的种类很多,大体可归纳为:紧密型、半紧密型和松散型;资源型和管理型;功能型;集货型、送货型和集送型等等。

3) 互用配送模式

(1) 互用配送模式的含义。互用配送模式是几个企业为了各自利益,以契约的方式达到某种协议,互用对方配送系统而进行的配送模式。其优点在于企业不需要投入较大的资金和人力,就可以扩大自身的配送规模和范围,但需要企业有较高的管理水平以及与相关企业的组织协调能力。

(2) 互用配送模式的特点。与联合配送模式相比较,互用配送模式的特点主要有以下几个方面:

一是联合配送模式旨在建立配送联合体,以强化配送功能为核心,为社会服务,而互用配送模式旨在提高自己的配送功能,以企业自身服务为核心。

二是联合配送模式旨在强调联合体的共同作用,而互用配送模式旨在强调企业自身的作用。

三是联合配送模式的稳定性较强,而互用配送模式的稳定性较差。

四是联合配送模式的合作对象需要经营配送业务的企业,而互用配送模式的合作对象既可以是经营配送业务的企业,也可以是非经营配送业务的企业。

4) 第三方配送模式

第三方就是为交易双方提供部分或全部配送服务的一方。第三方配送模式是指交易双方把自己需要完成的配送业务委托给第三方来完成的一种配送运作模式。随着物流产业的不断发展以及第三方配送体系的不断完善,第三方配送模式逐渐成为工商企业和电子商务网站进行货物配送的首选模式和方向。

随着物流管理的理念在中国企业内逐步被认知,第三方物流作为有着较新物流理念的产业正在逐步形成。中国原有的运输企业、仓储企业、电子商务企业经过改造和合并,形成了新兴的第三方物流企业。第三方物流企业在对企业的服务中逐步形成了一种战略关系,随着JIT管理方式在中国的普及,不论制造企业还是商业企业,普遍应用JIT管理的理念,采用拉动方式,减小库存,降低库存储备,适应市场变化。JIT管理方式的应用,使服务于制造企业和商业企业的第三方物流企业,采取小批量、多频次的JIT运输。

5) 邮政配送模式

各卖家均使用邮局作为配送方式之一,是因为邮政在我国覆盖范围极广,利用邮政可以将业务做到全国的每一个县市,这是其他物流方式无法做到的巨大优势。因此,凡是邮政系统能到达的地方,无论电子商务企业对其的市场前景感不感兴趣,都会对该地区提供邮寄服务,因为邮寄的配送费将全部转移给消费者,这对于企业来说只有收益而没有损失。然而我国的邮政业服务质量不高,反应迟钝、周期过长、过程缓慢是它一直难以解决的问题。迟缓发送速度使网上交易快速便捷的优势得不到发挥,阻碍了大量消费者对网上交易的信赖度。特快专递虽然发送速度满足了消费者的要求却由于其高昂的发送费用使网上交易的价格优势难以发挥也同样难以吸引消费者。因此,未来邮政将成为电子商务配送范围以外的配送选择。

2. 配送模式的选择

在物流管理中,极其需要创建配送业务平台,支撑商品流转,满足生产和消费需要。但是,配送新理念在我国传播相当短暂,社会缺乏对配送的支持和投入,到目前为止尚未形成集约化和规模化的配送体系。因此,配送业务始终处于低谷时期,需要配送的企业显得苍白而无力,一定程度上造成资源的浪费。

传统批发体制解体,使得相当的物流设施和设备、物流专业技术人员等资源闲置。在这种状况下,物流企业委曲求全,租赁资源,依靠承揽单项服务外包配送业务,实现经济利益,这也是一种选择。

1.2.2 配送的业务流程

配送是由备货(集货)、理货和送货三个基本环节组成。

备货是配送业务的基础环节,涉及准备和筹集货物等操作性活动。

理货是按照客户需要,对货物进行分拣、配货、包装等一系列操作性活动。

送货是配送业务的核心,也是备货和理货工序的延伸。

配送业务的组织一般是按照功能要素展开的,其基本流程如图1-1所示。

进货 → 分拣 → 采购 → 配货 → 分放 → 配装 → 送货 → 送达

图1-1 配送基本业务流程

具体到不同类型、不同功能的配送中心或结点的配送活动,其流程可能有些不同。不同的商品,由于其特性不一样,其配送流程也会有所区别。例如,食品类商品由于种类繁多,形状特性不同,保质、保鲜要求也不一样,所以通常有不同的配送流程(见图1-2)。

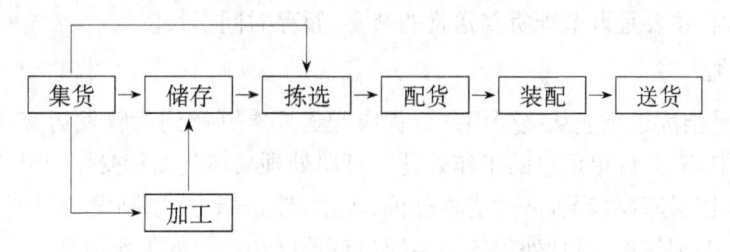

集货 → 储存 → 拣选 → 配货 → 装配 → 送货
         ↑
        加工

图1-2 食品类的三种配货流程

第一类商品由于保质期短,保鲜要求高,如海鲜、鱼、肉类制品等,集货后不经过储存立即分拣配货、配装后送达客户。

第二类商品保质期较长,比如矿泉水、方便食品等,可以在集货后经过储存保管,再按客户订单要求组织配送。

第三类商品在集货后,需按客户的要求按商品特性经过配送加工后再组织配送,如速冻

7

食品、大包装进货食品等。

1.2.3 配送的功能要素

配送活动一般主要由备货、储存、订单处理、分拣及配货、配装、配送加工、配送运输、送达服务几个基本功能要素组成,其具体工作内容如下。

1. 备货

备货是配送的准备工作或基础性工作。不管配送活动是在配送中心进行,还是在仓库、商店、工厂等物流据点进行,配送的前置第一道作业环节就是备货,它完成的是配送的集货功能。如果没有备货,不能筹措配送所需货品,配送就成了无源之水。特别在配送中心,备货环节是必不可少的作业环节。在生产企业的销售配送中,备货工作一般由企业的供售部门或企业的配销中心负责,供应配送一般由采购部门完成。在专业的社会物流配送企业则由配送中心完成备货职能。由于配送组织主体与运行方式不同,配送备货工作内容就不一样。一般备货工作包括用户需求测定、筹集货源、订货或购货、集货、进货及有关的质量检查、结算、交接等。配送的优势之一,就是可以集中用户的需求进行一定规模的备货。备货是配送的基础环节,同时,它也是决定配送效益高低的关键环节。如果备货不及时或不合理,成本较高,那么就会大大降低配送的整体效益。

2. 储存

配送储存是按一定时期的配送经营要求,形成的对配送的资源保证。储存有储备及暂存两种形态。储备是按照一定时期配送活动要求,根据货源的到货情况有计划地确定的,它是使配送持续运作的货源保证。它的特点是储备数量较大,储备结构比较完善,视货源及到货情况,灵活地确定储备结构及储备数量。配送的储备保证有时在配送中心附近单独设库解决。暂存是指在具体执行配送时,按分拣、配货要求,在理货场地所做的少量存储准备。由于总体储存效益取决于储存总量,所以,这部分暂存数量只会对工作方便与否造成影响,而不会影响存储的总效益,因而在数量上控制并不严格。这种形式的储存是为了适应"日配"、"即时配送"需要而设置的。还有一种形式的暂存,即分拣、配货之后,形成的发送货载的暂存,这个暂存主要是调节配货与送货的节奏,暂存时间不长。

3. 订单处理

订单处理是指配送企业从接受用户订货或配送要求开始到货物发运交客户为止,整个配送作业过程中,有关订单信息的工作处理。订单处理具体包括接受用户订货或配送要求,审查订货单证,核对库存情况,下达货物分拣、配组、输送指令,填制发货单证,登记账簿,回应或通知用户,办理结算,退货处理等一系列与订单密切相关的工作活动。

4. 分拣及配货

分拣及配货是配送独特的不同于其他物流形式及特点的功能要素,是关系到配送是否成功的重要工作。由于每个用户对商品的品种、规格、型号、数量、质量、送达时间和地点等的要求不同,配送中心就必须按用户的要求对商品进行分拣及配货,因而必须具备现代化的物流技术装备和高水平的理货、备货能力。分拣及配货是送货向配送发展的必然要求,是不同配送企业进行竞争和提高自身经济效益的必然延伸。所以说,分拣及配货是决定整个配送系统水平的关键要素。

5. 配装

当单个用户配送数量不能达到运输车辆的有效载运负荷时，就存在如何集中不同用户的不同配送货物，进行搭配装载以及充分利用运能、运力的问题，这时就需要配装。通过这项工作，可以大大提高送货水平，降低送货成本，所以，配装也是配送系统中有现代特点的功能之一，是现代配送不同于以往送货的重要区别之处。

6. 配送加工

配送加工是流通加工的一种，为了满足客户对物资不同形态的要求，充分利用资源，提高配送中心的经济效益，根据客户要求，在配送中心对物资进行必要的分等、分割、包装等加工。在配送中，这一功能不具有普遍性，但往往具有重要的作用。它可以提高配送的服务质量，降低配送成本，提高配送加工的经济效益。配送加工是流通加工的一种，但配送加工有其不同于一般流通加工的特点，即配送加工一般只取决于用户要求，其加工的目的较为单一。

> **小思考**
>
> 为什么要进行配送加工？

7. 配送运输

配送运输属于运输中的末端运输、支线运输。它和一般运输的主要区别在于：运输距离较短、规模较小、频度较高，一般使用汽车作为交通工具。此外，与干线运输的另一个区别是配送运输的路线选择问题也是一般干线运输所没有的。干线运输的干线是唯一的运输线，而配送运输由于配送用户多，地点分散，一般城市交通路线又较复杂，如何组合成最佳路线，如何使配装和路线有效搭配，是配送运输的特点，也是难度较大的工作。配送运输管理的重点是合理做好配送车辆的调度。对于较为复杂的配送运输需要用数学模型规划整合来以便取得较好的运输效果。

8. 送达服务

配好的货运到用户还不算配送工作的终结，这是因为货物送达后和用户接货往往还会出现不协调，使配送前功尽弃，如用户认为所送的货物与要求的货物存在差异等。因此，要圆满地实现货物的移交，并有效、方便地处理相关手续并完成结算，必须提高配送管理水平，严格执行订单有关要求。同时，还应讲究卸货地点、卸货方式等送达服务工作。送达服务也是配送独具的特色。

任务三　配送的合理化

1.3.1　配送差别化

配送差别化，一种是根据货物周转的快慢和销售对象规模的大小，把保管场所和配送方式区别开来，利用差别化方法实现物流合理化的策略。即实行周转较快的货物群分散保管，周转较慢的货物群尽量集中保管的原则,以做到压缩流通阶段库存,有效利用保管面积,使库存管理简单化。另一种是根据销售对象决定物流的方法,如对供货量大的销售对象从工厂直接送货,对供货量分散的销售对象,通过流通中心供货,使运输和配送方式区别开来。对于供货量大的对象,每天送货;对于供货量小的对象,集中配送,每隔三天或一周配送一次,灵活掌握配送的次数。

1.3.2 不合理配送的表现形式

配送的决策优劣,不能简单处之,也很难有一个绝对的标准。例如,企业效益是配送的重要衡量标志,但是,在决策时常常考虑各个因素,有时要做赔本买卖。所以,配送的决策是全面、综合的决策。在决策时要避免由于不合理配送出现所造成的损失,但有时某些不合理现象是伴生的,要追求大的合理,就可能派生小的不合理,所以,这里只单独论述不合理配送的表现形式,但要防止绝对化。

1. 资源筹措的不合理

配送是利用较大批量筹措资源。通过筹措资源的规模效益来降低资源筹措成本,使配送资源筹措成本低于用户自己筹措资源的成本,从而取得优势。如果不是集中多个用户需要进行批量筹措资源,而仅仅是为某一两户代购代筹,对用户来讲,就不仅不能降低资源筹措费,相反却要多支付一笔配送企业的代筹代办费,因而是不合理的。资源筹措的不合理还有其他表现形式,如配送量计划不准,资源筹措过多或过少,在资源筹措时不考虑建立与资源供应者之间长期稳定的供需关系等。

2. 库存决策不合理

配送应充分利用集中库存总量低于各用户分散库存总量,从而大大节约社会财富,同时降低用户实际平均分摊库存负担。因此,配送企业必须依靠科学管理来实现一个低总量的库存,否则就会出现只是库存转移,而未解决库存降低的不合理。配送企业库存决策不合理还表现在储存量不足,不能保证随机需求,失去了应有的市场。

3. 价格不合理

总的来讲,配送的价格应低于不实行配送时用户自己进货时产品购买价格加上自己提货、运输、进货之成本总和,这样才会使用户有利可图。有时候,由于配送有较高服务水平,价格稍高,用户也是可以接受的,但这不能是普遍的原则。如果配送价格普遍高于用户的进货价格,损伤了用户利益,就是一种不合理表现。价格制定过低,使配送企业处于无利或亏损状态下运行,会损伤销售者,也是不合理的。

4. 配送与直达的决策不合理

一般的配送总是增加了环节,但是这个环节的增加,可降低用户平均库存水平,以此不但抵消了增加环节的支出,而且还能取得剩余效益。但是如果用户使用批量大,可以直接通过社会物流系统均衡批量进货,较之通过配送中转送货则可能更节约费用,所以,在这种情况下,不直接进货而通过配送,就属于不合理范畴。

5. 送货中不合理运输

配送与用户自提比较,尤其对于多个小用户来讲,可以集中配装一车送几家,这比一家一户自提,可大大节省运力和运费。如果不能利用这一优势,仍然是一户一送,而且车辆达不到满载(即时配送过多过频时会出现这种情况),则就属于不合理。

此外,不合理运输的若干表现形式,在配送中都可能出现,会使配送变得不合理。

6. 经营观念的不合理

在配送实施中,有许多是经营观念不合理,使配送优势无从发挥,相反却损坏了配送的形象。这是在开展配送时尤其需要注意克服的不合理现象。例如,配送企业利用配送手段,向用户转嫁资金、库存困难,在库存过大时,强迫用户接货,以缓解自己库存压力;在资金紧张时,长期占用用户资金;在资源紧张时,将用户委托资源挪作他用获利等。

1.3.3 配送合理化

1. 配送合理化的判断标志

对于配送合理化与否的判断,是配送决策系统的重要内容,目前国内外尚无一定的技术经济指标体系和判断方法。按一般认识,以下若干标志是应当纳入的。

1) 库存标志

库存是判断配送合理与否的重要标志。具体指标有以下两个方面:

(1) 库存总量。库存总量在一个配送系统中,从分散于各个用户转移给配送中心,配送中心库存数量加上各用户在实行配送后库存量之和应低于实行配送前各用户库存量之和。

此外,从各个用户角度判断,各用户在实行配送前后的库存量比较,也是判断合理与否的标准,某个用户上升而总量下降,也属于一种不合理。

(2) 库存周转。由于配送企业的调剂作用,以低库存保持高的供应能力,库存周转一般总是快于原来各企业的库存周转。此外,从各个用户角度进行判断,各用户在实行配送前后的库存周转比较,也是判断配送合理与否的标志。

为取得共同的比较基准,以上库存标志,都以库存储备资金计算,而不以实际物资数量计算。

2) 资金标志

总的来讲,实行配送应有利于资金占用降低及资金运用的科学化。具体判断标志如下:

(1) 资金总量。用于资源筹措所占用流动资金总量,随储备总量的下降及供应方式的改变必然有一个较大的降低。

(2) 资金周转。从资金运用来讲,由于整个节奏加快,资金充分发挥作用,同样数量资金过去需要较长时期才能满足一定供应要求,配送之后,在较短时期内就能达此目的。所以,资金周转是否加快,是衡量配送合理与否的标志。

(3) 资金投向的改变。资金分散投入还是集中投入,是资金调控能力强弱的重要反映。实行配送后,资金必然应当从分散投入改为集中投入,以增加调控作用。

3) 成本和效益标志

总效益、宏观效益、微观效益、资源筹措成本都是判断配送合理化的重要标志。对于不同的配送方式,可以有不同的判断侧重点。例如,配送企业、用户都是各自独立的以利润为中心的企业,不但要看配送的总效益,同时还要看对社会的宏观效益和两个企业各自的微观效益,不顾及任何一方,都必然会出现不合理。如果配送是由用户集团自己组织的,配送主要强调保证能力和服务性,效益主要从总效益、宏观效益和集团企业的微观效益来判断,而不必过多估计配送企业的微观效益。

4) 供应保证标志

实行配送,各用户可能要承担的风险是供应保证程度降低。提高而不是降低对用户的供应保证能力,才算做到了合理。而供应保证能力可以从缺货次数、配送企业集中库存量和即时配送的能力及速度三个方面进行判断。

但是特别需要强调一点,配送企业的供应保障能力,是一个科学的合理的概念,而不是无限的概念。具体来讲,如果供应保障能力过高,超过了实际的需要,属于不合理。所以追求供应保障能力的合理化也是有限度的。

5) 社会运力节约标志

末端运输是目前运能、运力使用不合理、浪费较大的领域,因而人们寄希望于配送来解决这个问题,这也成了配送合理化的重要标志。

运力使用的合理化是依靠送货运力的规划和整个配送系统的合理流程及与社会运输系统合理衔接实现的。送货运力的合理化规划是任何配送中心都需要花力气解决的问题。

6) 用户企业仓库、供应、进货人力物力节约标志

配送的重要观念是以配送代劳用户,因此,实行配送后,各用户的库存量、仓库面积、仓库管理人员减少为合理,用于订货、接货、搞供应的人员减少为合理。真正解除了用户的后顾之忧,配送的合理化程度才可以说是达到了一个高水平。

7) 物流合理化标志

物流合理化的问题是配送需要解决的大问题,也是衡量配送本身的重要标志。配送必须要有利于物流合理,一般可以从以下几方面判断:是否降低了物流费用、是否减少了物流损失、是否加快了物流速度、是否发挥了各种物流方式的最优效果、是否有效衔接了干线运输和末端运输、是否增加实际的物流中转次数、是否采用了先进的技术手段等。

❓小思考

物流和配送有哪些关系?

2. 配送合理化的方法

国内外推行配送合理化,有一些可供借鉴的办法,简介如下。

1) 推行一定综合程度的专业化配送

通过采用专业设备、设施及操作程序,取得较好的配送效果并降低配送过分综合化的复杂程度及难度,从而追求配送合理化。

2) 推行加工配送

通过加工和配送结合,充分利用本来应有的这次中转,而不增加新的中转以求得配送合理化。同时,加工借助于配送,使得加工目的更明确,和用户联系更紧密,更避免了盲目性。

这两者有机结合,在投入不增加太多的前提下却可追求两个优势、两个效益,是配送合理化的重要经验。

3) 推行共同配送

（1）通过共同配送，可以以最近的路程、最低的成本完成配送，从而追求合理化。

① 从货主的角度看，共同配送能在提高物流效率（减少运费，减少物流人力成本）的同时，有利于少量、多频度、小单位配送业务的推广。

② 从汽车运输业者的角度看，实行共同配送可以提高企业资金利用率、促进输送单位大型化和信息网络化的发展，也使车辆融通以及装载效率提高成为可能，而且通过共同配送扩大了多频度、小单位配送这样的顾客服务的范围，提高企业的客户服务水平。

③ 从社会的角度看，共同配送排除了交通运输，减少了在途车辆，可以有效缓和交通以及减少环境污染等。

（2）共同配送的组织形式是以同产业或异产业企业为共同配送基础的横向共同配送，以及如零售与批发、批发与供应商这种以流通渠道各环节成员间共同配送为基础的纵向共同配送。

① 同产业间的横向共同配送。同产业共同配送是指处于相同产业的生产或经营企业，为了提高物流效率，通过配送中心或物流中心集中运输商品的一种方式。其具体做法有以下两种形式：

一种形式是在企业各自分散拥有运输工具和物流中心的情况下，视运输商品量的多少，采取委托或受托的形式开展共同配送，即将本企业配送数量较少的商品委托给其他企业来运输，而本企业配送数量较多的商品，则在接受其他企业委托运输的基础上实行统一配送，这样企业间相互提高了配送效率。

另一种形式是完全的统一化，即在开展共同配送前，企业间就在包装货运规格方面完全实现统一，然后共同建立物流中心或配送中心，共同购买运载车辆，企业间的商品运输统一经由共同的配送中心来开展。

显然，后一种形式的共同配送的规范程度和规模经济要高些。但在某种意义上，对于单个企业而言，缺乏相对的物流独立性。从发达国家同产业共同配送的发展来看，前者在商业零售企业中使用较为普遍，后者较适宜于生产企业，如家电产业和以冷冻食品为中心的食品产业。

同产业共同配送的最大优点在于能提高企业间物流的效率，减少对物流固定资产的投资，更好地满足顾客企业降低成本的要求。同产业共同配送的主要缺点是由于运送业务的共同化和配送信息的公开化，各企业自身有关商品经营的机密容易泄漏给其他企业，因而对企业竞争战略的制订和实施有不利的影响。

② 异产业间的横向共同配送。异产业间的横向共同配送是指将不同产业的企业，把它们生产经营的商品集中起来，通过配送中心或物流中心向客户输送的一种形式。与同产业共同配送不同，异产业共同配送的商品范围比较广泛，属于多产业结合型的配送。

异产业横向共同配送的优点是克服了同产业横向共同配送的缺点，既能提高物流效率，又能有效防止企业信息资源的外流，使企业在效率和战略发展上同时兼顾，并能充分发挥产业间的互补优势。其最主要的缺点是费用计算的复杂性，难以把握不同产业企业间物流成本的分担，增加了企业间的谈判成本。所以，异产业横向共同配送中，确立一个明确、合理的按销售额比例支付费用的计算体系十分重要。

③ 纵向共同配送。从现代物流的观点来看,通过提高流通全过程物流的效率,来实现流通全体成本的削减是十分必要的,因此,在这一思想的指导下,企业与批发商之间就物流业务、管理尽可能达成共识,将管理中不合理的地方加以纠正,对双方不足的地方相互补充是提高经营效率的重要条件。

4) 实行送取结合,推行准时配送系统

配送企业与用户建立稳定、密切的协作关系。配送企业不仅成了用户的供应代理人,而且承担用户储存据点,甚至成为产品代销人。在配送时,将用户所需的物资送到,再将该用户生产的产品用同一运输工具运回,这种产品也成了配送中心的配送产品之一,或者作为代存代储,免去了生产企业的库存包袱。这种送取结合,使运力充分利用,也使配送企业功能得以更大的发挥,从而追求配送合理化。

准时配送是配送合理化的重要内容。配送做到了准时,用户才有货源把握,可以放心地实施低库存或零库存,可以有效地安排接货的人力、物力,以追求最高效率的工作。另外,保证供应能力,也取决于准时供应。从国外的经验看,准时供应配送系统是现在许多配送企业追求配送合理化的重要手段。

5) 优化配送路线

采用科学的合理的方法来确定配送路线,是配送活动中非常重要的一项工作。

(1) 确定配送线路规划的目标。配送线路规划的目标可以有多种选择,如以成本最低为目标、以路程最短为目标、以吨公里数最小为目标、以准确性最高为目标、以选择运力利用最合理为目标、以劳动消耗最低为目标等。

(2) 配送线路选择的制约条件。配送线路的选择一般要结合数学及计算机求解的方法来制定合理的配送方案。确定配送线路的方法较多,有综合评价法、线性规划法、网络图法和节约里程法等。但不管采用何种方法都必须满足以下制约条件:① 满足所有收货人对商品品种、规格、数量的要求;② 满足收货人对商品送达时间范围的要求;③ 在配送中心现有运力允许的范围内;④ 各配送路线的商品量不得超过车辆容积和载重量的限制;⑤ 在允许通行的时间段内进行配送。

6) 推行即时配送

即时配送成本较高,但它是整个配送合理化的重要保证手段。此外,即时配送也是用户实行零库存的重要保证手段。

即时配送是最终解决用户企业断供之忧,大幅度提高供应保证能力的重要手段。即时配送是配送企业快速反应能力的具体化,是配送企业能力的体现。

➢ 项目小结

本项目主要介绍了配送的产生与发展、配送的概念、流程功能及配送合理化等内容。配送是多种活动的有机结合体,它的全过程需要有现代化技术的支撑。配送对整个物流系统来说,具有非常重要的作用,它提高了末端物流的效益、降低了库存、方便了用户、提高了物资供应的保证程度。

配送是从发送、送货等业务活动中发展而来的。原始的送货是作为一种促销手段而出现的。随着商品经济的发展和客户多品种、小批量需求的变化,原来那种有什么送什么和生产什么送什么的发送业务已不能满足市场的要求,从而出现了"配送"这种发送方式。

配送是物流中一种特殊的、综合的活动形式,是商流与物流的结合,也是包含了物流中若干功能要素的一种形式。

同步练习

一、选择题

1. 配送就是根据(   ),在物流据点内进行分拣、配货等工作,并将配好的货送交收货人的过程。

  A. 客户的要求 B. 生产企业的要求 C. 供应商的要求 D. 采购商的要求

2. 配送是一种(   )物流活动。

  A. 中端   B. 末端   C. 开端   D. 连锁

3. (   )是物流配送企业之间为了提高配送效率以及实现配送合理化所建立的一种功能互补的配送联合体。

  A. 分别配送 B. 零星配送 C. 共同配送 D. 集中配送

4. (   )是位于物流结点上,专门从事货物配送活动的经营组织或经营实体,实现物流中配送行为。

  A. 物流中心 B. 配送环节 C. 送货中心 D. 配送中心

5. (   )是指按规定时间、规定的货物品种数量进行配送。

  A. 定时定量配送 B. 定时配送 C. 定量配送 D. 即时配送

二、问答题

1. 什么叫配送?
2. 配送有哪些特点?
3. 配送的模式主要有哪些?
4. 配送活动的基本功能要素有哪些?
5. 不合理配送的表现形式有哪些?

三、实训题

1. 实训目的:熟悉配送,使学生对配送有个整体的认识。
2. 实训方式:到配送企业进行参观学习。
3. 实训内容:

(1) 使学生了解配送和送货有哪些不同。

(2) 使学生熟悉配送的业务主要有哪些,应如何加强对配送企业的管理。

(3) 使学生了解配送企业应如何服务客户,满足客户对配送的需求。

微信扫码查看

项目二　配送中心

微信扫码查看

知识目标	技能目标
1. 掌握配送中心的含义和作业流程。 2. 了解配送中心的地位和功能。	1. 学会企业配送中心的业务。 2. 会结合不同的企业类型构建合适的业务流程。

项目概述

配送中心使分散库存得以集中,加强了调控能力,实现企业低库存或零库存,最大限度地满足企业生产或商品流通需要。因此,配送中心不仅只是一种服务供应性的工作方式,更是一种重要的流通渠道。由于科技的不断进步和经济的不断发展,货物运输量不断增加,运输业迅速发展,企业之间的市场竞争日益激烈。配送中心完善了整个物流系统,将支线运输和小搬运统一起来,使运输得以优化,提高了末端物流的经济效益。

任务一　配送中心业务管理

2.1.1　配送中心的概念和类型

1. 配送中心的概念

配送中心是位于物流结点上,专门从事货物配送活动的经营组织或经营实体,实现物流中的配送行为。配送中心的核心任务就是将货物送到指定用户或客户。为了实现这一核心任务,配送中心还需收集信息、订货、储存等一系列活动,基本集中了所有物流功能,因此,配送中心还有"小物流"之称。

配送中心是开展货物配送及其相关业务的场所,一个完整的配送中心其结构除了基本的硬件设施(包括货物场地、仓库和运输车辆)外,还必须具备保障配送中心各项业务活动有效动作的各种设备,以及具备现代化经营和管理的计算机硬件和软件。

作为物流运动枢纽的配送中心,要发挥其集中供货的作用,首先必须采取各种方式(如零星集货、批量进货)去组织货源。其次,必须按照客户的要求及时分拣(分装)和配备各种货物。为了更好地满足客户的需要,提高配送水平,配送中心还必须有比较强的加工能力,以开展各种形式的流通加工。从这个意义上讲,配送中心实际上是集货中心、分货中心和流通加工中心为一体的现代化的物流基地,也是能够发挥多种功能作用的物流组织。

2. 配送中心的类型

1) 根据配送中心所发挥功能不同的分类

(1) 流通型配送中心(Tranfer Center,TC)。这种配送中心没有长期货物储存功能,仅以暂存或随进随出的方式进行配货、送货,比较典型的是大量货物整进并按一定批量零出。其过程采用大型分货机对货物进行分拣传送,分送到用户单位或配送车辆上。其主要功能是分货与转运。货物流通路线为:用户向企业总部发出订货后,总部随即通知制造商送货到流通型配送中心,流通型配送中心负责对货物进行检验并进行分配,将属于同一区域的客户货物集合在车辆内,及时配送到各客户。

(2) 储存型配送中心(Distribution Center,DC)。这种配送中心具有极强的储存功能,这一功能的表现体现出适应和调节用户或市场的需要。其主要功能是储存与转运。货物流通路线为:用户通过电脑向企业总部发出订货,储存型配送中心根据总部要求,下达出货指示,并配送到各客户。

(3) 加工型配送中心(Process Center,PC)。这种配送中心具有货物再加工功能,货物进入该中心后,经过进一步的简单的加工后再进行配送。其主要功能是加工、包装和转送。货物流通路线与储存型配送中心相类似,所不同的是货物的加工过程和货物再包装等作业过程。

2) 按配送中心的设立者的分类

(1) 制造商型配送中心。制造商型配送中心是以制造商为主体的配送中心。这种配送中心的物品100%是由自己生产制造的,用以降低流通费用,提高售后服务质量,及时地将预先配齐的成组元器件运送到规定的加工和装配工位。从物品制造到生产出来后条码和包装的配合等多方面都较易控制,所以按照现代化、自动化的配送中心设计比较容易,但不具备社会化的要求。

(2) 批发商型配送中心。批发商型配送中心是由批发商或代理商建立的,是以批发商为主体的配送中心。批发是物品从制造者到消费者手中的传统流通环节之一,一般是按部门或物品类别的不同,把每个制造厂的物品集中起来,然后以单一品种或搭配向消费地的零售商进行配送。这种配送中心的物品来自各个制造商,它所进行的一项重要活动是对物品进行汇总和再销售,而它的全部进货和出货都是社会配送的,社会化程度高。

(3) 零售商型配送中心。零售商型配送中心是由零售商向上整合所成立的配送中心。零售商发展到一定规模后,就可以考虑建立自己的配送中心,为专业物品零售店、超级市场、百货商店、建材商场、粮油食品商店、宾馆饭店等服务,其社会化程度介于制造商型配送中心和批发商型配送中心之间。

(4) 专业物流配送中心。专业物流配送中心是以第三方物流企业(包括传统的仓储企业和运输企业)为主体的配送中心。这种配送中心有很强的运输配送能力,地理位置优越,可迅速将到达的货物配送给客户。它为制造商或供应商提供物流服务,而配送中心的货物仍属于制造商或供应商所有,配送中心只是提供仓储管理和运输配送服务。这种配送中心的现代化程度往往较高。

> **小思考**
>
> 什么叫第三方物流?

3) 按物流设施归属不同的分类

(1) 自有型配送中心。自有型配送中心是指包括原材料仓库和成品仓库在内的各种物流设施和设备归属一家企业或企业集团拥有,作为一种物流组织,配送中心是企业或企业集团的一个组成部分。通常这类配送中心只服务于集团内的企业,不对外提供配送服务。例如,美国大型零售企业沃尔玛公司的配送中心,就是沃尔玛独资建立,专为本公司所属的连锁店提供商品配送服务。

(2) 公共型配送中心。公共型配送中心是面向所有用户提供后勤服务的配送组织(或物流设施),只要支付费用,任何用户都可以得到这种配送中心提供的服务。这种配送中心一般是由若干家生产企业共同投资、共同持股、共同管理。在国外,也有个别的公共型配送中心是私人(或某个企业)投资建立并独资拥有的。美国有250多家公共型配送中心,有的已形成了较大的网络体系。

(3) 合作型配送中心。合作型配送中心是由几家企业合作组建、共同管理,多为区域性的配送中心。合作型配送中心可以是企业之间联合发展,如中小型零售企业联合投资兴建,实行配送共同化;也可以是系统或地区规划建设,达到本系统或本地区内企业的共同配送;或是多个企业、系统、地区联合共建,形成辐射全社会的配送网络。

4) 按服务范围和服务对象不同的分类

(1) 城市配送中心。城市配送中心是只向城市范围内的众多用户提供配送服务的物流组织。由于城市范围内货物的运距比较短,因此,配送中心在送货时,运送距离一般均处于汽车运输经济里程范围内,可以用汽车进行配送运输,同时能发挥汽车运输的机动性强、供应快、多用户的配送活动,实现门到门的配送服务。

城市配送中心的服务对象多为城市范围内的零售商、连锁店或生产企业,所以一般来说其辐射能力不是很强,实际操作中多是采取与区域配送中心联网或属于二级配送中心的位置。例如,北京的"北京食品配送中心"就属于这种类型的配送中心。

(2) 区域配送中心。区域配送中心是一种以较强的辐射能力和库存储备,向省(州)际、全国及国际范围的用户配送的配送中心。例如,美国沃尔玛公司下属的配送中心、荷兰NEDL-LOYD集团所属的国际配送中心以及欧洲其他国家批发公司的配送中心、日本阪神配送中心都属于这种类型的配送中心。

3. 物流中心与配送中心

1) 物流中心

物流中心是从事物流活动的场所或组织,它主要是面向社会服务,具有完整的物流功能,完善的信息网络,辐射的范围较大,涉及的商品品种较少,批量较大,存储和吞吐货物的能力很强,物流业务统一经营、统一管理。物流中心是综合性、地域性、大批量的物流物理位移集中地,它把商流、物流、信息流、资金流融为一体,成为产销企业之间的媒介。物流中心按照其功能不同可分为流转中心、配送中心、储存中心、流通加工中心等。

2）配送中心

配送中心作为物流中心的一种形式。在配送中心中,为了能做好送货的编组准备,需要采用零星售货、批量进货等种种资源搜集工作和对货物分整配备等工作。因此,配送中心也具有售货中心、分货中心的职能。为了更有效地、更高水平地送货,配送中心往往还有比较强的流通加工能力。此外,配送还必须执行货物配备后送达客户的使命,这是和分货中心只管分货送达的重要不同之处。由此可见,如果说售货中心、分货中心、加工中心的职能还较为单一的话,那么,配送中心的功能则较全面、完整。也可以说,配送中心实际上是售货中心、分货中心、加工中心功能的综合体,并有了"配"与"送"的有机结合。

2.1.2 配送中心的作用

配送中心是联结生产与生产、生产与消费的流通场所或组织,在现代物流活动中的地位和作用是十分明显的,可以归纳为以下几个方面。

1. 使供货适应市场需求变化

配送中心不是以储存为目的的,然而配送中心保持一定的库存起到了蓄水池的作用。各种商品的市场需求在时间、季节、需求量上都存在很大的随机性,而现代化生产、加工无法完全在工厂、车间来满足和适应这种情况,必须依靠配送中心来调节、适应生产与消费之间的矛盾与变化。例如,国庆节、春节等节假日的销售量比平日成倍增加,配送中心的库存对确保销售起到了有力的支撑。

2. 实现储运的经济高效

从工厂企业到销售市场之间需要复杂的储运环节,要依靠多种交通、运输、库存手段才能满足,传统的以产品或部门为单位的储运体系明显存在着不经济和低效率的问题。故建立区域、城市的配送中心,能批量进发货物,能组织成组、成批、成列直达运输和集中储运,从而提高了流通社会化水平,实现了规模经济所带来的规模效益。例如,超市通过电子订货系统,把几百家门店的零星要货汇总,由供应商集中送到配送中心,并在那里集中配送到门店,可以实现储运的经济高效。

3. 实现物流的系统化和专业化

当今世界没有哪家企业不关注成本控制、经营效率、改善对顾客的服务,而这一切的基础是建立在一个高效率的物流系统上。配送中心在物流系统中占有重要地位,能提供专业化的保管、包装、加工、配送、信息等系统服务。由于现代物流活动中物质的物理、化学性质的复杂多样化,交通运输的多方式、长距离、长时间、多起点和多终点,地理与气候的多样性,对保管、包装、加工、配送、信息提出了很高的要求。因此,只有建立配送中心,才有可能提供更加专业化、系统化的服务。

4. 促进地区经济的快速增长

在我国市场经济体系中,物流配送如同人体的血管,把国民经济各个部分紧密地联系在一起。配送中心同交通运输设施一样,是联结国民经济各地区、沟通生产与消费、供给与需求的桥梁和纽带,是经济发展的保障,是拉动经济增长的内部因素,也是吸引投资的环境条件之一。配送中心的建设可以从多方面带动经济的健康发展。

5. 完善连锁经营体系

配送中心可以帮助连锁店实现配送作业的经济规模,使流通费用降低,减少分店库存,加快商品周转,促进业务的发展和扩散。批发仓库通常需要零售商亲自上门采购,而配送中心解除了分店的后顾之忧,使其专心于店铺销售额和利润的增长,不断开发外部市场,拓展业务。例如,在连锁商业中,配送中心以集中库存的形式取代以往一家一户的库存结构方式,这种集中库存比传统的"前店后库"大大降低了库存总量。又如,配送中心的流通加工可减轻门店的工作量;拆零作业有利于商场丰富陈列样品,以增加销售商品的品种数。此外,还加强了连锁店与供货方的关系。

2.1.3 配送中心的内部组织体系

配送中心内部组织机构一般由行政职能部门、信息中心、账务处理部门、仓库和运输部门等机构组成。

1. 行政职能部门

行政职能部门包括行政经理室和职能管理部门。行政经理室的主要职责是负责配送中心全面、高效的货物配送业务运转,保证货物顺利流通,满足各用户对货物的需要。职能管理部门则从不同管理角度深层次配合和协调配送业务的展开,是行政经理室管理职能的延续。

2. 信息中心

信息中心是配送中心的信息处理部门。它的主要职责是对外负责和汇总各项信息,包括各用户的生产和销售信息、订货信息以及制造商或供应商信息,对内负责协调、组织各项业务活动信息等。

3. 账务处理部门

账务处理部门是配送中心专职处理业务单据的业务部门。其主要职责是记账和完成各类账单和报表,并保存其完整性,做好并监督业务单据的移交和签署;随时提供仓库和配送业务的进出存以及运输数据;改进和设计业务单据和数量,使之更趋合理性和科学性。

4. 仓库和运输部门

仓库和运输部门是配送中心的具体业务运作部门,是肩负着整个配送中心完成配送任务的两大力量。仓库除了储存货物外,还负有配送环节的其他业务,因此,设有理货区、配装区、加工区等功能区域。仓库部门的主要职责是及时有效安排货物进出库,保质保量保证货物的完整性,同时根据客户的不同要求组织不同货物的加工、分拣、配装以满足业务单位需要。运输部门的主要职责是接受指令将已经完成单元货物按照最优运送路线送至各用户单位或指定地点,最终实现配送业务。

? 小思考

仓库和配送中心有哪些不同?

2.1.4 配送路线

1. 确定配送路线的原则

配送路线的选择对配送货物的速度、成本、利润有相当大的影响,所以采用合理、科学的方法确定路线尤为重要。

(1) 路程最短原则。这是一种最为直观的原则。如果路程与成本相关程度高,其他因素可忽略不计时,路程最短作为首选考虑的因素。

(2) 成本最低原则。成本是配送核算的减项部分,是诸多因素的集合,较为复杂,在具体计算过程中,必须在同一范围内加以考虑,认同其最小值。

(3) 利润最高原则。利润是配送中心的核心,也是业务成果的综合体现。因此,在计算时,力争利润数值最大化。

(4) 吨公里最小原则。这一原则在长途运输时被较多地利用和选择。在多种收费标准和到达站点情况下,最为适用。在共同配送时,也可选用此项原则。

(5) 准确性原则。准确性内容包括配送到各大用户的时间要求和路线合理选择的要求。如何协调这两个因素,有时操作起来比较困难或造成与成本核算相矛盾,因此,要有全局观念。

(6) 合理运力原则。运力包括组织配送人员、配送货物和各项配送工具。为节约运力,必须充分运用现有运力,实现运送任务。

2. 确定配送路线的约束条件

(1) 满足用户或收货人对货物品种、规格、数量和质量的要求。
(2) 满足用户或收货人对货物送达的时间限制的要求。
(3) 在允许通行的时间进行配送。
(4) 配送的货物量不得超过车辆载重量和容积等指标要求。
(5) 在配送中心现有生产力范围之内。

任务二 配送中心的功能和作业流程

2.2.1 配送中心的功能

随着社会经济的不断发展,商品流通规模的日益扩大,配送中心的数量也在不断地增加。从配送中心的形成和发展历程来看,配送中心基本上都是在仓储、批发等企业的基础上建设发展起来的,所以,配送中心具有存储、集散等传统的功能,并在物流现代化的进程中,不断地强化拣货、加工、配送、信息等功能。因此,配送中心是一种多功能、集约化的物流结点。它把集货验货、储存保管、装卸搬运、分拣、流通加工、信息处理等有机结合起来,形成多功能集约化和全方位服务的供货枢纽。通过发挥配送中心的各项功能,大大压缩了企业的库存费用,降低了整个系统的物流成本,提高了企业的服务水平。作为一个多功能、集约化的配送中心,通常应具备以下功能。

1. 采购集货功能

配送中心从制造业或供应商那里采购大量的、品种齐全的货物,既包括生产资料的采购,又包括生活资料的采购;既包括服务于生产企业的采购,又包括服务于流通企业的采购。

采购不是单纯的购买行为,而是从市场预测开始,经过商品交易,直到采购的商品到达需求方的全部过程,其中包括了解需要、市场调查、市场预测、制订计划、确定采购方式、选择供应商、确定质量、价格、交货期、交货方式、包装运输方式、协商洽谈、签订协议、催交订货、质量检验、成本控制、结清货款、加强协作、广集货源等一系列工作环节。

无论是组织还是个人,要生存就要从其外部获取所需要的有形物品或无形服务,这就是采购。企业采购是指企业根据生产经营活动的需要,通过信息搜集、整理和评价,寻找、选择合适的供应商,并就价格和服务等相关条款进行谈判,达成协议,以确保需求得到满足的活动过程。

2. 储存功能

配送中心必须保持一定水平的货物储存量。一方面,如果低于合理的储存量水平,可能带来负面效应。另一方面,储存量水平与一般仓库储存量却有诸多不同,如品种花色、数量、要求等内容。因此,配送中心必须掌握或考虑其流动性很大这一特点,严格控制储存水平。

为了满足市场需求的及时性和不确定性,配送中心需要具备储存功能。储存功能主要是保存商品的使用价值,减少商品的自然损耗,更重要的还要保证生产企业的连续不间断的生产和满足消费者的需求。利用配送中心的储存功能可以有效地组织货源,调节商品的生产与消费、进货与生产(消费)之间的时差。同时为了顺利有序地完成向用户配送商品(或货物)的任务,更好地发挥保障生产和消费需要的作用,通常配送中心都建有现代化的仓储设施,如仓库、堆场等,储存一定量的商品,形成对配送的资源保证。

3. 分拣功能

由于配送中心面对广泛的用户且用户之间存在相当差异性,因此,必须对所需货物进行规模性分离、拣选,从而筛选出所需货物。

在品种繁多的库存中,根据客户的订单,将其所需要的不同品种、规格的商品,按照客户要求挑选出来,并集中在一起,这就是分拣。作为物流结点的配送中心,其客户是为数众多的企业或零售商,在这些众多的客户中,彼此之间存在着很大的差别,它们不仅各自经营性质、产业性质不同,而且经营规模和管理水平也大不一样。面对这样一个复杂的用户群,为满足不同用户的不同需求,有效地组织配送活动,配送中心必须采取适当的方式对组织来的货物进行分拣,然后按照配送计划组织配货和分装。分拣能力是配送中心实现按客户要求组织送货的基础,也是配送中心发挥其分拣中心作用的保证,因此,分拣功能是配送中心的重要功能。

4. 集散功能

在一个大的物流系统中,配送中心凭借其特殊的地位和拥有的各种先进设备、完善的物流管理信息系统,能够实现将分散在各个生产企业的产品集中在一起,通过分拣、配货、配装等环节向多家用户进行发送。同时,配送中心也可以把各个用户所需要的多种货物有效地组合在一起,形成经济、合理的批量,来实现高效率、低成本的商品流通。另外,配送中心在建设选址时也充分考虑了其集散功能,一般选择商品流通发达、交通较为便利的中心城市或地区,以便充分发挥配送中心作为货物或商品集散地的功能。配送中心集散功能,如图2-1所示。

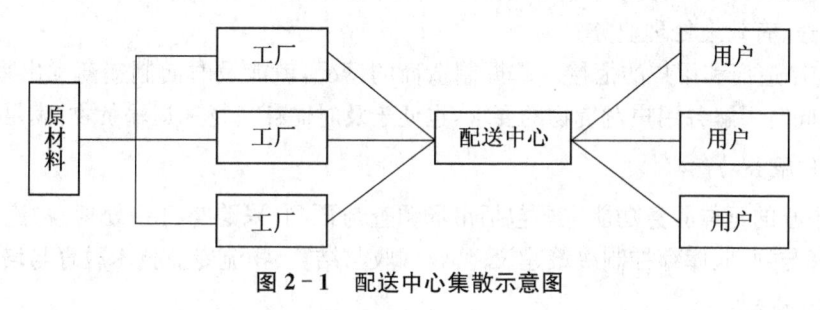

图 2-1 配送中心集散示意图

5. 配送功能

配送中心根据客户的需要,将货物按时送到客户手中。配送的核心是"配",既包含配货又包含配载。配送中心可以为同一用户配送多品种、少批量的多规格的货物,也可以是一台车次为不同用户配送一种或多种货物。配送中心可以为商业经销、最终客户配送生活资料,也可以为生产厂商配送原材料、零部件。配送功能完善运输、送货及整个物流系统,大大提高物流的作用和经济效益。通过配送中心的集中库存,客户实现了低库存或零库存。

6. 配送加工功能

配送中心的加工主要是为了扩大和提高经营范围和配送服务水平,同时,还可以提高货物价值。

流通加工是物品从生产领域向消费领域流动过程中,为提高商品质量促进其销售对物品进行的简单加工和包装。商品从生产地到消费地往往要经过很多流通加工作业,在消费地附近需要将大批量运抵的商品进行细分、分割、计量、组装、小件包装和标签贴附、条码贴附等简单操作,这些都需要在配送中心内完成,这便构成了配送中心的一个新的功能——配送加工。通过配送加工,可以大大提高客户的满意程度。国内外许多配送中心都很重视提升自己的配送加工能力,通过按照客户的要求开展一定加工可以使配送的效率和客户的满意程度提高。配送加工有别于一般的流通加工,它主要取决于客户的消费需求,销售型配送中心有时也根据市场需求来进行简单的配送加工。

7. 信息处理

在配送中心营运中,信息系统起着中枢神经的作用,对外与生产商、批发商及其他客户联网,对内向各子系统传递信息,把收货、储存、拣选、加工、配装及配送等活动联合起来协调一致。

配送中心的整个业务活动必须严格按照订货计划或通知、各用户订单、库存准备计划等内容进行有效操作,而这一过程本身就是信息处理过程。如果没有信息,配送中心就会死水一潭。信息处理具体表现在以下几个方面:

(1)接受订货。接受用户订货要求,经综合处理后,确定相应供货计划。

(2) 指示发货。接受订货后,根据用户分布状况确定发货网点,通过计算机网络或其他方式向发货网点下达发货指令。

(3) 确定配送计划。确定配送路线和车辆,选定最优配送计划并发出配送命令。

(4) 控制系统。配送中心即时或定时了解采购情况、库存情况、加工情况、配送情况,以便准确、迅速、有效地处理业务。

(5) 与制造商和用户的衔接。掌握制造商的情况,就能及时向制造商发出采购通知以便于进货,同时了解各用户对货物的要求,也便于及时储存货物和运输货物,满足用户需求。

8. 延伸服务功能

配送中心的延伸服务功能主要包括市场调查与预测、采购与订单处理、物流咨询、物流方案的选择与规划、库存控制决策建议、货物回收与结算、物流专业技术教育与培训等。

9. 连接功能

配送的连接功能主要表现在以下两个方面:

(1) 连接生产领域和消费领域的空间距离。许多供应商制造的货物通过配送中心送达各个不同的用户。

(2) 连接生产领域和消费领域的时间距离。由于货物的制造与货物的消费不可能保持时间一致,因此客观上存在供需矛盾,而配送中心就是通过其功能的发挥,有效地解决这一矛盾。

2.2.2 配送中心的作业流程

配送中心的效益主要来自"统一进货,统一配送"。统一进货的主要目的是避免库存分散、降低企业的整体库存水平。通过降低库存水平,可以减少库存商品占用的流动资金,减少为这部分占压资金支付的利息和机会损失,降低商品滞销压库的风险。统一配送的主要目的是减少送货的交通流量提高送货车辆的实载率,从而减少送货费用。配送中心作业环节的顺利完成依靠一定的作业流程,配送作业流程要便于实现两个主要目标:一是降低企业的物流总成本;二是缩短补货时间,提供更好的服务。

1. 配送中心的一般作业流程

所谓配送中心的一般作业流程,是指作为一个整体来看待,配送中心在进行货物配送作业时所展现出的工艺流程。从一定意义上说,一般作业流程也就是配送中心的总体运动所显示的工艺流程。配送中心的一般作业流程是以中、小件杂货配送为代表的配送中心流程。由于货物品种多,为保证配送,需要有一定储存量,属于有储存功能的配送中心。理货、分类、配货、配装的功能要求较强,但一般来讲,很少有流通加工的功能。配送中心的一般固体化工产品、小型机电产品、水暖卫生材料、百货及没有保质期要求的食品配送中心等也采取这种流程。配送中心的一般作业流程,如图 2-2 所示。

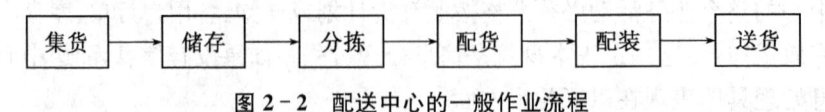

集货 → 储存 → 分拣 → 配货 → 配装 → 送货

图 2-2 配送中心的一般作业流程

这种流程也可以说是配送中心的典型流程,其主要特点是有较大的储存场所,分货、拣选、配货场所及装备也较大。

配送中心的作业流程形式又有许多种类,这主要取决于配送中心本身规模大小、设施条件、服务功能等诸多因素。

(1) 集货。集货过程包括集货采购、接货、验货和收货等具体内容。配送中心的信息中心每天汇总各用户销售和生产信息,汇总库存信息,然后向总部采购部门发出以上信息,由采购部门与制造商联系,发出订单,组织货物采购。配送中心根据制造商送来的订购货物组织入库作业,通过接货、验货和收货等不同程序,最终将合格货物存入库中。

(2) 储存。储存的目的是保证货物生产和销售的需要,保持合理库存期间的同时,要求货物储存不发生任何数量和质量变化。

(3) 分拣。分拣和配货作业是在配送中心理货区内进行。分拣是对确定需要配送的货物种类和数量进行挑选,其方式采用自动化分拣设备和手工方式两种。

(4) 配货、分放。配货也有两种基本形式:播种方式和摘果方式。所谓播种方式,是指将需要配送的同种货物从库区集中于发货区,再根据每个用户对货物需求进行二次分配。这种方式使用于品种集中或相同、数量比较大的情况。摘果方式适用于货物品种多但分散、数量少的情况。分放往往是对已经分拣并配备好的货物,由于不能立即发送,而需要集中在配装区或发货区等待统一发货。

(5) 配装。为了提高装货车厢容积和运输效率,配送中心把同一送货路线上不同客户的货物组合、配装在同一载货车上,这样不但可以降低送货成本,而且减少运输数量,避免交通拥挤状况。

(6) 送货。送货是配送中心作业流程的最终环节。一般情况下,配送中心利用自备运输工具或借助社会专业运输力量来完成送货作业。送货有的按照固定时间和路线进行;有的不受时间和路线的限制,机动灵活完成送货任务。

❓小思考

配送中心和仓库有哪些不同?

2. 配送中心的特殊作业流程

所谓配送中心的特殊作业流程,是指某一类配送中心(即个别配送中心)进行配送作业时所经过的程序(或过程)。其中,包括不设储存库(或储存工序)的配送中心作业流程、加工型配送中心作业流程和分货型配送中心作业流程。

(1) 不设储存库的配送中心作业流程。有的配送中心专以配送为职能,而将储存场所尤其是大量储存场所转移到配送中心之外的其他地点,专门设置补货型的储存中心,配送中心则只有为一时配送而备货的暂存,无大量储存。暂存放在配货场地中,在配送中心不单独设储存库。不设储存仓库的配送中心作业流程,如图 2-3 所示。

集货 → 暂存 → 分拣 → 配货 → 配装 → 送货

图 2-3 不设储存库的配送中心作业流程

这种配送中心和第一种类型的配送中心的流程大致相同，主要工序及主要场所都用于理货、配货。区别只在于大量的储存在配送中心外部而不在其中。这种类型的配送中心，由于没有集中储存的仓库，占地面积比较小，因此可以省去仓库、现代货架的巨额投资。至于补货仓库，可以采取外包的形式，采取协作的办法解决，也可以自建补货中心，实际上在若干配送中心基础上，又共同建设一个更大规模的集中储存型补货中心。还可以采取虚拟库存的办法来解决这一问题。

（2）加工型配送中心作业流程。加工型配送中心作业流程不是一个模式，随着加工方式的不同，配送中心的作业流程也有区别。加工型配送中心作业流程的特点（以平板玻璃为例），进货是大批量、单（少）品种的产品，因而分类的工作不重或基本上无须分类存放。储存后进行加工，与生产企业按标准、系列加工不同，加工一般是按用户的具体要求。因此，加工后产品便直接按用户分放、配货。所以，这种类型配送中心有时不单设分货、配货或拣选环节。配送中心加工部分及加工后分放部分占较多位置。加工型配送中心作业流程，如图2-4所示。

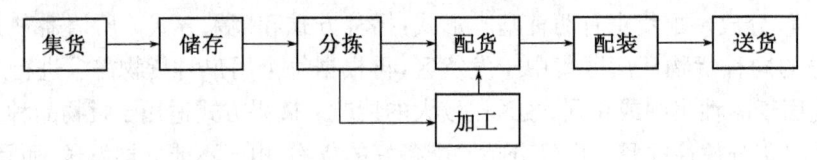

集货 → 储存 → 分拣 → 配货 → 配装 → 送货
                        ↓   ↑
                        加工

图2-4 加工型配送中心作业流程

（3）分货型配送中心作业流程。分货型配送中心是将批量大、品种较单一的产品进货转换成小批量发货式的配送中心。例如，不经配煤、成型煤加工的煤炭配送和不经加工的水泥、油料配送的配送中心大多属于这种类型。分货型配送中心作业流程，如图2-5所示。

集货 → 储存 → 装货 → 送货

图2-5 分货型配送中心作业流程

这种配送中心流程十分简单，基本不存在分类、拣选、分货、配货、配装等工序，但是由于是大量进货，储存能力较强，储存工序及装货工序是主要工序。

2.2.3 配送中心的作业项目

配送中心的作业项目包括订货、到货接收、验货入库与退货、订单处理、储存、加工、拣选、包装、装托盘、组配、配装、送货、送达服务等作业项目，它们之间衔接紧密，环环相扣，整个过程既包括实物流，又包含信息流，同时还有资金流。

1. 接受订单处理

订单处理是配送中心客户服务的第一个环节，也是配送服务质量得以保证的根本。在订单处理过程中，订单的分拣和集合是重要的环节。

订单处理的其中一个重要工作就是填制文件，通知指定仓库将所订货物备齐，仓库接到产品的出货通知后，按清单拣货、贴标签，最后将商品组配装车。

配送中心接收到客户订单后，进行处理的主要工作有以下几个方面：

（1）检查订单是否全部有效，即订单信息是否完全、准确。

(2) 信用部门审查客户的信誉。
(3) 市场销售部门把销售记录记入有关销售人员的账目。
(4) 会计部门记录有关的账目。
(5) 库存管理部门选择和通知距离客户最近的仓库，分拣客户的订单，包装待运，及时登记公司的库存总账，扣减库存，同时将货物及运单送交运输部门。
(6) 运输部门安排运输，将货物从仓库运至发货地点，并进行收货确认配送中心在完成订单处理工作后，将发货单寄给客户。

2. 进货作业

配送中心的进货作业主要包括订货、接货、验收、入库四个环节。

(1) 订货配送中心收到并汇总客户的订单后，首先要确定配送货物的种类和数量，然后要查询管理信息系统查看现有的库存商品信息，看是否有订货商品，且数量是否充足。如有现货且数量充足，就转入拣货作业。如果没有现货或者现货数量不足则要向供应商进行订货。有时，配送中心也会根据用户需求情况或商品销售情况以及与供货商签订的协议，提前订货，以备发货。

(2) 接货供应商在接到配送中心的订单后，会根据订单要求的品种和数量组织供货，配送中心则组织人力、物力接受货物。有时也需到港、站、码头接运到货。签收送货单后就可以验收货物。

(3) 验收货物到达后，就要由配送中心对货物进行检验查收，验收的主要内容是货物的质量、数量和包装的完好性。验收的主要依据是合同条款约定的有关质量标准。验收合格无误的货物办理入库手续。若不符合合同要求，配送中心将详细记载差错情况，并且拒收货物。

(4) 储存配送中心为保证货源供应，或者为了享受价格上的优惠待遇，有些配送中心常常大批量进货，继而将货物暂时存储起来。

3. 拣货和配货作业

拣货和配货是配送中心的核心作业，通过实施该项作业，可以根据客户的订单要求进行货物的拣选加工包装和配装，为发货做准备。

(1) 分拣作业就是拣货人员根据拣货单，从储存的货物中拣出一定品种和数量的商品。分拣的主要方法是摘果式和播种式两种。

(2) 加工配送中心的加工作业属于增值性活动。有些属于初级加工作业，有些属于辅助加工作业，另外还有部分属于深加工作业。配送中心会根据商品的特性和用户的要求选择是否进行加工及加工的程度。

(3) 包装配送中心分拣完毕后，为了便于运输和识别，有时还需要对将配送的货物进行重新包装和捆扎，并在包装物上贴上标签。

(4) 配装为充分利用运输车辆的运力，提高输送的效率，配送中心会将同一时间内出货的不同货物组合配装在同一批次运输车辆上进行运输，这就是配装作业。合理的配装可以提高运力的利用率，降低成本，同时还有利于改善交通状况。

4. 出货

出货是配送中心的最后一个作业环节，包括装车和送货两个作业。

(1) 装车大批量或者体积重量比较大的货物多采取装卸机械设备进行装车。轻质小件的散货可以采取人力或者人加简单机械进行装车。

(2) 送货作业的重点是正确选择取货点、运输工具和合理选择运输路线。给固定用户送货,可以事先编排出合理的运送路线,选择合适的送货时间,进行定时定线送货;临时送货可以根据用户要求和当时的交通状况选择合适的送货路线。

2.2.4 配送中心的基本结构

配送中心虽然是在一般中转仓库的基础上演化和发展起来的,但配送中心的内部结构和布局与一般仓库有较大的不同。一般配送中心的内部工作区域结构配置如下。

1. 接货区

在这个区域里完成接货及入库前的准备工作,如接货、卸货、清点、检验、分类入库准备等。接货区的主要设施有:进货铁路和公路;靠卸货站台;暂存验收检查区域。

2. 储存区

在这个区域里储存或分类储存所进的物资。由于这是个静态区域,进货要在这个区域中有一定时间的放置,所以与不断进出的接货区比较,这个区域所占的面积较大。在许多配送中心,这个区域往往占总面积的一半左右。对某些特殊配送中心(如水泥、煤炭配送中心),这一部分占中心总面积的一半以上。

3. 理货、备货区

在这个区域里进行分货、拣货、配货作业,为送货做准备。这个区域面积随不同的配货中心而有较大的变化。例如,对多用户的多品种、少批量、多批次配送(如中、小件杂货)的配送中心,需要进行复杂的分货、拣货、配货等工作,所以这部分占配送中心很大一部分面积。但也有一些配送中心这部分面积不大。

4. 分放、配装区

在这个区域里,按用户需要将配好的货暂放暂存等待外运,或根据每个用户货堆状况决定配车方式、配装方式,然后直接装车或运到发货站台装车。这一个区域对货物是暂存,时间短、暂存周转快,所以占用面积相对较小。

5. 外运发货区

在这个区域里将准备好的货物装入外运车辆发出。外运发货区结构与接货区类似,有站台、外运线路等设施。有时候,外运发货区和分放装配区还是一体的,将分好的货物直接通过传送装置进入装货场地。

6. 加工区

有许多类型的配送中心还设置配送加工区域,在这个区域进行分装、包装、切裁、下料、混装等各种类型的流通加工。加工区在配送中心所占面积较大,设施装置随加工种类不同而有所区别。

7. 管理指挥区(办公区)

这个区域可以集中设置于配送中心某一位置,有时也可分散设置于其他区域中,主要的内涵是营业事务处理场所、内部指挥管理场所以及信息场所等。

任务三 配送中心的规划与设计

2.3.1 配送中心的规划

配送中心规划是关于拟建配送中心的长远的、总体的发展计划。"配送中心规划"与"配送中心设计"是两个不同但是容易混淆的概念,二者有密切的联系,但是也存在着很大的差别。在配送中心建设的过程中,如果将规划工作与设计工作相混淆,必然会给实际工作带来许多不应有的困难。因此,比较配送中心规划与配送中心设计的异同,阐明二者的相互关系,对于正确理解配送中心规划的界定,在理论和实践上都具有重要意义。

建设项目管理中,将项目设计分为高阶段设计和施工图设计两个阶段。高阶段设计又分为项目决策设计和初步设计两个阶段。项目决策设计阶段包括项目建议书和可行性研究报告。通常也将初步设计和施工图设计阶段统称为狭义的二阶段设计。对于一些工程,在项目决策设计阶段中进行总体规划工作,作为可行性研究的一个内容和初步设计的依据。因此,配送中心规划属于配送中心建设项目的总体规划,是可行性研究的一部分,而配送中心设计则属于项目初步设计的一部分内容。

1. 配送中心规划与配送中心设计的相同之处

（1）配送中心的规划工作与设计工作都属于项目的高阶段设计过程,内容上不包括项目施工图等的设计。

（2）理论依据相同,基本方法相似。配送中心规划与设计工作都是以物流学原理作为理论依据,运用系统分析的观点,采取定量与定性相结合的方法进行的。

2. 配送中心规划与配送中心设计的不同之处

（1）目的不同。配送中心规划是关于配送中心建设的全面长远发展计划,是进行可行性论证的依据。配送中心设计是在一定的技术与经济条件下,对配送中心的建设预先制订详细方案,是项目施工图设计的依据。

（2）内容不同。配送中心规划强调宏观指导性;配送中心设计强调微观可操作性。

2.3.2 配送中心的设计

配送中心的设计包括以下内容：一是建立物流配送中心的战略意义和要求,进行环境调查、销售额的调查与分析。二是控制物料平衡流（物量流）,包括把握物料平衡流的要素和物量流的记法。三是储存作业,有定位储存、随机储存、分类储存、分类随机储存和共同储存等。四是进行物流设备规格设计,要把握基本设计原则和物流设备设计原则,其中的工作是对单位容器的选择和物流系统设备规格型号的设计。五是详细布置规划,包括设备面积与实际位置的设计和物流与周边设施的统一规划设计。六是物流中心布置与规划的评估。七是物流中心的成本分析与效益评估。

2.3.3 配送中心的选址与布局

(1) 遵守配送中心的选址和布局原则：一是适应性原则；二是协调性原则；三是经济性原则；四是前瞻性原则等。

(2) 配送中心选址的影响因素有：一是自然环境因素，有气象条件、地质条件、水文条件、地形条件等。二是经营环境因素，有产业政策、主要商品特性、物流费用、服务水平等。三是基础设施状况，如道路、交通条件以及公共设施状况。其他还有诸如国土资源利用和环境保护要求等情况。

(3) 配送中心规模的确定，要根据物流量预测（吞吐量预测），确定单位面积作业量的定额和配送中心的占地面积。

(4) 配送中心的布局，进行活动关系的分析和作业空间规划，比如通道空间的布置规划，进行货区的作业空间规划（进出货平台的规划、进出货码头配置形式的设计、码头的设计形式、月台数量计算），包括仓储区的作业空间规划、拣货区作业空间规划、集货区的规划、行政区的规划。其中，行政区的规划主要是指非直接从事生产、物流、仓储或流通加工部门的规划，如办公室、会议室、福利休闲设施等。

❓小思考

配送中心设在城市好，还是农村好？为什么？

(5) 各区域位置的设计，主要有以下五种形式：一是双直线式，适合于出入口在厂房两侧，作业流程相似但有两种不同进出货形态；二是锯齿型，通常适用于多排并列的库存货架区内；三是U型，适合于出入口在厂房同侧，根据进出频率大小安排靠近进出口端的储区，缩短拣货搬运路线；四是分流式，适用于批量拣货的分流作业；五是集中式，适用于因储区特性把订单分割在不同区域拣货后再进行集货作业。

➤ 项目小结

本章较为详细地阐述了配送中心的概念、业务管理、类型、功能等内容。在物流企业中，物流配送中心的类型多种多样，为了进一步区分各种配送中心，通常按其配送对象、经济功能、辐射范围等标准对配送中心进行分类。配送中心在物流体系中处于十分重要的地位，发挥着极其重要的作用，其基本功能有存储、集散等传统的功能，而且在物流现代化的进程中，不断地强化拣货、加工、配送、信息等现代功能。配送中心的作业流程又是配送中心最为关键核心的一步，当然不同的企业类型，作业流程也有所不同，但是基本的业务类型又基本相似。

配送是从发送、送货等业务活动中发展而来的。原始的送货是作为一种促销手段而出现的。随着商品经济的发展和客户多品种、小批量需求的变化，原来那种有什么送什么和生产什么送什么的发送业务已不能满足市场的要求，从而出现了"配送"这种发送方式。

配送是物流中一种特殊的、综合的活动形式，是商流与物流的结合，也是包含了物流中若干功能要素的一种形式。

同步练习

一、选择题

1. 配送中心就是从事配送业务的（　　）和组织。
   A. 物流场所　　　B. 生产场所　　　C. 供应场所　　　D. 采购场所
2. 根据配送中心所发挥功能的不同，一般将其分为三类，即流通型配送中心、储存型配送中心和（　　）。
   A. 工业型配送中心　　　　　　　B. 加工型配送中心
   C. 销售型配送中心　　　　　　　D. 包装型配送中心
3. （　　）是面向所有用户提供后勤服务的配送组织（或物流设施），只要支付费用，任何用户都可以得到这种配送中心提供的服务。
   A. 国有型配送中心　　　　　　　B. 民营型配送中心
   C. 公共型配送中心　　　　　　　D. 特殊配送中心
4. 配送中心实际上是售货中心、分货中心、加工中心功能的综合体，并有了"配"与（　　）的有机结合。
   A. "销"　　　B. "采购"　　　C. "加工"　　　D. "送"
5. 配送中心的选址和布局原则：一是适应性原则；二是协调性原则；三是经济性原则；四是（　　）等。
   A. 前瞻性原则　　　　　　　　　B. 实用性原则
   C. 合理性原则　　　　　　　　　D. 方便性原则

二、问答题

1. 配送中心应符合哪些基本要求？
2. 配送中心的作用有哪些？
3. 配送中心的作业项目有哪些？
4. 配送中心接收到客户订单后，进行处理的主要工作有哪些？
5. 配送中心规划与配送中心设计有哪些相同和不同之处？

三、实训题

1. 实训目的：使学生对配送中心有个整体的认识。
2. 实训方式：到配送企业进行参观学习。
3. 实训内容：
   (1) 使学生了解配送中心和仓库有哪些不同。
   (2) 使学生了解配送中心的业务主要有哪些。
   (3) 使学生熟悉应如何建立配送企业，如何加强对配送中心的管理。

项目三　进货作业管理

知识目标	技能目标
1. 熟练掌握进货作业要求、基本流程。 2. 熟练掌握商品入库验收流程,学会对储位进行规划与分配。	1. 掌握商品分类的基本方法,熟悉货品编码。 2. 学会对商品进行分类。 3. 能够处理商品验收入库中常见的问题,能设计出商品进货作业的流程图。

> **项目概述**

进货作业是根据物品进货计划和供货合同的规定进行的,包括一系列的作业活动,如货物的接运、验收、办理入库手续等;保管作业是物品在整个储存期间,为保持物品的原有使用价值,仓库需要采取一系列保管、保养措施,如货物的堆码,盖垫物品的维护、保养,物品的检查、盘点等。进货是配送的准备工作或基础工作,它是配送的基础环节,也是决定配送成败与否、规模大小的最基础环节,同时也是决定配送效益高低的关键环节。

任务一　进货作业流程

3.1.1　进货作业

1. 进货前的准备

1) 编制计划

进货前要根据企业物资供应业务部门提供的物资进货计划编制物品进货计划。物资进货计划的主要内容包括各类物资的进货时间、品种、规格、数量等。仓储部门应根据物资进货计划,结合仓库本身的储存能力、设备条件、劳动力情况和各种仓库业务操作过程所需要的时间,来确定仓库的进货业务计划。

2) 组织人力

按照物品到达的时间、地点、数量等预先做好到货接运、装卸搬运、检验、堆码等人力的组织安排。

3) 准备物力

根据进货物品的种类、包装、数量等情况以及接运方式,确定搬运、检验、计量等方法,配备好所用车辆、检验器材、度量衡器和装卸、搬运、堆码的工具,以及必要的防护用品用具等。

4) 安排仓位

按照进货物品的品种、性能、数量、存放时间等,结合物品的堆码要求,维修、核算占用仓位的面积,以及进行必要的腾仓、清场、打扫、消毒、准备好验收场地等。

5) 备足苫垫用品

根据进货物品的性能、储存要求、数量和保管场地的具体条件等,确定进货物品的堆码形式和苫盖、下垫形式,准备好苫垫物料,做到物品的堆放与苫垫工作同时一次完成,以确保物品的安全和避免以后的重复工作。

2. 商品接运与卸货

到达仓库的商品有一部分是由供应商直接运到仓库交货,其他商品则要经过铁路、公路、航运和空运等运输工具转运。凡经过交通运输部门转运的商品,均需经过仓库接运后,才能进行进货验收。商品接运是进货作业的重要环节,也是商品仓库直接与外部发生的经济联系。商品接运的主要任务是及时而准确地向交通运输部门提取进货商品,要求手续清楚,责任分明,避免将一些在运输过程中或运输前就已经损坏的商品带入仓库,为仓库验收工作创造有利条件。接运方式大致有以下几种:车站、码头提货,专用线接车,仓库自行接货及库内接货。根据到达商品的数量、理化性质及包装单位,合理安排好人力及装卸搬运设备,并安排好卸货站台空间。

3. 分类及标示

为保证仓库的物流作业准确而迅速进行,在进货作业中必须对商品进行清楚有效的分类及编号,可以按商品的性质、存储地点、仓库分区情况对商品进行分类编号。

4. 查核进货信息

到货商品通常具备下列单据或相关信息:采购订单、采购进货通知单,供应商开具的出仓单、发票及发货明细表等。有些商品还随货附有商品质量书、材质证明书、合格证、装箱单等。对由承运企业转运的货物,接运时还需审核运单,核对货物与单据反映的信息是否相符。若有差错应填写记录,由送货人员或承运人签字证明,以便明确责任。

5. 验收

商品验收是按验收业务流程,核对凭证等规定的程序和手续,对进货商品进行数量和质量检验的经济技术活动的总称。既对到库商品进行理货、分类后,根据有关单据和进货信息等凭证清点到货数量,确保进货商品数量准确,又通过目测或借助检验仪器对商品质量和包装情况进行检查,并填写验收单据和其他验收凭证等验收记录。对查出的问题及时进行处理,以保证进货商品在数量及质量方面的准确性,避免给企业造成损失。

6. 办理进货手续

物品验收后,由保管人或收货人根据验收结果,在物品进货单上签收。同时将物品存放的库房、货位编号批注在进货单上,以备记账、查货和发货。经过复核签收的多联进货单,除本单位留存外要退还货主一联作为存货的凭证。其具体手续包括以下几点:

(1) 登账,即建立物品明细账。根据物品进货收单和有关凭证建立物品明细账目,并按照进货物品的类别、品名、规格、批次、单价、金额等,分别立账,并且还要标明物品存放的具体位置。

(2) 立卡,即填制物品的保管卡片,也可称为料卡。料卡是由负责该种物品保管的人填制的。这种方法有利于责任的明确。料卡的挂放位置要明显、牢固,便于物品进出时及时核对记录。

(3) 建档。将物品进货全过程的有关资料证明进行整理、核对,建立资料档案,为物品保管、出库业务创造良好条件。

❓ 小思考

粮食入库时,应如何把好入库关?

3.1.2 货物分区分类储存的意义

1. 分区分类储存货物是仓库进行科学管理的方法之一

所谓分区,就是根据仓库的建筑、设备等条件把仓库划分为若干保管区,以适应货物分类储存的需要,即在一定的区域内合理储存一定种类的货物,以便集中保管和养护。所谓分类,就是根据仓储货物的自然属性、养护措施、消防方法等,将货物划分为若干类别,以便分门别类地将货物相对固定储存在某一货区内。

2. 仓库的分区分类与专仓专储的主要区别

(1) 性质不同。采用分区分类储存货物的仓库,常为通用性仓库,其设施及装备适用于一般货物的储存、保养;而专仓专储的仓库,常为专用性仓库,其设施和装备往往只适用于某类商品的储存、保养,其专用性较强。

(2) 储存货物的种类多少不同。采用分区分类储存货物方法的仓库,一般一个仓库内同时储存着若干类货物,其中大多数仓库采用分类同区储存。即将仓库分成若干个储货区,而在同一储货区内,同时集中储存多种同类商品或性能互不影响、互不抵触的货物。例如,将纺织品分类中的服装、床单、台布等;家电分类中的电视机、收录机、洗衣机、空调、微波炉等,同时储存在一个货区内,便于分类集中保管和养护。而专仓专储则是一个仓库只储存一类货物。

(3) 储存货物的数量多少不同。一般而言,分区分类储存适宜多品种、小批量的货物储存,而专仓专储储存适宜少品种、大批量的货物储存,就同类同种货物的数量而言,分区分类储存货物的数量比用专仓专储储存的数量相对要少得多,因为专仓专储的某种货物往往都是大批量的。

(4) 储存商品的性质不同。分区分类储存的货物,特别是分类同区储存的商品,往往具有互容性,即同储在一个货区内,这些货物不会互相影响互不相容;而专仓专储货物的性质往往较为特殊,不宜与其他货物混存,否则会产生不良影响,如串味、变质、失量等,如卷烟、茶叶、酒、食糖、香料等,一般不宜同存一库。

凡同类货物,性质相近,又有连带消费性的,应尽量安排在同一库区、库位进行储存,如床上用品和睡衣、拖鞋可存放在同一库区。按照商品的自然属性,可把怕热、怕光、怕潮、怕冻、怕风等具有不同自然属性的商品分区分类储存。若性质完全不同,并且互有影响,互不相容,不宜温存的商品,则必须严格分库存放。例如,化学危险品和一般货物、毒品和食品、互相串味的货物(茶叶和肥皂、酒和香烟)等,决不能混杂存放在同一库房或同一库区内,必须采用分区分类的方法,将它们分开存放。固体精素会升华成气体,能防虫、杀虫,但不宜与饼干、糕点等食品同储一库,否则会污染食品,而可与毛皮、毛料服装同存一个库区,一举两得。羊毛等蛋白质纤维怕碱不怕酸,而棉纤维则怕酸不怕碱,在分区分类储存时,应注意将碱性商品与羊毛制品分开存放,将酸性货物同棉制品分开储存。碳化钙、磷化锌、碳化金属等一级遇水燃烧的商品,不能与酸、氧化剂同储一库,因为一旦相遇,即会发生燃烧或爆炸,后果不堪设想。

为了防止货物在储存期间发生物理机械变化、化学变化、生理生化变化及某些生物引起的变化,仓库保管人员必须采取一定的养护措施,如低温储藏养护、加热灭菌储藏养护、气调储存养护等。然而,不同的商品常因其性质各不相同,采用的养护方法也各不相同,如冻猪肉、冻鸡、冻鸭等商品,需要在低温冷藏(−5℃~−1℃)仓库内储藏养护,而苹果、生梨、蔬菜等商品,则需在常温冷藏(1℃~5℃)仓库内储藏养护,这两类商品的养护措施各不相同,所以不能同储一个库区,必须分区分类储存。而对于养护措施相同的商品,则可以同储一个库区,如棉布与棉衣、被单、被套等。

同储一个库区的货物,如果体积大小相差悬殊,单位重量相差很大,则需要用不同的装卸搬运手段,所以不宜在同一库区存放。例如,海绵、泡沫塑料与大型重型机床不宜同库存放。为了便于实现装卸搬运作业的专业化、机械化,尽可能将作业手段相同的货物同储一库。

防火灭火方法不同的货物不应同库储存,必须分开,如油漆、橡胶制品燃烧时,需要用泡沫灭火器灭火;而精密仪器失火时,则用二氧化碳灭火器灭火,这两类商品就不宜混存在同一库区。又如,爆炸品引起的火灾,主要用水扑救;而遇水分解的多卤化合物、氯磺酸、发烟硫酸等,绝不能用水灭火,只能用二氧化碳灭火器、干沙灭火。而对于消防方法相同的货物,则可以储存在同一库区,如小麦和玉米,灭火时主要用水,因此可以同储一个库区。

货物的危险性质,主要是指易燃、易爆、易氧化、腐蚀性、毒害性、放射性等。仓库应根据货物的危险特性进行分区分类储存,以免发生相互接触,产生燃烧、爆炸、腐蚀、毒害等严重恶性事故。例如,化学危险品和一般物品、毒品和食品,决不能混杂存放在同一库房或同一库区,必须严格分区分类存放。

货物的储存期较短,并且吞吐量较大的中转仓库或待运仓库,可按货物的发往地区、运输方式、货主,进行分区分类储存。通常可先按运输方式分为公路、铁路、水路、航空,再按到达站、点、港的线路划分,最后按货主划分。这种分区分类方法虽不分商品的种类,但性能不相容的、运价不同的商品,仍应分开存放。

超长的、较大的、笨重的商品,应与易碎的、易变形的货物分区存放;进出库频繁的货物,应存放在车辆进出方便、装卸搬运容易的近库门的库区,而储存期较长的商品,则应储存在库房深处,或多层仓库的楼上。

一般情况下,怕热的货物应存放在地下室、低温仓库或阴凉通风的货棚内;负荷量较小的、轻泡商品,可存放在楼上库房,而负荷量较大、笨重的商品,应存放在底楼库房内;价值高的贵金属,如金银饰品等,须存放在顶楼库房,而价值较低的一般金属制品,可存放在下层库房内。

❓小思考

粮食保管需要哪些好的保管条件?

3.1.3 进货作业的组织原则

1. 进货作业的基本组织原则

(1) 尽量使进货地点靠近商品存放点,避免商品进库过程的交叉、倒流。

(2) 尽量将各项作业集中在同一个工作场所进行。即在进货作业过程中,将卸货、分类、标志、验货等理货作业环节集中在一个场所完成。这样既可减少空间的占用,也可以节省货物搬运所消耗的人力和物力,降低作业成本,提高作业速度。

(3) 依据各作业环节的相关性安排活动,即按照各作业环节的相关顺序安排作业,避免倒装、倒流而引起搬运货物的麻烦,提高作业效率。

(4) 将作业人员集中安排在进货高峰期,保证人力的合理安排与进货作业的顺利进行。

(5) 合理使用可流通的容器,尽量避免更换。对小件商品或可以使用托盘集合包装的货物,尽量固定在可流通的容器内进行理货与储存作业,以减少货物倒装的次数。

(6) 详细认真地处理进货资料和信息,便于后续作业及信息的查询与管理。

2. 进货过程中操作人员应遵循的具体原则

(1) 多利用配送司机来卸货,以减轻公司作业人员的负担,避免卸货作业的拖延。

(2) 进货的高峰时间尽可能多安排人力,以维持货品正常迅速的移动。

(3) 尽可能将多种活动集中在一个工作站,以节省必要的空间。

(4) 按照进货的需求状况统筹配车,不要将耗时的进货放在高峰时间。

(5) 使码头、月台至储区的活动尽量保持直线运动。

(6) 尽量使用可流通的容器,以减少更换容器的动作。

(7) 为小批量进货准备小车。

(8) 依据各作业的相关性安排活动,力求搬运距离最小并尽可能减少步行的机会。

(9) 在进出货期间尽可能省略不必要的货品搬运及储存。

(10) 为方便后续存取及查询,应详细记录进货资料。

此外,要切实做好进货管理,也要事先制定可依循的进货管理标准,作为员工即时应对的参考。主要的进货管理标准应包含如下内容:

(1) 订购量计算标准。

(2) 有关订购手续的标准。

(3) 进货日期管理——进货日期跟催、进货日期变更的手续。

(4) 有关订购取消及补偿手续。

(5) 有关进货源的货款支付标准、手续及购入契约书。

在设计一套完整的系统前,便考虑所有相关的影响因素,这样才能将之统筹规划。在进货方面的考量因素很多，包括以下几点：

（1）进货对象及供应厂商总数：一日内的供应厂数（平均，最多）。

（2）商品种类与数量：一日内的进货品项数（平均，最多）。

（3）进货车种与车辆台数：车数/日（平均，最多）。

（4）每一车的卸（进）货时间。

（5）商品的形状、特性：散货、单元之尺寸及重量；包装形态；是否具危险性；栈板叠卸的可能性；人工搬运或机械搬运；产品的保存期限。

（6）进货所需人员数（平均，最多）。

（7）配合储存作业的处理方式。

3.1.4 影响进货作业的因素

在组织与计划进货作业时，我们首先必须对影响进货作业的主要因素进行分析。这些影响因素主要来自供应商及其送货方式、商品种类、特性、商品数量、进货作业与其他作业的相互配合等方面。

1. 进货供应商及其送货方式

每天送货供应商的数量、供应商所采用的送货方式、送货工具、送货时间等因素都会直接影响到进货作业的组织和计划。

2. 商品种类、特性与数量

不同商品具有不同的特性，需要采用不同的作业方式。因此，每种商品的包装形态、规格、质量特性以及每天运到的批量大小，都会影响物流中心的进货作业方式。

3. 进货作业人员

在安排进货作业时，要考虑现有的工作人员以及人力的合理利用，尽可能缩短进货作业时间，避免车辆等待装卸的时间过长。

4. 与仓储作业的配合方式

一般配送中心出货、储存有托盘、箱子、单件三种方式，进货同样也有这三种方式。因此，在进货时必须通过拆箱、整合等方式将进货摆放方式转换成储存摆放方式，到货方式应尽量与储存方式统一，否则将增加作业环节，造成不必要的浪费。

（1）若进货与储存同单位，则进货输送机直接将货品运至储存区。

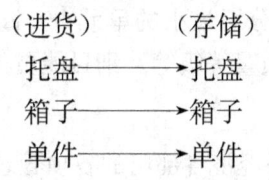

     （进货） （存储）

     托盘————▶托盘

     箱子————▶箱子

     单件————▶单件

（2）若储存以单件为单位，但进货是以托盘、箱子为单位，或储存以箱子为单位，但进货是以托盘为单位，则必须于进货点卸栈或拆装。先是以自动托盘卸货机拆卸托盘上的货物，再拆箱将单件放在输送机上运至储存区。

```
          (进货)       (存储)
          托盘————→单件
          箱子————→单件
          托盘————→箱子
```

（3）若储存以托盘为单位，但进货是以单件或箱子为单位，或储存以箱子为单位，但进货以单件为单位，则单件或箱子必先堆叠在托盘上或单件必先装入箱子后再储存。

```
          (进货)       (存储)
          单件————→托盘
          箱子————→托盘
          单件————→箱子
```

任务二　商品的分类和编码

3.2.1　商品分类的概念、意义和基本原则

1. 商品分类的概念

为了适应生产、流通、消费和科研的需要，根据商品的特征，有目的地、科学地、系统地将商品划分为不同的类别。可以划分为不同的大类、中类、小类、品种乃至规格、品级、花色等细目。

根据一定的目的，选择恰当的标志，将任何一种商品集合总体逐次进行划分的过程，即商品分类。分类具有普遍性，凡有物、有人、有一定管理职能的地方都存在分类。分类是我们认识事物、区分事物的重要方法。分类的结果给我们带来效率，使日常事务大大简化。

商品的大类一般根据商品生产和流通领域的行业来划分，既要同生产行业对口，又要与流通组织相适应。商品品类或中类等是指若干具有共同性质和特征的商品的总称，它们各自包括若干商品品种。商品品种是按商品特性、成分等方面特征进一步划分得到的商品类组。品种的名称，即具体商品名称。

商品、材料、物质、现象等概念都是概括一定范围的集合总体。任何集合总体都可以根据一定的标志逐次归纳为若干范围较小的单元（局部集合体），直至划分为最小的单元。上述商品的局部集合体，可以继续划分至最小的单元——商品细目。细目是对品种的详尽区分，包括商品的规格、花色、型号、质量等级等。细目能更具体地反映商品的特征。

2. 商品分类的意义

（1）商品科学分类有助于国民经济各部门的各项管理的实施。
（2）商品分类有助于商业经营管理。
（3）商品分类有利于实现商品现代化管理。
（4）商品分类有利于了解商品特性。
（5）商品分类有利于商品学的教学工作和开展商品研究工作。

3. 商品分类的基本原则

（1）必须明确要分类的商品所包括的范围。

（2）商品分类要从有利于商品生产、销售、经营习惯出发，最大限度地方便消费者，并保持商品在分类上的科学性。

（3）以商品的基本特征为基础，选择适当的分类依据，从本质上显示出各类商品之间的明显区别，保证分类清楚。

（4）商品分类后的每一品种，只能出现在一个类别里，或每个下级单位只能出现在一个上级单位里。

（5）在某一商品类别中，不能同时采用两种或多种分类标准进行分类。商品分类要以系统工程的原理为根据，分类体现出目的性、层次性，使分类结构合理。

3.2.2　商品分类的标志

商品分类标志实质是商品本身固有的种种属性。在一个分类体系中，常采用几种分类标志，往往在每一个层次用一个适宜的分类标志。目前，还未发现一种能贯穿商品分类体系始终，对所有商品类目直到品种和细目都适用的分类标志。商品分类实践中，常见的分类标志有如下几种。

1. 以商品的用途作为分类标志

商品用途是体现商品使用价值的重要标志，以商品用途作为分类标志，不仅适合于对商品大类的划分，还适合于对商品类别、品种的进一步划分。便于分析和比较同一用途商品的质量和性能，从而有利于生产部门改进和提高商品质量，开发商品新品种，生产适销对路的商品，也便于商业部门经营管理和消费者按需要选择商品。但对于多用途的商品，不宜采用此分类标志。例如，商品按用途可分为生活资料和生产资料，生活资料按用途的不同可分为食品、衣着类用品、日用品等，日用品按用途又可分为器皿类、玩具类、洗涤用品类、化妆品类等，化妆品按用途还可继续划分为护肤用品、美容美发用品等。

❓小思考

商品的标志和商标有什么不同？

2. 以原材料作为分类标志

商品的原材料是决定商品质量、使用性能、特征的重要因素之一。特别是对于那些原材料替代种类多，且原材料对性能影响较大的商品比较适用。但对那些由两种以上原材料所构成的商品，采用此标志进行分类会产生一定困难。例如，纺织品按原料不同可分为棉织品、毛织品、麻织品、丝织品、化学纤维织品等；鞋类商品可分为布鞋、皮鞋、塑料鞋、人造皮革鞋等。以原材料作为商品分类标志，不但使商品分类清楚，而且能从本质上反映出每类商品的性能、特点、使用及保管要求。

3. 以商品的加工方法作为分类标志

这种分类标志对那些可以选用多种加工方法，且质量特征受加工工艺影响较大的商品最为适用。很多不同的商品,往往是用同一种原材料制造的,就是因为选用了不同的加工方法,最后便形成质量特征截然不同的商品种类。由此可见,生产加工方法也是商品分类的重要标志。例如,按加工方法上的区别,茶叶有全发酵茶、半发酵茶和不发酵茶;酒有配制酒、蒸馏酒和发酵原酒。那些加工方法虽不同,但对质量特征不会产生实质性影响的商品,则不宜采用此种标志来分类。

4. 以商品的主要成分或特殊成分作为分类标志

商品的很多性能取决于它的化学成分。很多情况下,商品的主要成分是决定其性能、质量、用途或储运条件的重要因素。对这些商品进行分类时,应以主要成分作为分类标志。例如,化肥可分为氮肥、磷肥、钾肥等。

有些商品的主要化学成分虽然相同,但是所含的特殊成分不同,可形成质量性质和用途完全不同的商品,对这类商品分类时,可以其中的特殊成分作为分类标志。例如,玻璃的主要成分是二氧化硅,但根据其中一些特殊成分,可将玻璃分类为钠玻璃、钾玻璃、铅玻璃、硼硅玻璃等。

采用这种标志分类,便于研究商品的特性、包装、储运、使用方法、养护等问题,因此在生产管理、经营管理和教学科研中广泛应用。但对化学成分构成复杂,或容易发生变化,或区别不明显、成分不清楚的商品,不适宜采用这种分类标志。

还有一些商品本身的属性、特征也在一些特殊场合下作为分类标志。例如,工业制成品以花色、规格、型号作为分类标志,农产品中的种植业产品以收获季节或产地作为分类标志,畜产品中的肉类可以采集部位作为分类标志,蜂蜜以花粉源作为分类标志等。

❓小思考

按照商品的分类方法,大豆属于粮食还是属于油料?

3.2.3 商品分类的基本方法

1. 线分类法及线分类体系

线分类法是商品分类中常采用的方法。按线分类法所建立起的体系即为线分类体系。

线分类体系的主要优点是:层次性好,能较好地反映类目之间的逻辑关系;符合传统应用习惯,既适合于手工处理,又便于计算机处理。但线分类体系也存在着分类结构弹性差的缺点。

线分类法也称层级分类法,它是将拟分类的商品集合总体,按选定的属性或特征作为划分基准或分类标志,逐次地分成相应的若干个层级类目,并编制成一个有层级的、逐级展开的分类体系。线分类体系的一般表现形式是按大类、中类、小类等级别不同的类目逐级展开的。这个体系中,各层级所选用的标志可以不同,各个类目之间构成并列或隶属关系。

2. 面分类法及面分类体系

面分类法又称平行分类法,它是把拟分类的商品集合总体,根据其本身固有的属性或特征,分成相互之间没有隶属关系的面,每个面都包含一组类目。按面分类法所建立起来的分类体系即为面分类体系。将每个面中的一种类目与另一个面中的一种类目组合在一起,即组成一个复合类目。

面分类法所建立起的分类体系结构弹性好,可以较大量地扩充新类目,不必预先确定好最后的分组,适用于计算机管理。它的缺点是组配结构太复杂,不便于手工处理,其容量也不能充分利用。例如,服装的分类就是按面分类法组配的。把服装用的面料、式样和款式分为 3 个互相之间没有隶属关系的"面",每个"面"又分成若干个类目。如表 3-1 所示,标出不同范畴的独立类目,使用时将有关类目组配起来,便成为一个复合类目,如纯毛男式中山装、中长纤维女式西装等。由表中的类目进行组配,就可发现其中会出现没有意义的商品复合类目。

表 3-1 面分类体系应用示例

面 料	式 样	款 式
纯棉	男式	中山装
纯毛	女式	西装
涤棉		猎装
毛涤		夹克
中长纤维		连衣裙

目前,在实际运用中,一般把面分类法作为线分类法的补充。

我国在编制《全国工农业产品(商品、物资)分类与代码》国家标准时,采用的是线分类法和面分类法相结合、以线分类法为主的综合分类法。

3.2.4 商品编码

商品编码是指用一组有序的代表符号来标志分类体系中不同类目商品的过程。编码中使用的标志性的代表符号即称商品代码。

1. 商品编码的作用

商品编码可使名目繁多的商品便于记忆,有利于商品分类体系的通用化、标准化,为建立统一的商品产、供、销和储运信息系统,以及运用计算机网络进行商流、物流的现代化科学管理创造了条件。

2. 商品代码的种类

商品代码按其所用符号的不同分为数字代码、字母代码、字母—数字混合代码。目前使用最普遍的是数字代码。

3. 数字代码的含义及编码方法

数字代码是用一组阿拉伯数字表示的商品代码。数字代码结构简单,使用方便、易于推广,便于计算机处理。运用数字代码进行商品编码,常使用以下 3 种方法。

1) 层次编码

层次编码是按商品类目在分类体系中的层级顺序,依次赋予对应的数字代码。在此且以 GB 7635—87《全国工农业产品（商品、物资）分类代码》为例，分析、认识层次编码。其整个代码共 8 位数，分 4 个层次，每两位数为一层，从左往右分别代表分类体系中的大类、中类、小类、细类。

2) 混合编码

混合编码是层次编码和平行编码的合成。在实践中，编码方法和分类方法一样，通常不单独使用，而是混合使用的。GB 7635—87《全国工农业产品（商品、物资）分类代码》实际采用的就是混合编码。在同一级别中，按平行编码法给出代码；将不同级别中的代码按对应商品类目间固有的逻辑关系组配，就有了 8 位数的代码。

3) 平行编码

平行编码也用于线分类体系中。线分类体系中同一层级的不同类目之间是并列平行的关系。对于这种同一分类体系中同层级的类目，可以以平行编码的方法按顺序给出数字代码。

平行编码多用于面分类体系中，具体方法是给每一个分类面确定一定数量的码位，代码标志各组数字之间是并列平行关系。

4. 商品条码的概念及分类

1) 商品条码的概念

商品条码是由条形符号构成的图形表示分类对象的代码，是由一组规则排列的条、空符号及其对应的数字代码组成的商品标志，是用光电扫描阅读设备识读并实现数据计算机处理的特殊代码。

然而，商品条码不能简单地归类于商品代码。因为，它既不能以上述普通编码方法获得，所蕴含的商品信息也与上述普通代码大相径庭，这一点必须说明。

2) 商品条码的分类

商品条码分为厂家条码和商店条码。

厂家条码是商品分类的一种表现方式，指生产厂家在生产过程中直接印在商品包装上的条码，它们不包括价格信息。常用的厂家条码主要有国际通用商品条码和北美通用产品条码两种。

UPC 码源于美国，是在美国和加拿大推广使用的通用产品代码（Universal Product Code，UPC）。

EAN 条码是欧洲物品编码协会在吸取 UPC 经验的基础上开发出的与 UPC 兼容的欧洲物品编码系统（European Article Numbering System，EAN）。为了在世界范围内推行条码系统，协调条码在各国的应用，1981 年欧洲物品编码协会更名为国际物品编码协会。现在该协会的会员已超过 50 多个国家和地区。EAN 码已在世界各国普及，国际通用。我国于 1988 年 12 月成立中国特别编码中心，1991 年 4 月被国际物品编码协会接纳为会员，同年 5 月，我国颁布了推荐性国家标准《通用商品条码》。

❓ 小思考

EAN 条形码在商品的管理中有哪些作用？

商店条码是在自动扫描商店中,为便于 POS 系统对商品的自动扫描结算,商店对没有商品条码或商品条码不能识读的商品,自行编码和印制条码,并只限在自己店内部使用。通常将这类条码称为商店条码,又叫店内码,可分为以下两类。

一类是用于变量消费单元的店内码。例如,鲜肉、水果、蔬菜、熟食品等商品是按基本计量单位计价,以随机数量销售的,其编码的任务不宜由厂家承担,只能由零售商完成。零售商进货后,要根据顾客需要包装商品,用专有设备对商品称重并自动编码和制成店内码,然后将其粘贴或悬挂到商品外包装上。

另一类是用于定量消费单元的店内码。这类商品是按商品件数计价销售的,应由生产厂家编印条码,但因厂家生产的商品未申请使用条码或其印刷的条码不能被识读,为便于扫描结算,商店必须制作使用店内码。

❓小思考

在商场销售商品的包装上使用的条形码属于哪一种条形码?

任务三 商品的进货验收

商品进货是配送中心仓库作业的第一阶段,是指仓库根据商品进货凭证接收商品进货储存而进行的收货点验、装卸搬运和办理进货手续等一系列业务活动的总称。进货作业的目的在于确保所送商品质量、数量等与进货凭证相吻合。

3.3.1 商品接运作业

商品接运是指仓库对于通过铁路、水运、公路、航空等方式运达的商品,进行接收和提取的工作。由于商品到达仓库的形式不同,除了一小部分由供货单位直接运到仓库交货外,大部分要经过铁路、公路、航运、空运和短途运输等运输工具转运。凡经过交通运输部门转运的商品,均需经过仓库接运后,才能进行进货验收。因此,商品的接运是商品进货业务流程的第一道作业环节,也是商品仓库直接与外部发生的经济联系。

接运的主要任务是准确、齐备、安全地提取和接受商品,为进货验收和检查做准备。应及时而准确地向交通运输部门提取进货商品,要求手续清楚,责任分明,为仓库验收工作创造有利条件。因为接运工作是仓库业务活动的开始,是商品进货和保管的前提,所以接运工作好坏直接影响商品的验收和进货后的保管保养。因此,在接运由交通运输部门(包括铁路)转运的商品时,必须认真检查,分清责任,取得必要的证件,避免将一些在运输过程中或运输前就已经损坏的商品带入仓库,造成验收中责任难分和在保管工作中的困难或损失。接运的方式主要有以下几种。

1. 到车站、码头提货

这是由外地托运单位委托铁路、水运、民航等运输部门或邮局代运或邮递货物到达本埠车站、码头、邮局后,仓库依据到货通知单派车提运货物的作业活动。这种到货接运形式大多是零担托运、到货批量较小的货物。在汽车运输与其他运输方式联合运输的过程中会出现这种方式的作业活动。此外,接受货主的委托,代理完成提货、末端送货的活动的情况下也会发生到车站、码头提货工作。

2. 到货主单位提取货物

这是仓库受托运方的委托,直接到供货单位提货的一种形式。这种提货形式的作业内容和程序主要是:当货栈接到托运通知单后,做好一切提货准备,并将提货与物资的初步验收工作结合在一起进行。因此,接运人员要按照验收注意事项提货,必要时可由验收人员参与提货。在供货人员在场的情况下,当场进行验收。

3. 托运单位送货到库接货

这种接货方式通常是托运单位与仓库在同一城市或附近地区,不需要长途运输时所采取的一种形式。这种接货方式的作业内容和程序是:当托运方送货到货栈后,根据托运单(需要现场办理托运手续的先办理托运手续)当场办理接货验收手续,检查外包装,清点数量,做好验收记录。如有质量和数量问题,托运方应在验收记录上签证。

4. 铁路专用线到货接货

这是仓库备有铁路专用线,大批整车或零担到货接运的形式。它是公路铁路联合运输的一种形式。在这种运输形式下,铁路承担主干线长距离的货物运输,汽车承担直线部分的直接面向收货方的短距离的运输。

3.3.2 商品的验收内容

商品验收程序包括验收准备、核对凭证、确定验收比例、实物检验、做出验收报告及验收中发现问题的处理。因此,商品验收必须首先做好验收前的准备工作:全面了解验收物资的性能、特点和数量;准备堆码苫垫所需材料和装卸搬运机械、设备及人力;准备相应的检验工具,并做好事前检查;收集和熟悉验收凭证及有关资料;进口物资或上级业务主管部门指定需要检验质量者,应通知有关检验部门会同验收。然后核对相关的凭证:货主提供的进货通知单和仓储合同;供货单位提供的验收凭证,包括材质证明书、装箱单、磅码单、发货明细表、说明书、保修卡及合格证等;承运单位提供的运输单证,包括提货通知单和登记货物残损情况的货运记录、普通记录以及公路运输交接单等。

商品验收是交接双方划分责任的界限,为此,必须要经过商品条形码、商品数量、商品质量、货物包装四个方面的验收。

1. 商品条形码验收

在作业时要抓住两个关键:一是检验该商品是否是有送货预报的商品;二是验收商品的条形码与商品数据库内已登录的资料是否相符。

2. 数量验收

数量验收包括点件查数、抽验查数和检斤换算等方法。

(1) 点件查数法。按件、只、台等计量的商品检验方法,即逐件、逐只、逐台进行点数加总求值。

(2) 抽验查数法。按一定比例开箱验件的方法,一般适合批量大、定量包装的商品。

（3）检斤换算法。通过重量过磅换算该商品的数量,适合商品标准和包装标准的情况。

另外,数量验收,从"数量"两字的含义来说,除了验收大件外,还需验收"细数"以及散装、特形、零星等各种商品。

细数是指商品包装内部的数量,即商品价格计算的单位,如"双"、"条"、"支"、"瓶"、"根"等数量。数量验收在单据与货物核对时还有一种叫"规格验收",它是包含在数量验收范畴内的,如商品包装上的品名、规格、数量等。例如,洗衣粉核对牌名,同牌名不同规格的还要核对每小包的克数,以及包装的区别。

3. 质量验收

对于一般的商品来说,由于交接时间短促和现场码盘等条件的限制,在收货点验时,一般只能用"看"、"闻"、"听"、"摇"、"拍"、"摸"等感官检验方法,检查范围也只能是包装外表。在进行感官检验时,要注意以下几点:

（1）在验收液体商品时,应检查包装箱外表有无污渍(包括干渍和湿渍)。若有污渍,必须拆箱检查并调换包装。

（2）在验收玻璃制品(包括部分是玻璃制作的制品)时,要件件摇动或倾倒细听声响,这种验收方法是使用"听"的方法,经摇动发现破碎声响,应当场拆箱检查破碎数和程度,以明确交接责任。

（3）在验收香水、花露水等商品时,除了"听声响"外,还可以在箱子封口处"闻"一下,如果闻到香气严重刺鼻,可以判定内部商品必定有异状,即使开箱检查内部没有破碎,也至少是瓶盖密封不严,若经过较长时间储存或运输中的震动,香水、花露水等液体商品肯定会外溢损耗。

（4）在验收针棉织品等怕湿商品时,要注意包装外表有无水渍。

（5）在验收有有效期商品时,必须严格注意商品的出厂日期,并按照连锁超市公司的规定把关,防止商品失效变质。

对于一些特殊的商品,比如生鲜类商品,在进行上述方法进行质量验收外,有时还需要进行物理和化学性质的检验。这类物理和化学性质的检验必须有专业人员、专业设备根据相关的标准进行。另外,还涉及抽样的问题。

4. 包装验收

包装验收的目的是为了保证商品在运输途中的安全。物流包装一般在正常的保管、装卸和运送中,经得起颠簸、挤轧、摩擦、叠压、污染等影响。在包装验收时,应具体检查:纸箱封条是否破裂,箱盖(底)摇板是否粘牢,纸箱内包装或商品是否外露,纸箱是否受过潮湿。

商品验收时,主要依据供货商的发货单和进货发票,这两个单证缺一不可。进行验收时,需要做好对单验收、数量验收、质量验收、包装验收四方面工作,要求货单相符、数量准确、质量符合要求、包装完好无损。

3.3.3 商品验收的标准和依据

商品验收是对即将进货的商品,按规定的程序和手续进行数量和质量的检验,也是保证库存质量的第一个重要的工作环节。商品验收既要遵循认真、准确、及时的原则,又要遵循商品验收的标准和依据。

1. 商品验收的标准

在实际进货作业过程中,通常依据以下标准来验收:

(1) 以采购合同或订单所规定的具体要求和条件(采购合约中的规格或者图解)为标准。采购合同是供求双方事先共同约定并遵守的一种具有法律意义的协议文件。采购合同中有商品质量的条款就是由供求双方事先共同约定的商品质量的规范,所以商品验收过程中可以依据采购合同和订单作为商品验收的标准和依据。

(2) 以议价时的合格样品为标准。在商品交易过程中,商品样品是由供货方事先共同约定"看样取货"的标准,所以可以作为商品验收的标准和依据。

(3) 以各类商品的国家标准或国际标准为依据。商品标准是指一种以科学技术和实践经验的综合成果为基础,经有关方面协商一致,主管机构批准,特定形式发布,作为商品生产和商品质量规范的准则和依据。商品标准是评定商品质量的准则和依据,所以商品验收过程中可以依据商品的标准作为商品验收的标准和依据。

2. 商品验收中确定抽检比例的依据

收货检验工作是一项细致复杂的工作,一定要仔细核对,做到准确无误。从目前的实际情况来看,有两种核对方法,即"三核对"和全核对。

"三核对",即核对商品条形码(或物流条形码),核对商品的件数,核对商品包装上的品名、规格、细数。只有做到这"三核对",才能达到品类相符、件数准确。由于用托盘收货时,要做到"三核对"有一定难度,故收货时采取边收边验的方法,才能保证"三核对"的执行。有的商品即使进行了"三核对"后,仍会产生一些规格和等级上的差错,如品种繁多的小商品。对这类商品则要采取全核对的方法,要以单对货,核对所有项目,即品名、规格、颜色、等级、标准等,才能保证单货相符,准确无误。

在配送中心进货验收工作中,商品通常是整批、连续到库,而且品种、规格复杂,在有限的时间内不可能逐件查看,这就需要确定一个合理的抽查比例、验收抽查比例的大小。一般根据商品的特性、商品的价值大小、品牌信誉、物流环境等因素来确定,具体可以依据和综合考虑以下条件:

(1) 商品的理化性能。不同的商品具有不同的物理、化学性能,有些商品性能不稳定,对物流环境适应能力较差,如易碎、易腐蚀、易挥发的商品,验收、抽查的比例可适当加大。

(2) 商品价值的大小。

(3) 生产技术条件及品牌信誉。通常生产技术条件好则产品质量稳定,品质信誉也就越好,这类商品在进货时验收抽查的比例可以小些;反之,抽查的比例需要大些。

(4) 物流环境。物流环境包括储运过程中的气候、地理环境及储运、包装条件等。商品的质量稳定,物流环境与商品性能相宜,则验收抽查的比例可小些。

(5) 散装商品的验收。散装计重商品必须全部过磅进行数量检查;计件商品也必须在检查质量的同时,检查数量。

3. 商品验收的原则

（1）在商品进货凭证未到或未齐之前不得正式验收。

（2）发现商品数量或质量不符合规定，要会同有关人员当场做出详细记录，交接双方在记录上签字。

（3）在数量验收中，计件商品应及时验收，发现问题要按规定的手续，在规定的期限内向有关部门提出索赔要求。

3.3.4　商品进货管理要求

商品进货管理是根据商品进货凭证，在接受进货商品时所进行的卸货、查点、验收、办理进货手续等各项业务活动的计划和组织。一般包括商品接运、商品验收和建立商品档案三个方面。商品进货管理的基本要求如下：

（1）保证对进货单据和商品的审核无误。

（2）确保进货商品数量准确、质量完好、包装无损。

（3）进货迅速、安全稳妥。

（4）手续完备、交接清楚。

3.3.5　商品验收进货的信息处理

到达配送中心的商品，经验收确认后必须认真填写"验收单"，并将有关进货信息及时准确地登录库存商品信息管理系统，更新库存商品的有关数据。商品信息登录的目的在于后续作业，如为采购进货、储存、拣货、出货等环节提供管理和控制的依据。通过严格的信息管理，利用真实有效的数据，为流动资产的管理提供依据，因此，商品信息的录入必须及时、准确、全面。进货商品信息通常需要录入以下内容：

（1）商品的一般信息，如商品的名称、规格、型号、包装、商品单价等。

（2）商品的原始条码、内部编码、进货单据号码。

（3）商品储位指派。

（4）商品的进货数量、进货时间、进货批次、生产日期、质量状况、商品单价等。

（5）供应商信息，如供应商名称、编号、合同号等。

以上信息录入后，配送中心的信息管理系统将自动更新和储存录入信息，特别是商品进货数量的录入将增加库存商品账面余数，从而保证商品账面数与实际库存数量一致，既为有效地保管商品数量与质量提供依据，也为库存商品数量的控制和采购决策提供参考。对作业过程中产生的单据和其他原始资料应注意的供应商或者时间顺序等归类整理。

将进货信息输入计算机系统，这样商品实物库存就会在系统中生成相对应的系统库存，打印验收进货单（见表3-2）后才最终完成进货作业。

表 3-2 验收进货单

编号：

供货商		订单号			验收员		
送货单号					验收日期		
发货日期		到货日期			复核员		

序号	储位号	货物名称	货物规格型号	货品编码	包装单位	应收数量	实收数量	备注

3.3.6 商品验收进货中常见的问题

配送中心进货渠道广，商品来源复杂，有时还涉及生产、采购、运输等多个部门的作业，容易出现问题和失误，因此，在进货验收工作中，必须认真细致，实事求是，积极慎重，分清责任，及时解决验收过程中发现的问题。若货品验收不合格，则有可能采取退货、维修或寻求折让等措施。因此有必要制定相关验收作业规则，作为有效解决各种问题的决策依据。

1. **质量检验问题的处理**

（1）应及时向供货单位办理退货、换货交涉，或征得供货单位同意代为修理，或在不影响使用前提下降价处理。

（2）商品规格不符或错发时，应先将规格对的予以进货，规格不对的商品做好验收记录交给相应部门办理换货。

2. **数量检验问题的处理**

（1）对于数量溢余较大的情况，可选择商品退回或补发货款的方式解决。

（2）对于数量短缺较大的情况，可选择按实数签收并及时通知供应商的方式解决。

3. **验收凭证问题的处理**

（1）要及时向供应商索取，到库商品应作为待检验品堆放在待验区，待证件到齐后再进行验收。

（2）证件未到之前，不能验收，不能进货，更不能发货。

4. **证物不符问题的处理**

应把到库商品放置于待检区，并及时与供应商进行交涉，可以采取拒绝收货、改单签收或退单、退货的方式解决。

商品验收作业常见的问题及处理方法总结如表3-3所示。

表3-3　商品验收进货中常见的问题及处理方法

处理方法\常见问题	数量溢余	数量短少	品质不合格	包装不合格	规格品类不符	单证与实物不符
通知供货方	√	√			√	√
按实数签收		√				
维修整理			√	√		
查询等候处理	√					√
改单签收	√					
拒绝收货	√		√	√		
退单、退货	√		√	√		√

➢ 项目小结

本章详细地阐述了进货作业的流程及相关知识要点。在配送中心实际操作中,能够根据不同货品的情况对储位进行规划与分配,熟悉进货作业基本流程,在了解影响进货作业各种因素的基础上,学会组织进货作业。商品分类是货品编码的基础,掌握商品分类的方法,并能够为不同类型的商品分配合适的储位。商品验收是交接双方划分责任的界限,要求会用不同的方法验收商品,熟悉商品的验收进货流程,能够处理商品验收进货中常见的问题。

同步练习

一、选择题

1. 所谓分区,就是根据仓库的建筑、设备等条件把仓库划分为若干保管区,以适应货物分类储存的需要,即在一定的区域内合理储存一定种类的货物,以便集中(　　)。
　　A. 保管和养护　　　　　　　B. 生产
　　C. 满足供应商的要求　　　　D. 满足采购商的要求

2. 根据一定的目的,选择恰当的标志,将任何一个商品集合总体逐次进行划分的过程,即(　　)。
　　A. 商品集中　　B. 商品分类　　C. 商品入库　　D. 商品储存

3. 线分类法是商品分类中常采用的方法。按线分类法所建立起的体系即为(　　)。
　　A. 面分类体系　　B. 分类体系　　C. 线分类体系　　D. 点分类体系

4. "三核对"即核对(　　),核对商品的件数,核对商品包装上的品名、规格、细数。
　　A. 商品数量　　B. 商品商标　　C. 商品质量　　D. 商品条形码

5. 到达配送中心的商品,经验收确认后必须认真填写"验收单",并将有关进货信息及时准确地登录库存商品信息管理系统,更新库存商品的(　　)。
　　A. 有关数据　　B. 有关商标　　C. 有关包装　　D. 有关位置

二、问答题

1. 进货前的准备工作有哪些?
2. 进货作业的基本组织原则有哪些?
3. 影响进货作业的因素有哪些?
4. 商品进货管理的基本要求有哪些?
5. 进货商品信息通常需要录入的内容有哪些?

三、实训题

1. 实训目的:熟悉商品进货作业管理,使学生对商品进货作业的程序、要求、注意事项、入库后的管理有个整体的认识。

2. 实训方式:到仓储企业进行顶岗实践,主要实践商品进货的验收和管理。

3. 实训内容:

(1) 使学生了解商品进货作业管理。

(2) 使学生熟悉商品进货的业务主要有哪些,应如何加强仓储企业的管理。

(3) 使学生了解仓储企业应如何服务客户,如何保管好商品。

微信扫码查看

项目四 储存作业管理

微信扫码查看

知识目标	技能目标
1. 掌握配送中心的储存方法。 2. 掌握配送中心的盘点作业步骤。 3. 了解盘点作业的目的和内容。	1. 学会盘点作业方式和具体方法。 2. 熟悉配送中心的储存业务流程。 3. 熟悉配送中心的盘点作业流程。

▶ 项目概述

储存作业管理是对流通中的商品进行检验、保管、加工、集散和转换运输方式,并解决供需之间和不同运输方式之间的矛盾,提供场所价值和时间效用,使商品的所有权和使用价值得到保护,加速商品流转,提高物流效率和质量,促进社会效益的提高。储存作业管理是每一个配送系统不可或缺的组成部分,在以最低的总成本提供令人满意的客户服务方面具有举足轻重的作用。

任务一 储存作业管理概述

4.1.1 仓储的概念与功能

1. 仓储的概念

所谓仓储,是指利用仓库对物资进行的储存和保管。根据《中华人民共和国国家标准物流术语》的定义,储存是指保护、管理、贮藏物品;保管是指对物品进行保存及对其数量、质量进行管理控制的活动。

仓储管理是每一个物流系统不可或缺的组成部分,在以最低的总成本提供令人满意的客户服务方面具有举足轻重的作用。它是生产者与客户之间一个主要的联系纽带。仓储是商品流通的重要环节之一,也是物流活动的重要支柱,是加快资金周转,节约流通费用,降低物流成本、提高经济效益的有效途径。

2. 仓储的功能

仓储的主要功能是对流通中的商品进行检验、保管、加工、集散和转换运输方式,并解决供需之间和不同运输方式之间的矛盾,提供场所价值和时间效用,使商品的所有权和使用价值得到保护,加速商品流转,提高物流效率和质量,促进社会效益的提高。

仓储作业会给整个社会物流过程的运转带来不同的影响,良好的仓储作业与管理能保证生产、生活的连续性,反之会带来负面的效应。仓储作业的功能主要从以下三个方面理解:

第一,时间调整功能。一般情况下,生产与消费之间会产生时间差,通过储存可以克服货物产销在时间上的隔离(如季节生产,但需全年消费的大米)。

第二,价格调整功能。生产和消费之间也会产生价格差,供过于求、供不应求都会对价格产生影响,因此通过仓储可以克服货物在产销量上的不平衡,达到调控价格的效果。

第三,衔接商品流通的功能。商品仓储是商品流通的必要条件,为保证商品流通过程连续进行,就必须有仓储活动。通过仓储,可以使用流通加工、配送等手段衔接商品流通,提高物流效率,并且对物品进行附加增值。

1) 调节功能

仓储在物流中起着"蓄水池"的作用,一方面仓储可以调节生产与消费的关系,使它们在时间和空间上得到协调,保证社会再生产的顺利进行;另一方面还可以实现对运输的调节。因为产品从生产地向销售地流转,主要依靠运输完成,但不同的运输方式在运向、运程、运量及运输线路和运输时间上存在着差距,这需要由仓储来调节。

2) 保管检验功能

在物流过程中,物资入库后必须对其进行有效储存保管,保证适当的温度、湿度等条件,防止其理化性质发生变化。同时,为了保障商品的数量和质量准确无误,分清责任事故,维护各方面的经济利益,还要求必须对商品及有关事项进行严格地检验,以满足生产、运输、销售及用户的要求。仓储为组织检验提供了场地和条件。

3) 集散功能

仓储把生产单位的产品汇集起来,形成规模,然后根据需要分散发送到不同需求的客户。通过一集一散,衔接产需,均衡运输,提高物流速度。

4) 客户服务功能

仓储可以为顾客代储、代运、代加工、代服务,为顾客的生产、供应、销售等提供物资和信息的支持,为客户带来各种方便。

5) 防范风险功能

储备仓库和周转仓库的安全储备都是用于防范灾害、战争、偶发事件以及市场变化、随机状态而设置的保险库存,这可以防范各种风险,保障人民生命财产,保证生产和生活正常进行。

6) 物流中心功能

随着生产社会化、专业化程度的提高以及社会分工的发展,仓储除了传统的储存保管以外,还可以根据用户的需要,进行运输、配送、包装、装卸搬运、流通加工,提供各种物流信息,因此仓库往往成为储运中心、配送中心和物流中心等。

4.1.2 仓储管理的作用

商品的仓储活动是由商品生产和商品消费之间的客观矛盾所决定的。商品在生产领域向消费领域转移过程中,一般都要经过商品的仓储阶段,这主要是由商品生产和商品消费在时间上、空间上以及品种和数量等方面的不同步所引起的,也正是在这些不同步中发挥了仓储活动的重要意义。

> **小思考**
>
> 保管的食品不丢失、被盗,说明保管任务完成了,这种说法对吗?

1. 现代储存保管在经济建设中的作用

1)现代仓储是保证社会再生产顺利进行的必要条件

现代仓储活动的意义正是由于生产与消费在空间、时间以及品种、数量等方面存在着矛盾引起的。尤其是在现代化大生产的条件下,专业化程度不断提高,社会分工越来越细,随着生产的发展,这些矛盾又势必进一步扩大。在仓储活动中不能采取简单地把商品生产和消费直接联系起来的办法,而需要对复杂的仓储活动进行精心组织,拓展各部门、各生产单位之间相互交换商品的深度和广度,使社会简单再生产和扩大再生产建立在一定的商品资源的基础上,保证社会再生产的顺利进行。

商品的生产和消费之间有不定期的时间间隔。在绝大多数情况下,今天生产的商品不可能马上就全部卖掉,这就需要商品的仓储活动。无论何种情况,产品从生产过程进入到消费过程之间,都存在一定的时间间隔。在这段间隔时间内,形成了商品的暂时停滞。商品在流通领域中暂时的停滞过程,形成了商品的仓储。同时,商品仓储又是商品流通的必要条件,为保证商品流通过程得以不断地继续进行,就必须有商品仓储活动。没有商品的仓储活动,就没有商品流通的顺利进行,因此有商品流通也就有商品仓储活动。为了使商品更加适合消费者的需要,许多商品在最终销售以前,要进行挑选、整理、分装、组配等工作。这样便有一定量的商品停留在这段时间内,也形成商品储存。此外,在商品运输过程中,在车、船等运输工具的衔接上,由于在时间上不可能完全一致,也产生了在途商品对车站、码头周转性仓库的储存要求。

商品的仓储活动不是简单地将生产和消费直接联系起来,而是需要一个复杂的组织过程,在品种和数量上不断进行调整。只有经过一系列的调整之后,才能使遍及全国各地的零售商店能够向消费者提供品种、规格、花色齐全的商品。在流通过程中不断进行商品品种上的组合,在商品数量上不断加以集散,在地域和时间上进行合理安排。通过搞活流通,搞好仓储活动,发挥仓储活动连接生产与消费的纽带和桥梁作用,借以克服众多的相互分离又相互联系的生产者之间、生产者与消费者之间在商品生产与消费地理上的分离,衔接商品生产与消费时间上的不一致,以及调节商品生产与消费在方式上的差异。搞好仓储活动,是加快资金周转,节约流通费用,降低物流成本,提高经济效益的有效途径。

总之,商品生产和消费在空间、时间、品种、数量等各方面都存在着矛盾。这些矛盾既不能在生产领域里解决,也不可能在消费领域里得到解决,只能在流通领域,通过连接生产与消费的商品仓储活动加以解决。商品仓储活动在推动生产发展,满足市场供应中具有重要意义。一个国家要实现经济的高速增长,必然要进行一些大型或特大型规模的建设项目,某些物资需要集中消耗,如果靠临时生产显然是不行的,只有靠平时一定数量的物资储存才能保证大规模建设的需求。

2）现代仓储是国家满足急需特需的保障

国家储备是一种有目的的社会储存，主要用于应付自然灾害、战争等人力不可抗拒的突发事变对物资的急需特需，否则就难以保证国家的安全和社会的稳定。

仓储活动是物质产品在社会再生产过程中必然出现的一种形态，这对整个社会再生产，对国民经济各部门、各行业的生产经营活动的顺利进行，都有着巨大的作用。然而，在仓储活动中，为了保证物资的使用价值在时空上的顺利转移，必然要消耗一定的物化劳动和活劳动，尽管这些合理费用的支出是必要的。但由于它不能创造使用价值，因而，在保证物资使用价值得到有效的保护，有利于社会再生产顺利进行的前提下，费用支出越少越好。那么，搞好物资的仓储管理，就可以加速物资的流通和资金的周转，从而节省费用支出，降低物流成本，开拓"第三利润源泉"，提高社会的、企业的经济效益。

2. 现代仓储管理在流通领域中的作用

1）储存是平衡市场供求关系、稳定物价的重要条件

在社会再生产过程中，可能有些部门发展得快些，而有些部门发展得慢些。这种发展的不平衡会引起市场供求矛盾——价格的波动。流通储存可在供过于求时吸纳商品，增加储存，供不应求时吐放商品，以有效地调节供求关系，缓解矛盾。这样既可保证生产的稳定性，又可防止物价的大起大落，避免生产供应的恶性循环。

2）仓储是物资供销管理工作的重要组成部分

仓储活动在物资供销管理工作中有特殊的地位和重要的作用。从物资供销管理工作的全过程来看，其包括供需预测、计划分配、市场采购、订购衔接、货运组织、储存保管、维护保养、配送发料、销售发运、货款结算、用户服务等主要环节。各主要环节之间相互衔接、相互影响，关系极为密切。其中，许多环节属于仓储活动，它们与属于"商流"活动的其他环节相比，所消耗和占用的人力、物力、财力多，受自然的、社会的各种因素影响大。组织管理工作有很强的经济性，既涉及政治经济学、物理、化学、机械、建筑、气象等方面知识，又涉及物资流通的专业知识和专业技能，它与物资经济管理专业的其他课程，如产品学、物资经济学、物资计划与供销管理、物资统计学、会计学等都有直接的密切联系。因此，仓储活动直接影响到物资管理工作的质量，也直接关系到物资从实物形态上一直到确定分配供销的经济关系的实现。

❓小思考

仓储管理是商品增值的活动，同时又是增加费用的活动？这种说法对吗？

3）现代仓储是保持原有使用价值的重要手段

任何一种物资，当它生产出来以后至消费之前，由于其本身的性质、所处的条件以及自然的、社会的、经济的、技术的因素，都可能使物资使用价值在数量上减少、质量上降低。如果不创造必要的条件，就不可避免地使物资造成损害。因此，必须进行科学管理，加强对物资的养护，搞好仓储活动，以保护好处于暂时停滞状态的物资的使用价值。同时，在物资仓储过程中，努力做到流向合理，加快物资流转速度，注意物资的合理分配，合理供料，不断提

高工作效率，使有限的物资能及时发挥最大的效用。

3. 现代仓储管理在企业经营中的作用

社会再生产过程是连续生产和流通的统一。生产企业中的生产储存是物资作为生产过程的准备条件，只有一定量的生产性储存，才能保证不间断的均衡生产。

仓储存在于企业经营过程的各个环节间。也就是说，在采购、生产、销售的不断循环过程中，库存使各个环节相对独立的经济活动成为可能。同时仓储可以调节各个环节之间由于供求品种及数量的不一致而发生的变化，使采购、生产和销售等企业经营的各个环节连接起来，起到润滑剂的作用。对于仓储在企业中的角色，不同的部门存在不同的看法。库存管理部门力图保持最低的库存水平以减少资金占用，节约成本。销售部门愿意维持较高的库存水平并尽可能备齐各种商品，避免发生缺货现象，以提高顾客满意度。采购部门为了降低单位购买价格，往往会增加库存水平。制造部门愿意对同一产品进行长时间的大量生产，这样可以降低单位产品的固定费用，然而这样又往往会增加库存水平。总之，库存管理部门和其他部门的目标存在冲突，为了实现最佳库存管理，需要协调和整合各个部门的活动，使每个部门不仅以有效实现本部门的功能为目标，更要以实现企业的整体效益为目标。

高的顾客满意度和低的库存投资似乎是一对相冲突的目标，过去曾经认为这对目标不可能同时实现。现在，通过应用创新的现代物流管理技术，同时伴随改进企业内部管理和强化部门协调，企业可同时实现这一目标。

储存是物资的一种停滞状态，在某种意义上是价值的一种"损失"，但作为一切社会再生产中必然的经济现象和物流业务的主要活动，对于促进国民经济的发展和物流的顺利进行具有重要的作用，这种"付出的代价"不仅是必要的，而且具有重要的意义。

4.1.3 仓储管理的业务范围

仓储的物资储藏的基本功能决定了仓储的基本任务是存储保管、存期控制、数量管理、质量维护；同时，利用物资在仓储的存放，开发和开展多种服务是提高仓储附加值、促进物资流通、提高社会资源效益的有效手段，因而也是仓储的重要任务。

1. 储存保管的基本业务

1）物资存储

存储是指在特定的场所，将物品收存并进行妥善的保管，确保被存储的物品不受损害。存储是仓储的最基本任务，是仓储产生的根本原因。因为有了产品剩余，需要将剩余产品收存，就形成了仓储。存储的对象必须是有价值的产品，存储要在特定的场地进行，存储必须将存储物移到存储地进行；存储的目的是确保存储物的价值不受损害，保管人有绝对的义务妥善保管好存储物；存储物始终属于存货人所有，存货人有权控制存储物。

物资的存储有可能是长期的存储，也可能只是短时间的周转存储。进行物资存储既是仓储活动的特征，也是仓储的最基本的任务。

2）流通调控仓储的时间

流通调控仓储的时间既可以长期进行也可以短期开展，存期的控制自然就形成了对流通的控制；或者反言之，由于流通中的需要，决定了商品是存储还是流通。这也就是仓储的

"蓄水池"功能,当交易不利时,将商品储存,等待有利的交易机会。流通控制的任务就是对物资是仓储还是流通做出安排,确定储存时机、计划存放时间,当然还包括储存地点的选择。

3) 数量管理

仓储的数量管理包括两个方面:一方面为存货人交付保管的仓储物的数量和提取仓储物的数量必须一致;另一方面为保管人可以按照存货人的要求分批收货和分批出货,对储存的货物进行数量控制。

4) 质量管理

根据收货时的仓储物的质量交还仓储物是保管人的基本义务。为了保证仓储物的质量不发生变化,保管人需要采取先进的技术、合理的保管措施,妥善和勤勉地保管仓储物。仓储物发生危险时,保管人不仅要及时通知存货人,还需要及时采取有效措施减小损失。

2. 储存保管的新业务

1) 交易中介

仓储经营人利用大量存放在仓库的有形资产,利用与物资使用部门广泛的业务联系,开展现货交易中介具有较为便利的条件,同时也有利于加速仓储物的周转和吸引仓储。仓储经营人利用仓储物开展物资交易不仅会给仓储经营人带来收益,还能充分利用社会资源,加快社会资金周转,减少资金沉淀。交易功能的开发是仓储经营发展的重要方向。

2) 流通加工

加工本是生产的环节,但是随着满足消费多样化、个性化,变化快的产品生产的发展,又为了严格控制物流成本的需要,生产企业将产品的定型、分装、组装、装潢等工序留到最接近销售的仓储环节进行,使得仓储成为流通加工的重要环节。

3) 配送

设置在生产和消费集中地区附近的从事生产原材料、零部件或商品的仓储,对生产车间和销售点的配送成为基本的业务,根据生产的进度和销售的需要由仓库不间断地、小批量地将仓储物送到生产线和零售商店或收货人手中。仓储配送业务的发展,有利于生产企业降低存货,减少固定资金投入,实现准时制生产;商店减少存货,降低流动资金使用量,且能保证销售。

4) 配载

对于大多数运输转换仓储都具有配载的任务。货物在仓库集中集货,按照运输的方向进行分类仓储,当运输工具到达时出库装运。而在配送中心就是在不断地对运输车辆进行配载,确保配送的及时进行和运输工具的充分利用。

任务二 仓储管理与控制

仓储虽然能够创造时间效用,促进物流效率的提高,但它也会耗费大量人力、物力和财力。尤其仓储中的"库存"是企业的癌症,如果不能进行有效的管理和控制,势必冲减物流系统的效益、恶化物流系统的运行。

库存的成本和费用支出主要表现在以下几个方面:第一,库存会引起仓库建设、仓库管理、仓库工作人员工资和福利等费用,使得开支增加。第二,储存物资占用资金所付的利息,以及这部分资金如果用于另外项目的机会成本都是很大的。第三,陈旧损坏与跌价损失。物资在库存期间可能发生各种物理、化学、生物、机械等损失,严重者会失去使用价值。另外还有可能发生因技术进步而引起的无形折旧和跌价损失。第四,产生进货、验收、保管、发货、搬运等工作费用和储存物保险费支出。

库存管理的任务,就是通过科学的决策,使库存既满足生产或流通的需要,又使总库存成本最低。其具体功能主要表现在以下四个方面:第一,在保证企业生产、经营需求的前提下,使库存量经常保持在合理的水平上。第二,掌握库存量动态,适时、适量提出订货,避免超储或缺货。第三,减少库存空间占用,降低库存总费用。第四,控制库存资金占用,加速资金周转。

4.2.1 ABC 分类管理法

ABC 分类管理法又叫 ABC 分析法、ABC 库存控制技术,它源自帕累托(Pareto)1897 年对社会财富分配的研究,后由美国通用电气公司的董事长迪基运用于库存管理。它是以某类库存物品品种数占总的物品品种数的百分比和该类物品金额占库存物品总金额的百分比大小为标准,将库存物品分为 A、B、C 三类,进行分级管理。ABC 分类管理法简单易行,效果显著,在现代库存管理中已被广泛应用。

1. ABC 分类管理法的原理

仓库保管的货物品种繁多,有些物品的价值较高,对企业的发展影响较大,或者对保管的要求较高;而多数被保管的货物价值较低,要求不是很高。如果我们对所有的货物采取相同的管理方法,则可能投入的人力、资金很多,而效果事倍功半。如何在管理中突出重点,做到事半功倍,这是应用 ABC 分类方法的目的。

20/80 原则是 ABC 分类的指导思想。所谓 20/80 原则,简单地说,就是 20% 的因素带来了 80% 的结果。例如,20% 的客户提供了 80% 的订单,20% 的产品赢得了 80% 的利润,20% 员工创造了 80% 的财富。当然,这里的 20% 和 80% 并不是绝对的,还可能是 25% 和 75% 等。总之,20/80 原则作为统计规律,是指少量的因素带来了大量的结果。它告诉人们,不同的因素在同一活动中起着不同的作用。在资源有限的情况下,注意力显然应该放在起着关键性作用的因素上。ABC 分类法正是在这种原则指导下,企图对库存物品进行分类,以找出占用大量资金的少数库存货物,并加强对它们的控制与管理,对那些占用少量资金的大多数货物,则实行较简单的控制与管理。

一般地,人们将价值比率为 65%~80%、数量比率为 15%~20% 的物品划为 A 类;将价值比率为 15%~20%、数量比率为 30%~40% 的物品划为 B 类;将价值比率为 5%~15%、数量比率为 40%~55% 的物品划为 C 类。

? 小思考

请指出 ABC 分类管理法在客户管理中的应用。

2. ABC 分类管理法的步骤

采用 ABC 分类管理法可以按照下列步骤进行:

(1) 分析本仓库所存货物的特征。这包括货物的价值、重要性以及保管要求上的差异等。

(2) 收集有关的货物存储资料。这包括各种货物的库存量、出库量和结存量。前两项应收集半年到一年的资料,后一项应收集盘点或分析时的最新资料。

(3) 资料的整理和排序。将所收集的货物资料按价值(或重要性、保管难度等)进行排序。当货物品种较少时,以每一种库存货物为单元统计货物的价值;当种类较多时,可将库存货物采用按价值大小逐步递增的方法分类,分别计算出各范围内所包含的库存数量和价值。

(4) 上面计算出的资料整理成表格形式,求出累计百分数。

(5) 根据表中统计数据绘制 ABC 分析图。再根据价值和数量比率的划分标准,可确定货物对应的种类。

3. ABC 三类物品的管理

根据 ABC 分析图,对不同等级的货物进行不同的管理方法,如表 4-1 所示。

表 4-1 ABC 分类管理表

级别 项目	A 类库存	B 类库存	C 类库存
控制程度	严格控制	一般控制	简单控制
库存量计算	依库存模型详细计算	一般计算	简单计算或不计算
进出记录	详细记录	一般记录	简单记录
存货检查频度	密集	一般	很低
安全库存量	低	较大	大量

4.2.2 独立需求下的库存控制模型

常见的独立需求库存控制模型根据其主要的参数,如需求量与提前期是否为确定,分为确定型库存模型和随机型库存模型。

1. 确定型库存模型

简单的经济订货批量法 EOQ(Economic Order Quantity)是最常用的,也是最经典的确定型库存模型。

1) 基本假设

第一,产品需求是确定的,且在整个期间保持不变。

第二,所有对产品的需求都能满足,没有缺货。

第三,提前期是固定的。

第四,单位产品的价格是固定的。

第五,存储成本以平均库存为计算依据。

第六,订购或生产准备成本固定。

第七,产品项目是单一品种。

2) 公式的推导

首先,建立年总库存成本的数学模型。经济批量模型就是通过平衡采购进货成本和保管仓储成本,确定一个最佳的订货数量来实现年总库存成本最低的方法。

年总库存成本＝年采购成本＋年订货成本＋年仓储成本
$$TC=PC+HC$$
$$TC=DC+\frac{D}{Q}S+\frac{Q}{2}H$$

式中：TC——年总库存成本；

PC——年采购进货成本；

HC——年保管仓储成本；

D——年需求量；

C——单位产品购买价格；

Q——订购批量；

S——每次订货的成本；

H——单位产品的年保管仓储成本。

其次,确定订购批量 Q,以使总库存成本最小。
$$Q=\sqrt{\frac{2DS}{H}}$$
$$TC=DC+\sqrt{2DSH}$$

则每年订货次数 N 和订货间隔期间 T 分别如下所示：
$$N=\frac{D}{Q}$$
$$T=\frac{365}{N}$$

3) 例题

甲公司是生产某机械器具的制造企业,依计划每年需采购 A 零件 10 000 个。A 零件的单位购买价格是 16 元,每次订货成本是 100 元,每个 A 零件每年的保管仓储成本是 8 元。求 A 零件的经济批量,每年的总库存成本,每年的订货次数和每次订货的间隔期间。

解：经济批量 $Q=\sqrt{\frac{2DS}{H}}=\sqrt{\frac{2\times 10\ 000\times 100}{8}}=500$（个）

每年的总库存成本 $TC=DC+\sqrt{2DSH}$
$$=10\ 000\times 16+\sqrt{2\times 10\ 000\times 100\times 8}=164\ 000(元/年)$$

每年的订货次数 $N=\frac{D}{Q}=\frac{10\ 000}{500}=20$（次/年）

每次订货的间隔时间 $T=\frac{365}{N}=\frac{365}{20}=18.25$（天）

2. 随机型库存模型

随机型库存模型要解决的问题是：确定经济订货批量或经济订货期；确定安全库存量；确定订货点和订货后最大库存量。随机需求下的库存控制有连续检查和定期检查两种基本控制策略,这两种控制策略通常称为定量订货技术和定期订货技术,统称为订货点技术。

1) 定量订货技术

所谓定量订货技术,就是预先确定一个订货点和订货批量,随时监控货物库存。当库存下降到订货点时,就发出订货单进行订货的控制技术。

(1) 订货点的确定。在定量订货技术中,订货点以库存水平作为参考点,当库存下降到某个库存水平时就发出订货。因此,将发出订货时的库存量水平叫订货点。

显然,订货点不能取得太高。如果太高,库存量过大,占用资金,导致库存费用上升,成本过高;同样订货点也不能取得过低,如果过低,则可能导致缺货损失。

(2) 订货批量的确定。所谓订货批量,是指一次订货的数量。订货批量的高低,不仅直接影响库存量的高低,而且直接影响货物供应的满足程度。订货批量过大,虽然可以充分满足用户需要,但将使库存量升高,成本增加;订货批量太小,虽然可以降低库存量,但难以确保满足用户需要。所以订货批量要适度。

如前所述,不同的模型中,考虑的库存费用种类不一样,所以订货批量的大小也不一样。如在不允许缺货、瞬时到货的模型中的经济订货批量可以表示为:

$$Q=\sqrt{\frac{2RC_0}{C_1}}$$

这里的 Q 取决于单次订货费用 C_0、单位货物单位时间的保管费用 C_1 以及单位时间内的需求量 R。在随机型的模型中,订货批量也可以采用这个公式计算。

(3) 订货的实施。定量订货的实施步骤可分为:

一是确定订货点和订货批量。

二是库存管理人员或销售人员每天检查库存。

三是当库存量下降到订货点时,发出订货单。订货量取一个经济订货批量。

并非任何情况下都可以运用定量订货技术,其应用的前提条件为:

一是只适用订货不受限制的情况。即什么时候想订货就能订到货,想到哪里订货就到哪里订到货。

二是只适用于单一品种的情况。如果要实行几个品种联合订货,则要进行灵活处理。

三是不但适用于确定型需求,也可适用于随机型需求。对于不同需求的类型,可以导出具体的运用形式,但原理相同。

四是它一般多用于品种多而价值低廉的物质,实行固定批量订货。

2) 定期订货技术

定量订货技术是从数量上控制库存量,虽然操作简单,但是需要每天检查库存量,费时费力。在仓库大、品种多的情况下,工作量很大。定期订货技术能够比较好地解决这个问题。

定期订货技术是从时间上控制订货周期,从而达到控制库存量的目的。只要订货周期控制得当,既可以不造成缺货,又可以控制最高库存量,达到节省库存费用的目的。

定期订货的优点在于,可以不必每天检查库存,只是到了订货周期规定要订货的时间,才检查库存量,发出订货,其余时间不必检查库存。这就大大减轻了人员的工作量,又不影响工作效果和经济效益。

4.2.3 定期订购控制法

所谓定期订购控制法,是指按预先确定的订货间隔期按期订购商品,以补充库存的一种库存控制方法。

一般仓库可以根据库存管理目标或历年的库存管理经验,预先确定一个订货间隔周期,每经过一个订货间隔周期就进行订货。每次订货的数量应视实际情况而定,可以不相同。

1. 定期订购控制方法中订货量的确定方法

$$订货量＝最高库存量－现有库存量－订货未到量＋顾客延迟购买量$$

定期订购控制法适用于品种数量少,平均占用资金额大,A 类库存商品。定期订购控制法的优点是:因为订货间隔期确定后,多种货物可以同时采购,这样既可以降低订单处理成本,而且还可以降低运输成本;这种库存控制方式,需要经常地检查库存和盘点,这样便能及时了解库存的情况。

2. 定量与定期库存控制法的区别

1) 提出订购请求时点的标准不同

定量订购库存控制法提出订购请求的时点标准,当库存量下降到预定的订货点时,即提出订购请求;而定期订购库存控制法提出订购请求的时点标准则是,按预先规定的订货间隔周期,到了该订货的时点即提出请求订购。

2) 请求订购的货物批量不同

定量订购库存控制法每次请购货物的批量相同,都是事先确定的经济批量;而定期订购库存控制法每到规定的请求订购期,订购的货物批量都不相同,可根据库存的实际情况计算后确定。

3) 库存货物管理控制的程度不同

定期订购库存控制法要求仓库作业人员对库存货物进行严格的控制、精心的管理,经常检查、详细记录、认真盘点;而用定量订购库存控制法时,对库存货物只要求进行一般的管理,简单的记录,不需要经常检查和盘点。

4) 适用的货物范围不同

定期订购库存控制法适用于品种数量少,平均占用资金大的,需重点管理的 A 类货物;而定量订购库存控制法适用于品种数量大,平均占用资金少的,只需一般管理的 B 类、C 类货物。

任务三　仓储管理合理化

仓储管理合理化即以最小的投入获取最大的仓储收益,保证各项仓储功能的实现。

4.3.1　仓储合理化的评判标准

1. 仓储质量

保证被储存物的质量,是完成储存功能的根本要求,只有这样,商品的使用价值才能通过物流之后得以最终实现。在储存中增加了多少时间价值或是得到了多少利润,都是以保证质量为前提的。所以,评判仓储合理化的主要标准中,首当其冲的应当是反映使用价值的被储存物质量的保证。

2. 仓储数量

考虑到能源消耗、人力成本以及物流过程对仓储的要求,仓储系统的仓储数量应有一个合理的控制范围。仓储数量过大虽有利于增强保证供应、保证生产和保证消费的能力,但随着仓储数量的进一步增加,其边际效用逐步递减,而同时各种仓储成本和费用支出却大幅度增加。仓储数量减少虽有利于降低仓储成本,但必须有一个最低限度,否则会影响仓储各种功能的有效发挥。

3. 储存时间

物品在仓储系统中的储存时间,反映了物品的周转速度,不但是衡量仓储合理化与否的重要标准,而且对于评估整个物流系统也有重要意义。储存时间延长虽有利于获得时间效用,但同时也会导致有形和无形的耗损、贬值、跌价。对于绝大多数物品而言,储存时间不宜过长。在具体衡量时往往用周转速度指标来反映时间标志,如周转天数、周转次数等。在总时间一定的前提下,个别被储存物的储存时间也能反映合理程度。如果少量被储存物长期储存或成为呆滞物,虽反映不到宏观周转指标中去,也标志仓储存在不合理。

? 小思考

白酒储存时间越长越好,这种说法对吗?

4. 储存结构

储存结构是评判仓储系统在整个物流过程中的调整、缓冲能力的重要标准。它是从被储存物不同品种、不同规格、不同花色的储存数量的比例关系对储存合理性的判断。被储存物在品种、规格、花色等方面若存在此长彼短或此多彼少的失调现象,则会严重影响仓储的合理化。尤其是相关性很强的各种物资之间的比例关系更能反映储存合理与否。由于这些物资之间相关性很强,只要有一种物资出现耗尽,即使其他种物资仍有一定数量,也会无法投入使用。

5. 仓储费用

仓储合理化与否的评判,从经济的角度最终都要归结到仓储的成本和费用上来。通过对仓储投入产出比的分析,特别是对仓租费、维护费、保管费、损失费、资金占用利息支出等投入的分析,能从经济效益上判断仓储的合理与否。

4.3.2 仓储合理化的原则

在仓储合理化过程中,一般应遵循以下原则:

(1) 快进。货物到达指定地点(车站、港口等)时,要以最快的速度完成货物的接运、验收和入库作业活动。

(2) 快出。货物出库时,要及时迅速地完成备料、复核和出库等作业活动。

(3) 储存多。根据货物储存的实际需要,合理规划库存设施,最有效地利用储存面积和空间,提高单位面(容)积的储存量。

(4) 保管好。根据货物的性质和储存要求,合理安排储存场所,采取科学的保管方法,保证货物的质量和数量。

(5) 损耗小。尽量避免和减少储存物品的自然损耗和因工作失误造成的人为损耗。

(6) 费用省。在不影响仓储管理水平的前提下,减少投入,以最低的成本取得最好的经济效益。

(7) 保安全。全力保证仓储设施设备、人员和货物的安全。

4.3.3 仓储合理化的实施

1. 合理抉择各种仓储方式

企业仓储功能的实现,可以选择通过自建仓库仓储、租赁公共仓库仓储或合同制仓储来完成。企业必须根据自身实际、商品特征和市场需求等,以经济、高效为原则,进行合理抉择。

2. 正确选择仓库地址

仓库的选址对商品流转速度和物流成本产生直接的影响,并关系到企业的物流客户服务水平和质量,最终影响到企业销售量及利润。一般而言,客户密集分布、交通与装运条件方便、适宜的自然地理条件等得到满足的地方,就是合适的仓库选址。此外,选择库址时还应该考虑建筑成本和仓库的发展需要,尽可能节省投资,并留有仓库扩展所需的空间。

3. 合理建设库区

要根据库区场地条件、库区的业务性质和规模、储存物品的特征,以及仓储技术条件等因素,对仓库的主要建筑物、辅助建筑物、构筑物、货场、站台等固定设施和库内运输路线等进行合理配置和建设,从而最大限度地提高仓库储存能力和作业能力,降低各项仓储费用,最有效地发挥仓库在物流过程中的作用。库区建设要符合仓库作业的需要,有利于组织仓储作业活动,方便物品的入库、保管和出库;要便于安装和使用仓库设施和机械设备,防止重复搬运、迂回运输;要有利于充分利用仓库空间,减少用地,并结合考虑仓库当前需要和长远规划;要保证仓库安全,安全设施应符合安全保卫和消防工作的要求。

任务四　盘点作业

在物流中心运行过程中,商品在库房中因不断地搬动和进出库,其库存账面数量容易产生与实际数量不符的现象。有些物品因存放时间过久、储存措施不恰当而变质、丢失等,造成损失。为了有效地掌握货品在库数量,需对在库货品的数量进行清点,即盘点作业。商品盘点是保证储存货物达到账、货、卡完全相符的重要措施之一。仓库的盘点能够确保货品在库数量的真实性及各种货品的完整性。

4.4.1 盘点作业的目的

1. 确认实际的库存数量

通过盘点可以查清实际库存数量,并确认库存货品实际数量与库存账面数量的差异。账面库存数量与实际库存数量不符的主要原因通常是收发作业中产生的误差,如记录库存数量时多记、误记、漏记,作业中导致的商品损坏、遗失,验收与出库时清点有误,盘点时误盘、重盘、漏盘等。如发现盘点的实际库存数量与账面库存数量不符,应及时查清问题原因,并作出适当的处理。

2. 查清库房账面损益

库存商品的总金额直接反映企业库存资产的使用情况,库存量过高,将增加企业的库存成本。通过库房盘点,可以定期核查企业库存情况,从而提出改进库存管理的措施。

3. 发现库房管理存在的问题

通过盘点查明盈亏的原因,可发现作业或管理中存在的问题,并通过解决问题来改善作业流程和作业方式。

4.4.2 盘点作业的内容

1. 查数量

通过盘点查明库存商品的实际数量,核对库存账面数量与实际库存数量是否一致。这是盘点的主要内容。

2. 查质量

检查库存商品的质量是盘点的另一项主要内容,主要检查在库商品的包装是否完好,是否超过有效期和保质期,是否有长期积压等现象,必要时要对商品进行技术检验。

3. 查保管条件

检查保管条件是否与商品要求的保存条件相符合,这是保证在库商品使用价值的一个基本条件,如堆码是否合理、稳固,库内温度、湿度是否符合要求,各类计量器具是否准确等。

4.4.3 盘点作业的步骤与流程

1. 盘点前的准备工作

盘点前的准备工作是否充分,直接关系到盘点作业能否顺利进行,甚至关系到盘点是否成功。盘点的基本要求是必须做到快速准确。为了达到这一要求,盘点前的准备工作主要包括以下内容:

(1) 确定盘点的具体方法和作业程序。
(2) 配合财务会计做好准备。
(3) 盘点、复盘、监盘人员必须经过训练。
(4) 经过训练的人员必须熟悉盘点用的表单。
(5) 盘点用的表格必须事先印刷完成。
(6) 库存资料必须确实结清。

2. 盘点时间的决定

一般性货品就货账相符的目标而言,盘点次数愈多愈好,但因每次实施盘点必须投入人力、物力、财力这些成本,故也很难经常为之。事实上,导致盘点误差的关键主因是在于出入库的过程,可能是因出入库作业传票的输入,检查点数的错误,或是出入库搬运造成的损失,因此一旦出入库作业次数多时,误差也会随之增加。所以,以一般生产厂而言,因其货品流动速度不快,半年至一年实施一次盘点即可。因物流中心货品流动速度不快,我们既要防止过久盘点对公司造成的损失,又碍于可用资源的限制而能视物流中心各商品的性质制定不同的盘点时间。对于A、B、C等级的商品,我们建议如下:

(1) A类主要货品:每天或每周盘点一次。

(2) B类货品:每两三周盘点一次。

(3) C类较不重要货品:每月盘点一次即可。

另外必须注意每次盘点持续的时间应尽可能短,全面盘点以2～6天内完成为好,盘点的日期一般选择在:

(1) 财务结算前夕。通过盘点计算损益,以查清财务状况。

(2) 淡季。因淡季储货较少,业务不太频繁,盘点较为容易,投入资源较少,且人力调动也较为方便。

3. 确定盘点方法

因盘点场合、要求的不同,盘点的方法亦有差异,为符合不同状况的产生,盘点方法的决定必须明确以利盘点时不致混乱。

盘点分为账面盘点及现货盘点两种。账面盘点又称为"永续盘点",就是把每天出入库商品的数量及单价记录在电脑或账簿的"存货账卡"上,并连续地计算汇总出账面上的库存结余数量及库存金额;现货盘点又称为"实地盘点"或"实盘",也就是实际去库内查清数量,再依商品单价计算出实际库存金额的方法。

1) 账面盘点法

账面盘点法是将每一种商品分别设立"存货账卡",然后将每一种商品的出入库数量及有关信息记录在账面上,逐笔汇总出账面库存结余数。这样随时可以从电脑或账册上查悉商品的出入库信息及库存结余量。

2) 现货盘点法

现货盘点法按时间频率的不同又可分为期末盘点及循环盘点。所谓期末盘点,是指在会计计算期期末统一清点所有商品的方法;循环盘点是指在每天、每周清点一部分商品,一个循环周期将每种商品至少清点一次的方法。

(1) 期末盘点法。由于期末盘点是将所有商品一次盘点完,因此工作量大、要求严格。通常采取分区、分组的方式进行,其目的是为了明确责任,防止重复盘点和漏盘。分区就是将整个储存区域划分成一个个的责任区,不同的区由专门的小组负责盘点。因此,一个小组通常至少需要三个人:一人负责清点数量并填写盘点单;另一人复查数量并登记复查结果;第三人负责核对前两次盘点数量是否一致,对不一致的结果进行检查。待所有盘点结束后,再与计算机或账面上反映的数量核对。

(2) 循环盘点法。循环盘点通常是对价值高或重要的商品进行盘点的一种方法。因为这些商品属于重要物品,对库存条件的要求比较高,一旦出现差错,不但会大大影响仓库的经济效益,而且会有损企业的形象。因此,在存储管理过程中,要对物品按其重要程度进行科学的分类,对重要的物品进行重点管理,加强盘点,防止出现差错。由于循环盘点只对少量商品盘点,所以通常只需保管人员自行对库存资料进行盘点即可,发现问题及时处理。

目前,国内多数配送中心都使用计算机来处理库存账务,当账面库存数与实际库存数发生差异时,很难断定是记账有误还是实地盘点出现错误,所以,可以采取账面盘点与现货盘点相结合的方法进行盘点。

4. 盘点人员的组训

为使盘点工作得以顺利进行,盘点时必须增添人员协助进行。各部门增援的人员必须组织化并且施以短期训练,使每位参与盘点的人员能适当发挥其功能,而人员的组训必须分为两部分:

(1) 针对所有人员进行盘点方法训练。其中对盘点的程序、表格的填写必须充分了解,工作才能得心应手。

(2) 针对复盘与监盘人员进行认识货品的训练。因为复盘与监盘人员对货品大多数并不熟悉,故而应加强货品的认识,以利盘点工作的进行。

5. 储存场所清理

(1) 在盘点前,对厂商交来的物料必须明确其所有数。如已验收完成属本中心,应即时整理归库;若尚未完成验收程序属厂商,应划分清楚,避免混淆。

(2) 盘点场所在关闭前应提前通知,将需要出库的商品提前做好准备。

(3) 储存场所整理整顿完成,以便计数盘点。

(4) 预先鉴定呆料、废品、不良品,以便盘点时鉴定。

(5) 账卡、单据、资料均应整理,以便加以结清。

(6) 储存场所的管理人员在盘点前应自行预盘,以便提早发现问题并加以预防。

6. 盘点工作

盘点时,因工作单调琐碎,人员较难以持之以恒。为确保盘点的正确性,除人员组训时加强宣传外,工作进行期间应加强指导与监督。

7. 差异因素追查

当盘点结束后,发现所得数据与账簿资料不符时,应追查差异的主因,其着手的方向有以下几点:

(1) 是否因记账员素质不足,致使货品数目无法表达。

(2) 是否因料账处理制度的缺点,导致货品数目无法表达。

(3) 是否因盘点制度的缺点导致货账不符。

(4) 盘点所得的数据与账簿的资料,差异是否在容许误差内。

(5) 盘点人员是否尽责,产生盈亏时应由谁负责。

(6) 是否产生漏盘、重盘、错盘等状况。

(7) 盘点的差异可否事先预防,是否可以降低料账差异的程度。

8. 盘盈、盘亏处理

差异原因追查后,应针对主因适当的调整与处理,至于呆废品、不良品的部分与盘亏的一并处理。

物品除了盘点时产生数量的盈亏外,有些货品在价格上会产生增减,这些变更在经主管审核后必须利用货品盘点盈亏及价目增减更正表修改。

当盘点数量误差率高,但盘点品项误差率低时,表示虽发生误差的货品品项减少,但每一发生误差品项的数量却有提高的趋势。此时应检查负责这些品项的人员是否尽责,这些货品的置放区域是否得当,是否有必要加强管理。相反,当盘点数量误差率低,但盘点品项误差率高时,表示虽然整个盘点误差量有下降趋势,但发生误差的货品种类却增多。误差品项太多将使后续的更新修改工作更为麻烦,还可能影响出货速度,因此要对此现象加强管制。

▶ 项目小结

本章较为详细地阐述了配送中心的储存作业和盘点作业。储存作业的主要任务是妥善保存物品,合理利用仓储空间,有效利用劳力和设备,安全和经济地搬运物品,对存货进行科学管理。盘点作业是为了有效地控制货品数量和质量,而对各储存场所进行数量清点的作业。

储存作业过程是仓储管理的重要内容,包括从接收验收货物、入库安排、装卸搬运、保管保养、盘点作业、订单处理、备货作业、出库等一系列工作。正常合理的仓库保管工作为企业生产、销售提供了重要的保障。

同步练习

一、选择题

1. 仓储把生产单位的产品汇集起来,形成规模,然后根据需要分散发送到不同需求的客户。通过一集一散,衔接产需,均衡运输,提高物流速度,这种功能叫（　　）。

　　A. 集散功能　　　B. 物流功能　　　C. 运输功能　　　D. 仓储功能

2. 按验收业务流程,核对凭证等规定的程序和手续,对入库商品进行数量和质量检验的经济技术活动的总称叫（　　）。

　　A. 商品出口　　　B. 商品验收　　　C. 商品入库　　　D. 商品储存

3. 以某类库存物品品种数占总的物品品种数的百分比和该类物品金额占库存物品总金额的百分比大小为标准,将库存物品分为A、B、C三类,进行分级管理的方法叫（　　）。

　　A. 经济管理法　　　　　　　　B. 一、二、三级管理法
　　C. ABC分类管理法　　　　　　D. 分级管理法

4. 调节和改变储存环境的空气成分,抑制被储存物品的化学变化和生物变化,抑制害虫生存及微生物活动,从而达到保持被储存物质量目的的方法叫（　　）。

　　A. 缺氧储存法　　B. 充氮储存法　　C. 无氧储存法　　D. 气调储存法

二、问答题

1. 仓储的功能有哪些?
2. 什么是20/80原则?
3. 在仓储合理化过程中,一般应遵循哪些原则?
4. 什么叫定期订购法?
5. 盘点作业的目的有哪些?

67

三、实训题

1. 实训目的:使学生对仓储管理有个整体的认识。
2. 实训方式:组织学生到仓库进行参观学习。
3. 实训内容:

(1) 使学生了解企业是如何保管商品的。

(2) 使学生了解企业保管商品的方法有哪些。

(3) 使学生了解商品在保管中应如何防虫、防霉。

项目五　集货作业管理

知识目标	技能目标
1. 掌握订单处理的业务流程。 2. 掌握订单处理系统和不同订货方式的处理。 3. 了解备货的基本功能和紧急备货处理方式。	1. 学会订单处理的业务流程。 2. 能够结合企业实际构建和改善原有订单处理流程。

> 项目概述

在配送管理中，集货占据着非常重要的位置。这不仅是因为集货是配送系统的一个环节，更为重要的是，集货能给企业带来竞争优势，是配送的起点和重要保障。要做好配送管理，首先就应该做好集货工作。

随着企业经营理念的转变和信息技术的发展，传统的集货方法发生了很大的改变，涌现了很多新趋势和新理念。集货增强了配送的竞争力，因而，越来越多的企业积极研究和探索如何最大限度地节约集货成本，提高集货的效率，保证集货的质量。

任务一　订单管理

5.1.1　订单处理的含义

要使配送服务质量得到保证，订单处理是第一个环节。在订单处理过程中，订单的分拣和集合是重要的环节。订单处理的职能之一是填制文件，通知指定仓库将所定货物备齐。一般用订单分拣清单表明所需集合的商品项目，该清单的一联送到仓库管理人员手中。仓库接到产品的出货通知后，按清单拣货、贴标，最后将商品组配装车。因此，订单处理是配送中心调度、组织配送活动的前提和依据，是其他各项作业的基础。

订单是指客户发出的订货需求，通常包括客户的分布、所订商品的品名、商品特性和订货数量、送货频率和要求等内容。

订单处理是指通过对客户的分布、所订商品的品名、商品特性和订货数量、送货频率和要求等资料进行汇总和分析，最后输出显示所要配送的货物种类、规格、数量和配送的时间的拣货单、出货单的过程。

5.1.2 订单处理的过程和要素

订单处理是与客户直接沟通的作业阶段,对后续的拣选作业、调度和配送产生直接影响。

订单处理的过程始于客户订货开始,以拣货单、送货单、缺货单为输出结果。整个订单处理的过程包括订单确认、存货查询、库存分配、生成出货单据等。

1. 订单确认

接收到客户的订单以后,第一步骤即要查核客户的财务状况,以确定其是否有能力支付该批订单的款额。客户可以分为已建立档案和未建立档案两种。

1) 已建立档案的客户信用的确认

顾客的信用调查一般是由销售部门来负责的,但是有时销售部门为了争取订单,往往忽略此项审查工作,但在订单进入订单处理的整个流程前对客户信用的审核是十分有必要的。

当输入客户名称资料后,订单处理系统即加以复核客户的信用状况。客户应收账款额已经超过其信用额度时,系统加以警示,以便订单输入员向主管报告,此时系统将对此笔订单资料加以锁定。订单通过审核,才能进入下一个处理步骤。

2) 未建立档案的客户信用的确认

对于初次发出订单的客户的信用状况,销售部门都要经过严格的核查。在确认其基本信用状况后,业务人员才会与其接洽订货的具体事宜。因此,对于通过销售部门核查的客户发出的订单,可以认为是客户信用状况通过审核的订单。如果客户没有经过销售部门而直接发出订单,则要对其信用状况进行全面核查。

对于通过核查的订单,要将客户的状况建立详细的客户档案,因为这样不但能让此次交易顺利进行,而且有益于后续合作的开展。

客户档案应包含订单处理需要到的及与物流作业相关的资料,包括以下信息:

(1) 客户姓名、代号、等级形态(产业交易性质)、信用额度;
(2) 客户销售付款及折扣率的条件;
(3) 开发或负责此客户的业务员;
(4) 客户配送区域;
(5) 客户收账地址;
(6) 客户点配送路径顺序;
(7) 客户点适合的车辆形态;
(8) 客户接受地的特性;
(9) 客户的配送要求;
(10) 过期订单处理提示。

2. 存货查询

确认是否有有效库存能够满足客户要求。库存文件一般包括货物名称、最小存货单位、产品描述、库存量、已分配库、有效库存及进货周期。

输入客户订货商品名称、代号时,订单处理系统即应核查存货信息,看此种商品是否缺货。若缺货则应该查询出此种商品资料或是否有在途运输库存等资料,订单处理员与客户协调是否改订替代品或是延后出货,以提高订单处理的效率。

❓ 小思考

订单和合同有哪些不同?

3. 库存分配

1) 存货的分配模式

订单资料输入系统,确认无误后,最主要的处理作业在于如何将大量的订货资料,做最有效的汇总分类、调拨库存,以便后续的物流作业能有效进行。存货的分配模式可分为单一订单分配及批次分配两种。

(1) 单一订单分配。此种情形多为在线即时分配,即在输入订单资料时,就将库存分配给该订单。

(2) 批次分配。累计汇总数笔已输入的订单资料后,再一次分配库存。配送中心因订单数量多,客户类型等级多,且多为每天固定配送次数,因此通常采取批次分配以确保库存能做最佳的分配。

批次分配时,要注意订单的分批原则,即批次的划分方法。作业的不同,各配送中心的分批原则也各不同,概况来说有下面几种方法,如表5-1所示。

表5-1　不同批次划分原则的处理方法

批次划分原则	处理方法
按接单时序	将整个接单时段划分成几个区段,若一天有多个配送时间段,可配合配送时间将订单按接单先后分为几个批次处理
按配送区域路径	将同一配送区域路径的订单汇总一起处理
按流通加工要求	将需加工处理或有相同流通加工处理的订单汇总一起处理
按车辆要求	若配送商品需要特殊配送车辆(如低温车、冷冻车、冷藏车)或客户所在地送货特性需特殊形态的车辆可汇总合并处理

然而,若以批次分配选定参与分配的订单后,如果这些订单的某些商品总出货量大于可分配的库存量,可以表5-2列出的原则来决定有限库存客户订购的优先性。

表5-2　有限库存客户订购的优先性

批次划分原则	处理方法
具有特殊优先权者先分配	对于一些例外的订单如缺货补货订单、延迟交货订单,紧急订单或远期订单,这些在前次即应允诺交货的订单,或客户提前预约或紧急要求的订单,应有优先取得存货的权利。因此,当存货已补充、交货期限到时,应确定这些订单的优先分配权
依客户等级来取舍	依客户等级来取舍,将客户等级程度高的作优先分配
依订单交易量或交易金额来取舍	依订单交易量或订单交易金额来取舍,将对公司贡献度大的订单优先处理
依客户信用状况	依客户信用状况来取舍,将信用较好的客户订单作优先处理
依系统自定义	依系统自定义作优先处理

2) 分配后存货不足的处理

如果现有存货数量无法满足客户需求，且客户又不愿意以替代品替代时，则应依客户意愿与公司政策来决定对应方式。

（1）依客户意愿而言，分为：客户不允许过期交货，则删除订单上不足额的订货，甚至取消订单；客户允许不足额的订货，等待有货时间再予以补送；客户允许不足额的订货，留待下一次订单一起配送；客户希望所有订货一起配达。

（2）依公司政策而言。一些公司允许过期分批补货，但一些公司因为分批出货的额外成本高而不愿意分批补货，则可能告知客户取消订单，或要求客户延后交货日期。

（3）配合上述客户意愿与公司政策，对缺货订单的处理方式归纳如表5-3所示。

表5-3 缺货订单的处理方式

缺货订单的类别	处理方式
重新调拨	若客户不允许过期交货，而公司也不愿失去此客户订单时，则有必要重新调拨分配订单
补送	若客户允许不足额的订货等待有货时再予以补送，且公司政策也允许，则采取"补送"方式；如果客户允许不足额的订单或整张订单留待下一次订单一起配送，则也可以采取"补送"处理。但需要注意，对这些等待补送的缺货品种需要先记录存档
删除不足额订单	如果客户允许不足额订单等待有货时再予以补送，但公司政策不希望分批出货，则只好删除订单上不足额的订单；如果客户不允许过期交货，且公司无法重新调拨，则可考虑删除订单上不足额的订单
延迟交货	有时限延迟交货：客户允许一段时间的过期交货，且希望所有订单一起配送；无时限延迟交货：不论需要等待多长时间，客户都允许过期交货，且希望所有订货一起送达，则等待所有订货到达再出货。对于此种将整张订单延后配送，也需要将这些延迟的订单记录存档
取消订单	如果客户希望所有订单一次配达，且不允许过期交货，而公司也无法重新调拨时，则只有将整张订单取消

4. 生成出货单据

订单资料经由上述处理后，即可开始打印出货单据，以便展开后续的配送作业。

1）拣货单（出货单）

拣货单据用于提供商品出库指示资料，作为拣货的依据。拣货资料的形式配合配送中心的拣货策略及拣货作业方式来加以设计，以提供详细且有效率的拣货资讯，便于拣货的进行。

拣货单应考虑商品储位，以减少人员重复往返取货，同时拣货的数量、单位也需要详细标识。随着拣货、储存设备的自动化，传统的拣货单据形式已不符要求，利用计算机、通讯等方式处理显示拣货资料的方式已取代部分传统的拣货表单。

2）送货单

物品交货配送时，通常需附上送货单据给客户清点签收。因为送货单主要是给客户签收、确认出货资料，其正确性及明确性很重要。要确保送货单上的资料与实际送货资料相符,除了出货前的清点外,出货单据的打印时间及修改也须注意。

对于库存缺货商品,应提供依照商品的品名或供应商类别查询的缺货商品资料,以提醒采购人员紧急采购。对于缺货订单,应提供根据客户类别查询的缺货订单资料,以便人员处理。

5.1.3 影响订单处理时间的因素

订单处理过程的时间耗用,在企业看来通常理解为订单处理周期,而客户则通常将其定义为订货提前期。在保证时间耗用的稳定性前提下,努力减少时间耗费是争取更多订单的基础。每个企业都希望减少库存,减少商品的在途时间和资金。如果配送中心能够用尽量少的时间让客户提前订货,即减少客户的订货提前期,可使客户节约大量的进货成本和库存成本,从而减少其效益,这种效益的增加将使其更多地利用配送中心的配送服务,从而增加配送中心的经营效益和市场竞争力。影响订单处理时间的因素分为以下三种。

1. 订单的种类

在传统订货方式中,都需要人工输入资料,在重复的订单信息输入与输出操作中,不仅会造成时间的浪费,并且有可能产生订单信息输入错误。因此,在传统订货方式下订单处理的时间较慢。

在电子订货方式下,利用计算机等电子手段接收订单资料,并将订单信息利用通信网络传送,从而取代了传统人工书写、输入、传送的订货方式。因为订单的全部信息是客户直接输入到订单处理系统中的,真实反映订货情况。所以电子订货在很大程度上解决了订单处理延误和订单信息出错等问题,并且节省了传统订货方式下因下订单而产生的传递费用。

2. 订单的传递形式

自订单到达配送中心后,订单在配送中心内的传递方式,也影响到订单的处理时间。

订单在内部的传递方式可分为串行和并联两种形式。在串行传递时,订单逐层逐级地流转于订单处理的各个环节。各个环节只有在订单到达时才能获得订单的相关信息,从而开展工作。这种方式在少量订单处理时,仍可开展工作,但当需要处理的订单骤增,由于不能事先做好前期准备工作,往往会延长订单处理的时间。

在并联的订单传递形式下,各个部门可以同时获得订单的相关信息,因此可以对即将到来的订单处理工作做好准备,减少订单处理时间。这就需要配送中心信息网络系统的支持,在系统中建立一个分享数据库,并设定各处理部门的权限,各部门能够在权限内随时查阅订单信息,从而组织后续工作的开展。例如,运输部门在获知某一订单中的产品需要特种车辆(冷藏车)运输时,就可以对车辆进行调度安排,防止到时无车可运,进而缩短了客户订货提前期,提高了客户满意度。

3. 配送中心的信息化水平

在刚刚提到的两种影响订单处理时间的因素中,电子订货方式和并联的订单传递方式都需要计算机等电子信息化手段支持。

采用信息化设备可以从一定程度加快订单处理速率,但是现代化的信息设备解决的只是输入效率的问题。订单在企业内部传递时,各部门之间又存在一定的信息屏障,当信息需要在部门间传递时,它的载体是纸质票据订单,必须通过计算机打印出来,因此企业内部信息网络系统的建设显得尤为重要。通过内部信息网络的建设,订单只需要一次输入,就可以完成企业内部的各部门的需求,各部门只需要调用信息系统中的数据就可以完成订单信息查询的工作。

5.1.4 处理订单的作业流程

1. 订单处理的传递流程

从接到客户订单到着手准备拣货之间的作业阶段,称为订单处理,通常包括订单资料确认、存货查询、单据处理等内容。

订单处理分人工和计算机两种形式。人工处理具有较大弹性,但只适合少量的订单处理,一旦订单数量较多,处理将变得缓慢且易出错。计算机处理则速度快、效率高、成本低,适合大量的订单处理,因此目前主要采取后一种形式。订单处理的传递流程,如图5-1所示。

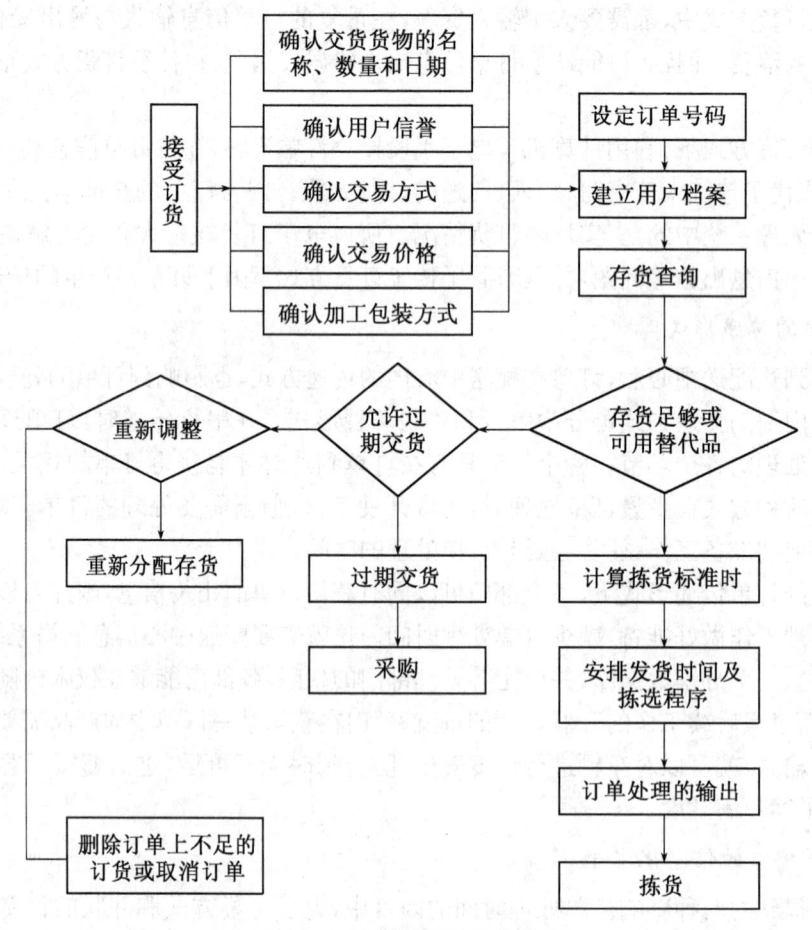

图5-1 订单处理的传递流程

2. 订单处理的作业要求

1) 接受订货

订单处理的第一步是接单作业。随着流通环境的变化和现代科技的发展,接受客户订货的方式也渐渐由传统的人工下单、接单,演变为不同部门之间通过电子传运方式直接送收订货资料的电子订货方式。

2) 货物数量及日期的确认

货物数量及日期的确认是对订货资料项目的基本检查,即检查品名、数量、送货日期等是否有遗漏、笔误或不符合公司要求的情形。尤其当送货时间有问题或出货时间已延迟时,更需与客户再次确认订单内容或更正运送时间。同样地,若采用电子订货方式接单,也须对已接受的订货资料加以检验确认。

3) 客户信用的确认

不论订单是由何种方式传至公司,配送系统的第一步都要核查客户的财务状况,以确定其是否有能力支付该订单。通常的做法是检查客户的应收账款是否已超过其信用额度。接单系统中一般采用以下两种途径来查核客户信用的状况:

(1) 客户代号或客户名称输入。当输入客户代号名称资料后,系统即加以检查客户的信用状况。若客户应收账款已超过其信用额度,系统加以警示,以便输入人员决定是继续输入其订货资料还是拒绝其订单。

(2) 订购项目资料输入。若客户此次的订购金额加上以前累计的应收账款超过信用额度,系统应将此订单资料锁定,以便主管审核。审核通过后,此订单资料才能进入下一个处理步骤。

4) 订单形式确认

配送中心虽有整合传统批发商的功能以及有效率的物流信息处理功能,但在面对较多的交易对象时,仍需根据顾客的不同需要采取不同做法。在接收订货业务上,表现为具有多种订单的交易形式,因此物流中心应对不同的客户采取不同的交易及处理方式。

(1) 一般交易订单。一般的交易订单,即接单后按正常作业程序拣货、出货、发送、收款的订单。接单后,将资料输入订单处理系统,按正常的订单处理程序处理,资料处理完成后进行拣货、出货、发送、收款等作业。

(2) 现销式交易订单。与客户当场交易,直接给货的交易订单。如业务员在客户处巡货、补货所得的交易订单或客户直接到配送中心取货的交易订单。订单资料输入后,因货物此时已交给客户,故订单资料不再参与拣货、出货、发送等作业,只需记录交易资料即可。

(3) 间接交易订单。客户向配送中心订货,直接由供应商配送给客户的订单。接单后,将客户的出货信息传给供应商由其代配。此方式需注意的是:客户的送货单是自行制作或委托供应商制作的,应对出货资料交易核对确认。

(4) 合约式交易订单。与客户签订配送契约的交易,如签订某期间内定时配送某数量的商品。在约定的送货日,将配送资料输入系统处理以便出货配送;或开始便输入合约内容的订货资料并设定各批次送货时间,以便在约定日期系统自动产生所需要的订单资料。

(5) 寄库式交易订单。客户因促销、降价等市场因素先行订购一定数量的商品,往后视需要再要求出货的交易。当客户要求配送寄库商品时,系统应检核客户是否确实有此项寄库商品。若有,则出此项商品;否则,应加以拒绝。这种方式需注意交易价格是依据客户当初订货时的单价计算,而不是依现价计算。

5) 订单价格确定

不同的客户(批发商、零售商),不同的订货批量,可能对应不同的售价,因而输入价格时系统应加以核检。若输入的价格不符(输入错误或业务员降价接受订单等),系统应交易锁定,以便主管审核。

6) 加工包装确认

客户订购的商品是否有特殊的包装、分装或贴标等要求,或是有关赠品的包装等资料系统都需加以专门的确认记录。

7) 设定订单号码

每一份订单都要有单独的订单号码,此号码一般是由控制单位或成本单位来指定,它除了便于计算成本外,还有利于制造、配送等一些相关工作。所有工作的说明单及进度报告都应附有此号码。

8) 建立客户档案

将客户状况详细记录,不但有益于此次交易的顺利进行,而且有益于以后的合作。

9) 存货查询和存货分配

(1) 存货查询。存货查询的目的在于确认库存是否能够满足客户需求。存货资料一般包括品项名称、号码、产品描述、库存量、已分配存货、有效存货及期望进货时间。

在输入客户订货商品的名称、代号时,系统应查核存货的相关资料,看是否缺货。若缺货则应提供商品资料或此商品的已采购未入库信息,以便接单人员与客户的协调,从而提高接单率及接单处理效率。

(2) 存货分配。订单资料输入系统,确认无误后,最主要的处理业务在于如何将大量的订货资料作最有效的分类、调拨,以便后续作业的顺利进行。存货分配模式可分为单一订单分配和批次分配。

10) 计算拣取的标准时间

对于每一份订单或每一批订单可能花费的拣取时间就要事先安排,即要计算订单拣取的标准时间,有计划的安排出货时间。

11) 按订单排定出货时序及拣货顺序

前面已由存货状况进行了有关存货的分配,对于这些已分配存货的订单,应如何安排其出货时间及拣货先后顺序,通常应按客户需求和标准拣货时间等具体情况而定。

12) 订单资料处理输出

订单资料经上述处理后,即可开始印制出货单据,展开后续的配送作业。

(1) 拣货单。拣货单据是拣货的依据,也是提供商品出库的指示资料。拣货资料的形式需配合配送中心的拣货策略及拣货作业的方式来设计,以提供详细且有效率的拣货信息,以便于拣货的进行。

(2) 送货单。送货单是客户签收的确认出货资料的凭证,送货单书写的正确性十分重要。当配送中心向客户送货时,通常需附上送货单据给客户清点、签收。

5.1.5 订单处理系统

1. 订单处理系统的主要作业活动

订单处理系统主要包括两种作业,即客户的询价、报价,订单的接收、确认与输入。

1) 客户的询价与报价

企业经营的最终目的是追求经济效益。配送中心的客户在向配送中心下达订单前,需要对配送成本进行相应的了解,向配送中心询价即是其获得配送成本信息的方式。通常,配送中心将客户的询价信息输入中心的自动报价系统,通过自动报价系统对客户的要求进行综合评价、分析,选择与客户进行合作的方案。

2) 订单的接收、确认与输入

(1) 订单的接收。配送中心接收客户订货的方式主要有传统订货方式和电子订货方式两大类。

(2) 订单的确认。配送中心解答客户的订单后,需要对订单的内容进行确认并实施处理。处理内容包括以下几点:确认客户信用状况;确认需求品种、数量及日期;确认订单价格;确认加工包装(是否需要特殊的包装、分装或贴标签等);设定订单号码;建立客户档案,将客户情况详细记录,以利于日后查询;确定存货查询及按订单分配存货的方式;输出订单资料。

(3) 订单的输入。配货订单的传送方式多种多样,在接收订单时,配送中心需要考虑每笔订单的订购数据及法律效力等问题。

2. 订单处理系统的设计要点

(1) 所需输入数据包括客户资料、商品规格资料、商品数量等。

(2) 日期及订单号码、报价单号码(报价单号码由系统自动填写,但可修改)。

(3) 具备按客户名称、客户编号、商品名称、商品编号、订单号码、订货日期、出货日期等查询订单内容的功能。

(4) 具备客户的多个出货地址记录,可根据不同交货地点开立发票。

(5) 可查询客户信用、库存数量、产能分配及设备工具使用状况、人力资源分配。

(6) 具备单一订单或批次订单打印功能。

(7) 报价系统具备由客户名称、客户编号、商品名称、商品编号、最近报价日期、最近订货数据等查询该客户的报价历史、订购出货状况和付款状况等资料,作为对客户进行购买力分析及信用评估的标准。

(8) 可由销售主管或高层主管随时修改客户信用额度。

(9) 具备相似产品、可替代产品资料,当库存不足无法出货时,可向顾客推荐替代品以争取销售机会。

(10) 可查询未结订单资料,以利于对出货作业的跟催。

3. 配送中心订单处理系统的特点

与配送中心存货、补货、理货以及输配送系统相比,订单处理系统具有以下特点。

1) 配送中心订单处理系统是配送中心所有物流作业组织的开端和核心

一个配送中心的各个用户都要在规定时点以前将订货单或要货单通知给配送中心,然后配送中心再将这些订单汇总,并以此来进一步确定需要配送货物的种类、数量以及配送时间。确定这些数据后,配送中心的其他子系统就可以开始工作了,如备货系统可以根据发出货物的数量种类确定需要补充的货物品种和数量,并组织采购,理货系统接到经订单处理系统确认和分配好的输出订单后,就开始拣货、配货;理货系统任务完成后,输配送系统接下来可以进行货物的输送工作等。所以订单处理系统是配送中心物流作业组织的开端,是其他子系统开展工作的依据,订单处理系统工作效率的好坏直接影响其他后续子系统的工作。

2) 配送中心订单处理系统的作业范围超越了配送中心的内部作业范围

与其他功能子系统相比,配送中心订单处理系统的作业是配送中心与用户之间的互动作业。首先用户要进行订单准备,并将订单传输给配送中心。为了提高订单处理的效率,配送中心需要用户按照规定的时间和格式将订单传输给配送中心;随后配送中心还要进行接单、订单资料输入处理、出货商品的拣货、配送、签收、清款、取款等一连串的数据处理,这些活动都需要用户的配合。因此,配送中心订单处理系统的作业并不是配送中心单方面的内部系统作业,也不是配送中心单独的内部作业即可完成,而是配送中心与用户双方之间相关系统的一体化活动。这也意味着要提高配送中心订单处理系统的效率和顾客服务水平,必须重视与用户的沟通。

3) 配送中心订单处理系统的作业活动伴随整个配送活动的全过程

虽然一般认为配送中心处理的作业流程始于接单,经由接单所取得的订货信息,经过处理和输出,终止于配送中心出货物流活动,但在这一连串的物流作业里,订单是否有异常变动、订单进度是否如期进行也包括在订单处理范围内。即使配送出货,订单处理并未结束,在配送时还可能出现一些订单异常变动,如客户拒收、配送错误等,直到将这些异常变动状况处理完毕,确定了实际的配送内容,整个订单处理才算结束。

因此,配送中心订单处理系统的订单处理,需要对整个配送活动进行全程跟踪、调整,其处理过程将伴随整个配送活动的全过程。

4) 配送中心订单处理系统的电子化要求高

由于配送中心订单处理系统每天要面对大量的用户订单,为了提高订单处理的效率,减少差错,需要提升配送中心订单处理系统的电子化水平。实际上,大多数配送中心订单处理系统都是配送中心中电子化程度最高的部分,它们通过采用大量的电子化技术,如电子订货系统、联机输入、计算机自动生成存货分配、订单处理输出数据等技术,大幅提高了订单处理系统的效率,手工技术在这一领域正逐渐被淘汰。

4. 订单处理的合理化

配送中心订单处理周期效率的高低,对配送企业的竞争力和利润有着重要影响。一个高效率的订单处理系统能够给配送中心带来以下好处:

(1) 持续降低平均订单处理前置时间。前置时间是指从订单发出到货物到达消费者的这一段时间。

(2) 改善顾客关系。有效的订单处理系统可以尽可能迅速地提供必要的顾客服务。

(3) 降低运作成本。高效率的订单处理系统具备快速处理数据的能力,因此不仅能够减少订单检查相关成本,而且能够通过整个配送渠道的联系,有效地降低富余的存货以及运输相关成本。

(4)及时输出发货单和会计账目。有效的订单处理系统能够加快由订单出货形成的应收账目数据的转账,提高企业资金利用率。另外有效的订单处理系统还可以通过订单出货的改善,降低发货不准确的情况发生。

5.1.6 订货方式与管理

随着流通环境的改变和计算机、网络技术的迅速发展,接收顾客订货的方式发生了质的变化。订货根据手段的不同,一般分为传统的订货方式和电子订货方式。

1. 传统的订货方式

传统的订货方式有以下七种。

1)厂商补货

由供应商派送车辆依次给各订货方送货,缺多少补多少,这种方式适用于周转率较快的商品或新上市的商品。

2)厂商巡货、隔日送货

供应商安排巡货人员前一天到各客户处查询需补充的货物情况,隔天再将需要补充的货物送达。这种方式的优势在于厂商可以利用巡货人员为店铺整理货架、贴标签、提供经营管理意见、促销新产品、将自己的产品放在最占优势的货架上等。但这种方式也有缺点,就是需要派遣大量的巡货人员,增加了人力成本。

3)口头订货

订货人员电话方式向厂商订货,如果客户每天需要订货的种类很多,数量又不确定,会出现较高的错误率。

? 小思考

口头订货常出现的问题在哪里?

4)传真订货

客户利用传真将缺货情况整理成书面资料发给供应商进行订货。利用传真传送订货资料的优点是速度很快,但有因传送不清晰造成事后确认作业的缺点。

5)邮寄订单

客户将订货单邮寄给供应商进行订货。这种方式的邮寄效率及品质已基本不能满足目前市场的需要。

6)客户自行取货

客户自行到供应商处看货、补货,这种方式适合客户与供应商距离近的情况。

7)业务员跑单接单

供应商派业务员到各客户处推销产品,而后将订单带回公司。

以上七种订货方式都是传统的作业方式,需要大量的人工输入、输出资料作业,在输入和输出间常造成时间误差或是录入错误,导致无谓的浪费。由于个人消费的多样化,客户订货的方式逐渐从小频率、大批量订货转变成多频次、小批量订货的方式。这对订单处理提出了更加严格的考验,因而就产生了新的订货方式——电子订货。

2. 电子订货方式

电子订货是指不同组织间采用电子传送方式进行的订货方式,传送的订货资料由书面资料转为电子资料,利用通信网络和终端设备以在线连接方式进行订货作业与订货信息交换。完成上述作业的系统称为电子订货系统(Electronic Order System,EOS)。其做法通常分为以下三种。

1) 订货簿或货架标签配合手持终端机及扫描器

订货人员携带订货簿及手持终端机巡视货架,若发现商品缺货则用扫描器扫描订货簿或货架上的商品标签,再输入订货数量,当所有订货资料皆输入完毕后,再利用数据机将订货资料传给供应商或总公司。

2) POS

客户若有POS(Point of Sale,销售时点管理系统)收银机则可在商品库存档里设定安全库存量,每当输入一笔销售商品资料时,电脑自动扣除商品库存。当库存低于安全库存时,即自动产生订货资料,将此订货资料确认后通过电信网络传给总公司或供应商。

3) 订货应用系统

客户资讯系统里若有订单处理系统,就可将应用系统产生的订货资料经转换软件转成与供应商约定的共同格式,再在约定时间将资料传送出去。

电子订货方式是一种传送速度快、可靠性及正确性高的订单处理方式,它不仅可以大幅度提高客户服务水平,也能有效地缩减存货及相关成本费用。但其运作费用较为昂贵,因此在选择订货方式时应视具体情况而定。

任务二 备货管理

5.2.1 备货的含义和内容

1. 备货的含义

备货是配送的基础工作,是配送中心根据客户的要求,为配送业务的顺利实施而从事的组织商品货源和进行商品储存的一系列准备活动。

配送中心接到客户的订单以后,必须拥有相应的商品保证配送,包括具体的商品种类、商品等级、商品规格及商品数量。若配送中心是大型或综合的存货式配送,可利用现有的商品满足顾客的需要,及时按单进行配送;但配送中心若是小型的订单式配送,就必须立即组织备货人员联系供应商,组织客户所需要商品货源。

在配送中心的经营活动中,拥有客户需要的商品是成功实现配送活动的重要内容。但由于配送中心的类型不同,商品的掌握状况也不尽相同。实施存货式配送的配送中心拥有一定的存储设备,日常可以存储一定数量的商品现货;而实施订单式配送的配送中心,由于没有存储商品的设施,必须建立广泛而密切的商品供应网络系统,一旦客户下达订单,就及时调货,以保证配送。

虽然各配送中心组织货源的方式不同,但各类配送中心的配货人员都必须掌握全面的商品专业知识和购进信息,熟悉各类商品的供货渠道和供货最佳时间,在进货指令下达后,能够及时购进或补充客户或仓库需要的商品种类、等级、规格和数量,保证配送合同的按期完成。

实施存货式配送的配送中心,其备货作业还需要备货人员掌握相应的货物存储专业知识,良好的养护和保管存储货物,保证存储商品的在库质量,不发生霉变与损坏现象;同时,运用科学的库存管理知识,测知各类库存商品数量,及时提出补充货源的建议,做到仓库商品先进先出,随进随出,既不过量库存商品,占压资金,又能存储足够量的商品,保证日常配送活动的需要。

2. 备货的内容

作为配送活动的准备环节,备货业务包括两个基本内容,即组织货源和储存货物。

1) 组织货源

组织货源又叫筹集货物或采购货物,是配送中心开展配送业务活动的龙头。

(1) 组织货源流程。组织货源流程是指配送中心选择和购买配送所需商品的全过程。在这个过程中,首先,配送中心要寻找相应的供应商,调查其产品在数量、质量、价格、信誉等方面是否满足购买要求;其次,在选定了供应商后,以订单方式向供应商传递购买计划和需求信息,并商定结款方式,以便供应商能够准确地按照配送中心的要求进行生产和供货;最后,要定期对货源的组织工作进行评价,以寻求提高备货效率的模式。

(2) 选择供应商。配送中心若要顺利地开展配送业务,首先必须拥有高品质的商品。为保证配送货物的商品质量,备货人员要严格选择货物供应商。

2) 储存货物

储存货物是配送中心购货、进货活动的延续。在配送活动中,适量的库存可以保证客户的随时需要,使配送业务顺利完成。

配送中的货物存储有两种表现形式:一是暂时库存,即按照分拣、配货工序的要求,在理货场地储备少量货物;二是储备形态,即按照一定时期配送活动的要求和货源到货周期有计划的储备商品。储备形态是使配送持续运作的资源保证,储备的合理与否,直接影响配送的整体效益。进行商品的合理储存,通常要注意以下几个方面:

(1) 商品储存的合理数量。商品储存的合理数量是指一定的条件下,根据企业具体经营情况,为了保证正常的商品配送业务所制定的合理存储标准。确定商品存储的设立数量要考虑客户的需求量、配送中心的条件、配送过程的需要及配送企业的管理水平等因素的影响作用。

商品的储存量由经常储存和保险储存两部分构成。经常储存是指配送中心为了满足日常配送需要的商品储存;保险储存是指为防止因商品需求变动而造成影响,避免商品脱销,保证连续不断的配送而建立的商品储存。两种储存定量的确定,要在考虑各种影响因素的基础上,运用科学的定量方法计算出来的。

(2) 商品储存的合理结构。商品储存结构是指不同品种、规格、花色的商品之间储存数量的比例关系。经由配送中心配送的商品品种多、数量大,特别是大型的综合配送中心,产品种类更是千差万别。社会对不同的商品需求量是不同的,并且各种需求不断地发生变化。因此,配送中心在确定商品储存合理数量的同时,还要特别注意不同的商品储存数量之间的合理比例关系及其变化对商品储存数量和商品储存结构的影响。

(3) 商品储存的合理时间。储存商品的目的是为了满足客户的订货需要,因此,配送中心在确定商品储存的合理时间时要注意该种商品的生产周期和商品的物理、化学及生物性能,使商品既不脱销断档,又能在最大限度地减少商品损耗的前提下保证商品质量。

(4) 商品储存的合理空间。商品储存的合理空间就是在库房内合理地摆布商品。商品在仓库内的摆布要有利于商品配送,拥有较大库存的配送中心一般规模较大,经营品种较多,有条件的配送中心可以建"高架自动仓库",按不同类别、不同配送客户的需要设置多个出货点;在合理布置商品存放货架时,还要注意设计有利于仓储机械工作的通道,保证仓储安全的空间。

在货物存储期间,商品表面上是处于静止状态的,但从物理、化学及生物角度分析,商品内部是在不断地变化、运动着的,这种变化危害着商品的使用价值。同时,库房内的环境使得商品的内在运动易受到外界的促进而加速。因此,配送中心的备货人员在备货时要注意调整仓库的温湿度,防护和减少外界不利因素对商品的影响,延缓商品质量的变化过程,降低商品的损失和损耗。

5.2.2 备货的基本功能

1. 备货可使配送中心的配送活动得以顺利开展

作为配送中心实施经营活动的基础,备货作业是配送中心各项具体业务活动的第一关。任何配送活动,如果没有相应的货物作保证,再科学的管理方法,再先进的配送设施,也无法完成配送任务,可谓是"巧妇难为无米之炊"。作为"炊中之米",备货业务开展的好坏,直接影响到配送活动和后续业务活动的开展。如果备货人员业务不精,不熟悉供应商的情况,没有建立供货网络系统,接到订单后再接触供货商,与其洽谈供货价格、进货通道、进货时间等基本业务,势必使商品购进在途时间过长、占压资金过多,既浪费了时间,又增加了进货成本,进而导致配送总成本上升。若供货渠道不畅,还会使企业面临无货或缺货的尴尬境地,导致企业无法按期配送货物,丧失商业信誉,降低市场竞争力。如果备货人员拥有各类商品的供货网络系统,根据企业的需要补充库存,就可使企业的业务顺利开展下去,通过良好的配送服务赢得客户的首肯,进而赢得客户的信任和企业良好的服务信誉,为企业进一步拓展市场打下坚实的基础。

2. 备货可使社会库存结构合理,降低社会总成本

目前,"零库存"的概念已经被我国越来越多的企业所接受,"零库存"并不等于不设库存,而是将社会总体的库存结构进行合理的调整,通过资源整合,形成库存集中化,即生产企业和商业零售组织不设库存或减少库存,由大型或综合性配送中心实施产品供、销、存、销业务。

生产企业的原材料、零部件及产成品由配送中心统一提供,可使生产企业用于购买原材料、零部件及进行销售的资金有所减少,进而降低了企业的生产成本,使企业的产品在市场上更具竞争力,同时由于企业不再分出人力、物力用于原材料的购进和产品的储运,企业可以拥有更多的生产能力和市场销售能力,可以生产出更多更好的产品销售到更广泛的地区。

3. 备货可使配送中心节约库存空间,减少配送成本,增加经济效益

通过科学的备货方式,配送中心可以确定适当的库存商品数量,合理的库存结构。在减少不必要库存占用的前提下,使库存成本下降,从而降低产品的配送成本。与此同时,由于调整了库存结构,剔除了不合理的库存占用,使企业拥有了扩展业务的空间;新业务的增加,既增加了适应市场变化的能力,又大大提高了企业的整体经济效益。

?小思考

备货中应注意哪些问题?

5.2.3 应急备货方式

备货能够为配送中心以较高的满意度完成顾客的订单提供保障,但是由于顾客需求的不稳定性,也时常会造成库存不足的状况。因此,应急备货应该纳入到备货的日常管理中,建立起应急备货的流程,减少由于紧急订单、库存不足造成的客户订单损失。

应急备货方式有别于一般的备货方式。在一般的备货方式下,配送中心根据以往的数据统计,设置了安全库存。当库存水平下降到安全库存以下位置时,便启动了备货程序。按照事先设定的流程选择供应商、洽谈价格、成交、运输入库。但是由于应急备货方式产生的原因是紧急订单等突发事件,需求的物资要在较短时间内备齐,所以应急备货方式主要突出一个"急"字。

为了及时完成备货,应急备货方式要突破一般备货方式的程序,在一定的备货成本控制下尽可能快的完成任务。其基本流程分为以下几个方面。

1. 应急备货申请

备货部门发现现有库存不能满足订单需求,又不能以一般备货方式来满足订单时就要启动应急备货方案。首先需要向主管负责人提出应急备货申请。

2. 审批

主管负责人根据订单的重要程度决定采取延迟交货或者是应急备货。通过审批的应急备货才能进入下一环节。

3. 联系供应商

对于已经建立供应关系的供应商,一般允许紧急订货。这时主要洽谈的就是交货价格和交货时间两个问题。通常情况下,应急备货下的商品价格要高于一般备货下的商品价格。为了完成应急备货目标,如果商品价格未高于设定的最高备货成本,也是可以接受的。

4. 安排接收货物

通过应急备货方式采购的货物要事前做好接收准备,必要时可以选择交货速度较快的运输方式来缩短备货时间。

▶ 项目小结

本章主要介绍了集货作业的两个物流活动:订单管理和备货管理。

订单管理作为配送服务的第一个环节,也是配送服务质量得以保证的根本。订单处理质量的好坏直接影响到后续业务能否顺利开展。在第一节中介绍了订单处理的含义和订单处理的过程,分析了影响订单处理时间的因素,最后通过对订单处理流程中各环节的分析,介绍了订单处理合理化的方向。

在备货管理一节中,首先就备货的含义和内容进行了介绍。备货是配送的基础工作,是配送中心根据客户的要求,为配送业务的顺利实施而从事的组织商品货源和进行商品储存的一系列准备活动。随后对备货的基本功能和应急备货方式进行了讲解。

同步练习

一、选择题

1. 拣货单据的产生,在于提供商品出库指示资料,作为拣货的依据。拣货资料的形式配合配送中心的拣货策略及拣货作业方式来加以设计,以提供详细且有效率的拣货资讯,便于(　　)的进行。

　　A. 拣货　　　　B. 存货　　　　C. 分货　　　　D. 出库

2. 对于通过核查的订单,要将客户的状况建立详细的(　　),因为这样不但能让此次交易顺利进行,而且有益于后续合作的开展。

　　A. 记录　　　　B. 客户档案　　C. 说明　　　　D. 信息

3. (　　)是指与客户当场交易,直接给货的交易订单。

　　A. 一般交易订单　　　　　　　B. 特殊交易订单
　　C. 现销式交易订单　　　　　　D. 合同交易订单

4. (　　)是指不同组织间采用电子传送方式进行的订货方式,传送的订货资料由书面资料转为电子资料,利用通信网络和终端设备以在线连接方式进行订货作业与订货信息交换。

　　A. 人工订货　　B. 传统订货　　C. 合同订货　　D. 电子订货

5. 订单处理分人工和(　　)两种形式。

　　A. 计算机　　　B. 手工　　　　C. 传统　　　　D. 现代

二、问答题

1. 什么叫订单处理?
2. 客户档案应包括哪些具体内容?
3. 一个高效率的订单处理系统能够给配送中心带来哪些好处?
4. 备货的基本功能有哪些?
5. 订单处理的作业要求有哪些?

三、实训题

1. 实训目的:熟悉集货作业管理,使学生对集货作业有个整体的认识。
2. 实训方式:到配送企业进行参观学习。
3. 实训内容:

　　(1) 使学生了解集货作业管理对配送有哪些意义。

　　(2) 使学生熟悉集货作业管理的业务主要有哪些,应如何加强对集货作业的管理。

　　(3) 使学生了解配送企业应如何做好集货作业的管理,满足客户对配送的需求。

项目六 拣选配货作业管理

微信扫码查看

知识目标	技能目标
1. 掌握配送中心拣选作业的基本概念、分类和基本方法。 2. 掌握拣选作业的流程。 3. 了解配送中心在配货时应注意的原则。	1. 掌握配货的基本方式。 2. 会用各种拣选方法来拣选商品。

> 项目概述

拣选配货是由负责理货的工人或理货机械，巡回于货物的各个储货点，按理货单指令，取出所需货物，巡回一遍，则为一个客户将货配齐。配齐后的货物立即配装。拣选配货可采取单一拣选和摘果式拣选。

每一个客户订单中都至少包含一项以上的物品，拣选作业的目的就是正确而迅速地集合客户所订购的物品。拣选作业在配送中心作业流程中扮演着重要的角色。目前大多数的配送中心仍具有劳动密集型的特征，其中与拣选作业直接相关的人力成本占50％以上，且拣选作业的时间投入也占整个配送中心的30％～40％左右。由此可见，确定合适的拣选方法与策略，对日后配送中心的运作效率具有决定性的影响。

任务一 拣选作业管理概述

6.1.1 拣选的概念与分类

1. 拣选的概念

拣选作业是依据客户的订货要求或配送中心的送货计划，迅速、准确地将商品从其储位或其他区域拣取出来，并按一定的方式进行分类、集中，等待配装送货的作业过程。在配送作业的各环节中，拣选作业是非常重要的一环，它是整个配送中心作业系统的核心工序。根据国家标准物流术语定义：拣选是按订单或出库单的要求，从储存场所选出物品，并放置指定地点的作业。拣选也是配送中心出货的第一道环节。

随着中国经济的高速发展及国内企业的迅速成长、扩张与并购，国内物流特别是商业配送、邮政及快递行业对配送设施的建设越来越重视和关注。这些企业的管理层已经把物流配送作为企业核心竞争力的重要组成，而不仅作为传统的仓库作业模式。

作为配送设施的主要组成部分,拣选作业系统的合理设计和配置是至关重要的。

2. 拣选的分类

1) 按拣选的手段不同分类

(1) 人工拣选。人工拣选是靠人力搬运,利用最简单的工具和手推车等,把所需的货物分别送到指定地点。这种拣选方式在传统的仓库中最为常见,拣选作业劳动强度大,拣选效率也最低。

(2) 机械拣选。机械拣选是以机械为主要输送工具,由人工进行拣选作业的拣选方法。分拣作业人员,只在附近几个货位进行拣选作业,传送运输带不停地运转,或分拣作业人员按指令将货物取出放在传送运输带上,或者放入传送运输带上的容器内。传送运输带运转到末端时把货物卸下来,放在已划好的货位上待装车发货。常见的拣选设备有链式输送机、辊式输送机、传送带等。这种作业方式投资不太高,但可以减低拣选作业人员的劳动强度,有效提高拣选效率。

(3) 自动拣选。自动拣选是货物从进入自动分拣系统开始到指定的分配位置为止,都是按照人们的指令靠自动拣选装置来完成的拣选。自动分拣系统一般由控制装置、分类装置、输送装置及分拣道口组成。控制装置的作用是识别、接收和处理分拣信号,根据分拣信号的要求指示分类装置,按商品品种、按商品送达地点或按货主的类别对商品进行自动分类。分类装置的作用是根据控制装置发出的分拣指示,当具有相同分拣信号的商品经过该装置时,该装置运作,使改变在输送装置上的运行方向进入其他输送机或进入分拣道口。输送装置的主要组成部分是传送带或输送机,其主要作用是使待分拣商品贯通过控制装置、分类装置。输送装置的两侧,一般要连接若干分拣道口,使分好类的商品滑下主输送机以便进行后续作业。分拣道口是已分拣商品脱离主输送机进入集货区域的通道,一般由钢带、皮带、滚筒等组成滑道,使商品从主输送装置滑向集货站台,在那里由工作人员将该道口的所有商品集中后或是入库储存,或是组配装车并进行配送作业。以上四部分装置通过计算机网络联结在一起,配合人工控制及相应的人工处理环节构成一个完整的自动分拣系统。自动拣选的拣选效率最高,可以很大程度的减低拣选作业人员的劳动强度,提高拣选的准确性。但是自动化拣选系统需要一次性投入巨大资金,并且拣选系统对商品外包装要求也高。

2) 按作业程序分类

(1) 一人分拣法。

(2) 分程传递法。拣货人员仅对自己所承担的货物或拣选任务进行拣选,然后分程传递给下一个拣货人员。

(3) 区间分拣法。个人对所承担的货物进行分拣,然后分程传递给下一个分拣人员,然后将各区间的货物汇总起来。

(4) 分类分拣法。按货物形状、尺寸、重量进行分类保管,再按类别进行分拣。

6.1.2 拣选的基本方法

1. 纸张拣选

顾名思义,纸张拣选就是在处理客户的订单时,使用打印或者手写的方式在纸面上进行信息核对,与订单呈一一对应关系,这是最直观也是历史最悠久的一种拣选作业方式。纸张拣选具有投资小、灵活性高、易于操作等显著优点,但是由于所有数据的读取、记录、更改、查询都需要经过一个人为的过程,由此而产生的差错和失误可想而知,所以它的拣选准确度是拣选技术中最低的。而且在操作过程中,不可避免地需要投入更多的纸张和打印机及耗材。

2. 无线终端拣选

无线终端拣选建立在条码扫描技术以及无线通信技术的基础上,具有快速读取数据和采集信息的功能。在拣选系统中,借助手持式或固定式无线数据采集终端(RF Terminal),操作员和系统可以通过识读流转单上的流水号条码、货品上的条码、货位条码等,快速获得相应信息。毋庸置疑,条码扫描极大地提高了拣选效率及准确性,一般而言,条码扫描拣选的准确率可达99%以上(这里需要澄清:数据采集的准确率和订单履行的准确率是完全不同的概念)。然而,条码扫描并非终极解决方案,因为条码读取速度可能会受环境条件、光线、灰尘/污物和印刷质量等多方面因素的影响。

❓小思考

拣选和配送有哪些关系?

3. 拣选小车

拣选小车(Picking Cart)一般是根据需要拣选的产品的特性来设计的,每次可以完成一个或多个订单的拣选任务。拣选小车能结合纸张、无线终端 RF 和灯光拣选等技术实现应用,从而达到优化订单处理系统的效果。例如,在批次拣选中,配有一台无线扫描器和一台车载式射频无线终端机的拣选小车,可以通过无线终端接收到的指令一次完成多张订单的拣选。可以说,拣选小车实际上是一个带轮子的条码拣选系统。

4. 灯光拣选

数字亮灯辅助拣选(Pick to Light)也叫作电子标签辅助拣选,简称灯光拣选,是一个基于商品品规(SKU)管理的拣选方式。通常在每个货位安装一个灯作为该货位的提示单元,并配合条码技术实现订单信息在系统中的交互。在一个订单的驱动下,系统会使需拣选商品所在的货位的灯自动闪亮,指示操作员到哪个货位、拣取什么货品、数量是多少,并通过确认将拣选信息实时传送回系统,使得拣选工作方便、快速、有效。

灯光拣选一般有摘取式和播种式两种作业方式。摘取式电子拣货,每一种货物对应一个电子标签,控制电脑可根据货物位置和订单清单数据,发出出货指示并使货架上的电子标签亮灯。操作员根据电子标签所显示的数量及时、准确、轻松地完成"件"或"箱"为单位的商品拣货。对于多品规、高频度的大量拣选的应用场合,可以考虑这种系统。播种式电子拣货,类似于逆向的摘取式电子拣货,显示屏告诉操作员将在哪儿"播种"商品,而不是告诉操作员"摘取"哪些商品。在典型配置中,每一货位代表一张订单,均设置一个电子标签。操作员扫描产品条码后,电子标签将显示哪些货位需要该产品以及所需的数量,操作员只需根据电子标签灯号与显示数字将货品配给相应货位即可。此种方式适用于商品品规较少、配送门店相对较多的拣货作业环境。

5. 语音拣选

语音辅助拣选(Voice Picking),简称语音拣选,是一种利用语音的播报和识别并且调动操作人员的听觉达到自动拣选的作业方式。引进语音技术,从操作员角度看,双手、双眼获得全面解放,从而使整个拣选流程更为顺畅,并且改善了工作环境;从管理角度看,能够规范工作流程,减少人员培训工作量,并且实现有效的绩效评估。

语音拣选易于操作,可以简单地分为三个步骤:首先是操作员给系统一个提示,表示已经准备就绪,等待系统发送拣货指令;语音指令给出一个巷道号和货位号,系统要求操作员说出校验号,在操作员把这个校验号读给系统听后,如果系统确认无误,便会立即提示需要拣货的数量;最后操作员把相应货物拣出,向系统发出"完毕"的语音信号。此时,一个拣选过程结束,操作员等待系统发出下一个拣货指令。

成熟的语音拣选系统绝不是单纯的语音识别技术的应用,而需要在不同的工业环境中实现,并能方便地匹配各种操作流程。语音拣选具有灵活性好、效率高、准确率高的特点,并且有不同的软硬件配置可供选择。此项技术在欧洲、美洲、澳洲等地已应用多年,不乏大量的成功案例。目前,德马泰克语音技术已实现了中文版,语音技术必将成为企业物流管理拣选环节的明日之星。

6. 机器人和AGV

机器人和AGV(自动导引车)是提高仓库或配送中心自动化程度的重要标志。机器人一般都配备机器视觉系统,相当于机器人的"眼睛",使用复杂的图像处理算法,通过对产品形状、颜色等特征的分析完成对相应货物的精确分拣。机器人虽能大大提高拣选工作效率和准确率,终究受到购买与维护成本高、维护人才紧缺等因素的影响,不能得到广泛应用。AGV可实现仓库或配送中心全部或局部自动化,与各类拣选技术结合,能做到兼顾效能与成本两个重要的因素。如语音技术与AGV集成的拣选方案,一旦操作员登入系统,AGV即启动,并根据系统指示到达所需工作的货位。与传统的采用叉车运送货物方式相比,采用AGV可以使拣选人员只专注于拣选工作本身,而无须驾驶、上下叉车,大大节省了拣选员在各个区域内行走的时间,提高了工作效率,并减轻了工作负荷。另外,AGV在系统的实时监控下,可以达到最大化地利用,避免闲置从而降低运行成本。

6.1.3 拣选的应用领域

上面介绍了几种常见的拣选方式,值得注意的是,在具体的应用环境中,并非仅使用其中的某一种,更多的情况则是上述几种技术的协同配合、综合使用,以便最大限度地提高系统效率,为用户节省成本。以下是拣选方式广泛应用的一些领域,着重介绍其在零售、医药、制造业等领域的应用。

1. 零售业领域

近年来,随着商品种类的极大丰富,居民购买力持续增强,中国消费品市场营业额年增长上万亿元。零售业的兴旺,使得支撑零售企业快速发展的配送中心大量涌现。零售企业对拣选、配送的要求越来越高。通常,连锁零售企业经营商品多达十几万种,门店众多;总的配送量很大,而且要货的频率高、批量小,开箱拆零日渐频繁;要货时间十分紧迫,必须限时限期送到。另外,在零售企业配送中心,一个拣选错误可能增加巨大的额外成本。所以,对于高物动量的货品,提高拣选效率、避免拣选错误非常关键;对于中等物动量或低物动量的货品,则需要结合考虑成本及效率的因素。因此,零售行业配送中心几乎囊括了所有的常用拣选技术,包括纸张拣选、RF拣选、灯光拣选、语音拣选、AGV拣选、机器人拣选等。值得一提的是,在国外零售企业配送中心,语音拣选大量代替了RF拣选和纸张拣选,成为一种更准确、更有效而灵活的拣选方式。

2. 医药行业领域

与零售业配送相比,医药行业的配送除了满足连锁药店零售配送的需求外,还有其独特的需求。如何减少药品流通环节,有效控制经营成本,实实在在为终端客户降低药价,是医药企业不可回避的话题。随着国家对药品监管力度的不断加强,医药公司必须严格执行药品的生产日期、有效期等批次管理,拣选药品时更需考虑先进先出等因素。根据药品的储存条件,一般医药配送中心配备有常温库、阴凉库、超低温库,还有完全独立于一般药品库的特殊库。应根据各类药品的特殊要求,配备各种不同的拣选技术与软硬件。例如,在电子标签拣选区域,拣货员只需用激光扫描枪扫描周转箱上的条码,货架上的电子标签就会显示出拣选位置和数量,拣货员完成相应操作后即可开始下一个订单的拣选。每个作业指令与信息库中的数据都保持一致。除了上面提到的灯光拣选(电子标签拣选)技术外,RF、语音、自动传输与分拣等结合条码或者RFID(无线射频识别)技术的应用,也在医药配送中心有广泛的应用。选用合适的拣选技术,能有效地提高拣选效率,减少仓库人员的工作时间,降低药品的物流成本,大大缩短药品配送的时间,尤为重要的是,可以确保药品拣选的准确率。

? 小思考

药品的商标没有注册,该药品合格吗?为什么?

3. 制造业领域

以钢材制造企业来说,钢铁产品有大量的品规,尺寸和形状各异,有时凭借肉眼很难鉴别类似产品之间的差异,如两根钢管的长度差异,或者类似材质之间的差异等。自动拣选技术在差异性小的产品中的应用就显得十分关键。对制造企业来说,库存数量的准确性和可用性也很重要,如果在客户需要时正好缺少某种产品,可能会丢失客户。拣选技术配以信息管理系统,能提供更好的库存能见度,进而促进销售。目前,制造企业使用最多的是纸张和RF配合条码等拣选方式。随着技术的发展,RFID、语音等拣选技术越来越多地受到关注。

任务二 拣选作业流程

6.2.1 拣选作业概述

1. 拣选作业的基本流程

拣选作业的基本流程如图6-1所示。

1) 生成拣选作业信息

在拣选作业开始前,首先要核对客户出库信息,因为客户信息的传递速度和准确程度,受仓库信息化程度的影响。有的信息是手工录入的,即对出库凭证进行审核后手工录入;有的信息是通过条码识别录入的。不论哪一种信息传递的方法,拣选信息都是在客户出库信息的基础上生成的。随着配送中心信息化水平的提高,信息的传递速度和准确性将会大幅度提高。目前很多配送中心的拣选作业都是根据订单处理系统输出的拣货单进行拣选。

图6-1 拣选作业的基本流程

2) 行走和搬运

拣选时,拣选作业人员或机器必须直接接触并拿取货物,因此形成拣选过程中的行走与货物的搬运。缩短行走和货物搬运距离是提高配送中心作业效率的关键。拣选作业人员可以步行或搭乘运载工具到达货物存储的位置,也可由自动分拣系统完成。

3) 拣取

选择完合适的拣选方法后就可以进行具体的拣选作业了。在实施拣选作业时,首先要准确找到货位,确认物品,然后将物品挑选、搬运到指定地点。

4) 分类和集中

配送中心在收到多个客户的订单后,根据不同的客户需求或送货路线分类集中,有些需要进行流通加工的商品还需要根据加工方法分类,加工完毕后再按一定的方式分类出货。多品种分货的工艺流程较为复杂,难度也大,必须在统筹安排的基础上,提高作业的准确性。

从以上四个环节可以看出,拣选作业不仅工作量大、工艺过程复杂,而且作业要求时间短,准确度高,服务质量高。因此,在拣选过程中,必须根据配送中心的业务范围和服务特点来对拣选作业做出合理的设计和科学的安排。

2. 拣选作业的基本原则

拣选作业除了自动化设备的应用外,一大部分是靠人工劳力的密集作业,因此在设计拣选作业系统时,使用工业工程方法相当普遍。通过长时间的实践总结出的拣选基本原则,可以在拣选作业系统设计时加以应用:

(1) 不要等待——零闲置时间。

(2) 不要拿取——零搬运(多利用输送带、无人搬运车)。

(3) 不要走动——动线的缩短。

（4）不要思考——零判断业务（不依赖熟练工人）。

（5）不要寻找——储位管理。

（6）不要书写——免纸张。

（7）不要检查——利用条形码由电脑检查。

3. 拣选作业系统的设计思路

在设计配送中心的分拣系统时，首先需要考虑的是商品的特性、分拣能力的要求、需要配置分拣格口的数量和上游拣选系统末端输送的无缝衔接。为了能够清楚地获知预期的处理能力水平，需要对整个物料流程进行完整的分析，应考虑以下因素：处理物品的类型；客户业务波动所引起的系统/设备处理流量水平的波动；将物品导入系统；在输入/输出点物流系统能否与分拣系统的速度相匹配；在发货程序中产品分组能否避免不必要的延迟从而降低销售点的存货。在收集并评估了所有的相关数据后，可通过系统仿真来验证不同的可选方案，并找出潜在的瓶颈。最后，可得出配有流量要求的流程图，并在此时才进行设备选型，以提供最有效的解决方案。

多种技术应用会带来不同效果的多种解决方案。比如，超高的作业水平需要储备额外的存货，以避免存货不足的困境；极短的交货时间需要具备能在紧急情况下灵活插入订单的高效系统。要找到适合自己的解决方案，用户需要着眼于自己的战略性业务计划。作为系统集成商，应当在提供系统解决方案前，帮助客户归纳其业务驱动因素，以确保解决方案适用。

4. 最佳效果拣选系统解决方案的实现方法

1）减少拣选员的行走距离与时间

为加快拣货员完成订单拣选任务而必须满足的行进速度，可以考虑选择包括使用托盘搬运车、叉车、多层拣选模块、载人堆垛机，以及无线设备与设计合理的存储系统一同使用，以提高工作效率并加快订单周转率。

可使用流利式货架来设计拣选面。与静止货架不同，流利式货架是一种动态的存储设备，存放在上面的货物通过倾斜的流利轨道自动流向订单拣选员，从流利架后面进行补货。当从流利架上拿走一件货物后，后续货物可以平稳地滑到拣选位置，从而确保产品获得性。流利式货架系统保证了货物的自动流转，这在货物的上架时间有限的情况下非常重要。因为每种品规所需存储空间的宽度和高度比产品或包含产品的纸箱略大，并且不存在交叉巷道，流利式货架系统的空间利用率很高。采用这种形式的货架一般最多可将拣选面的长度降低80%，减少每次拣选之间的行走距离和补货的距离。托盘流利式货架可为以单元（托盘）形式存储的货物提供相同的优点。

此外，"集中拣选"技术能被应用在"货到人"的拣选模式中。通过"货到人"方式，消除了在拣选任务间浪费的走动时间，这也是提高订单拣选效率和处理量的一种有效的方法。比如，采用旋转和垂直升降货柜、多层穿梭车、托盘/料箱应用自动化立体库。

"货到人"技术除了具有减少走动时间这一优势明显的优点外，还能提高人工订单拣选的人性化程度。当与电子标签系统一同使用时，可大大提高工作效率。该方案一般应用在高处理能力要求的系统中，并与自动化立体库（AS/RS）相连，自动化立体库将货物送到操作员前端,供他们拣选订单所需要的数量,然后将货物返回到仓库中。

2) 一次拣选多个订单

当多个订单要求相同的货物时,可通过订单分组的方法大大减少与拣选这些货物相关的走动时间。订单分组能允许多个订单的所有货物同时进行拣选,然后再按照每个订单的数量拆分。该方法在整箱拣选情况下称为"批次拣选",在拆零拣选情况下称为"集中拣选"。集中拣选允许多个订单在一次作业中完成拣选。一般情况下,集中拣选采用无线导引小车的形式,使用电子标签显示器指示出放入每个装载容器的物品数量。随着订单数量增多、订单额减少的趋势,一种集中拣选的形式正变得越来越重要,就是多单料箱(MOPT)。MOPT允许多个小额订单被拣入一个料箱的多个货格中,这是一种处理单行拆零订单的绝佳方法。

3) 采用半自动化拣选解决方案提高效率

电子标签、无线射频、语音导引拣选都属于人工的、半自动化的拣选系统解决方案。

在选择人工拣选方式的情况下,通过配备输送设备来进行批次拣选,可实现非常高的整箱拣选工作效率和处理量。使用无线或语音设备的集中拣选,对于拆零订单有同样的效果。无线射频、RFID语音指示的无纸化操作可减少失误,改善职业健康安全环境,提高工作效率,并提供从收货到发货的追踪和追溯功能。

实时的无线数据网络用于配送中心内的数据传输已成为当今众多配送中心的标准配置。而语音指示的操作优点在于,语音引导的订单拣选以清晰的口头指令向操作员提出一系列任务。这些指令通过与用户的主机平台(一般为 WMS 或 ERP 系统)连接的无线射频(RF)系统进行传输。操作员只需头戴一个小型耳机,腰带上附一个轻型的便携式语音计算机,就可以将双手解放出来,自由地拣选物品。同时,不需要他们浪费时间读取屏幕或拣选清单上的数据。

与传统的无线射频技术相比,语音引导操作的主要优点是不需要太多的培训。操作员只需要打开耳机和语音计算机,花大约15分钟的时间让计算机一次性熟悉他的声音,然后就可以马上开始工作了。这在配送中心的运作管理中十分有用,因为配送中心通常会在繁忙季节雇佣大量的临时工。

4) 采用自动化拣选系统

随着物流技术的不断进步和用户需求的改变,自动化拣选正在成为一种新的应用趋势。自动化拣选具有如下优点:节省空间,降低建筑成本;提高工作效率和处理量;更高效的物料流;减少存货;精确无误的操作;降低产品折损率;更安全、更清洁的操作环境;更少的人力配置,降低成本(人力、维护、电力),增加安全性;更高的投资回报率,更低的生命周期成本等。

6.2.2 拣选作业模式

1. 按订单拣选

按订单拣选又叫单一拣选,这种作业模式是按照每一张订单的品种和数量的要求,依次将客户所需要的商品由存放位置挑选出来的模式。一般来说,按订单拣选的准确度较高,很少发生差错,而且这种拣选方式可以根据用户要求调整拣选的先后次序,对于紧急需求,可以集中力量快速拣选。一张货单拣选完毕后,物品便配置齐备,配货作业与拣选作业同时完成,简化了作业程序,有利于提高作业效率。按订单拣选的处理弹性比较大,临时性的生产能力调整较为容易。适合订单大小差异较大、订单数量变化频繁、季节性强的商品配送,如化妆品、家具、电器、百货和高级服饰等。

(1) 按订单拣选的优点是:作业方法简单;实施弹性大;拣选后不用进行二次分拣;拣选人员责任明确;相关文件准备时间较短,且容易组织实施。

(2) 按订单拣选的缺点是:拣选效率较低,大量时间用于行走;拣选区域大时,补货及搬运的系统设计困难。

2. 批量拣选

把多张订单汇集成一批,按商品类别及品种将数量相加后先进行初次拣选,然后再按照单一订单的要求将货品分配至每一张订单。与按订单拣选相比,批量拣选由于将各用户的需求集中起来进行拣选,所以有利于进行拣选路线规划,减少不必要的重复行走。但也因其计划性较强,规划难度较大,容易发生错误。批量拣货适合订单数量变化较小,订单数量稳定的配送中心拣选。此外,需要进行流通加工的商品也适合批量拣选,再批量加工,然后分类配送。

(1) 批量拣选的优点是:拣选效率较高;可以缩短行走距离;可以适用于订单重复性高的数量庞大的系统。

(2) 批量拣选的缺点是:组织实施较复杂;对订单无法快速反应,有一定的停滞等待时间;需要进行二次分拣,增加了人工搬运成本。

任务三　配货作业

在配送业务中,配货作业的具体工作步骤是:当配送管理部门接到配送定单后,首先由管理人员进行订单分析处理,将配送需求指示转换成配货单,然后向有关的作业人员传递下达配货指令。配货作业人员则根据配货单上的内容说明,按照出货优先顺序、储位区号、配送车辆车次号、客户号、先进先出等方法和原则,把出货商品分拣、组配,整理出来,经复核人员确认无误后,放置到暂存区,准备装货上车。

6.3.1　配货的含义和原则

1. 配货的含义

所谓配货,是指将配送中心存入的多种类产品,按多个用户的多种订货要求取出,并分放在指定货位,完成各用户配送之前的货物准备工作的一系列活动。

？小思考

配货和配送的区别在哪里?

配货在配送中心的工作中占有十分重要的位置,因为配货工作的好坏直接影响分放、配装、送货等一系列后续工作的质量,在一定程度上代表了一个配送中心的实力和声誉。但另一方面配货又是一件复杂、工作量大的工作,尤其是在多用户、多品种的情况下更是如此。所以配货管理是十分重要的。

总的来说,配货作业环节工作量大,工艺过程复杂,而且作业要求时间短,准确度高,服务质量好,因此,加强对配货作业的管理非常重要。在对配货作业的管理中,根据配送的业务范围和服务特点,具体来说就是根据顾客订单所反映的商品特性、数量多少、服务要求、送货区域等信息,对配货作业系统进行科学的规划与设计,并制定出合理高效的作业流程是配货作业系统管理的关键。此外,为防止分拣错误的发生,提高配送中心内部储存管理账物相符率,以及顾客满意度,必须规范拣货过程的操作。影响拣选作业效率因素很多,因此,需对不同的订单需求应采取不同的拣选策略,即拣货生产如何运作组织的问题。

配货管理的基本要求有以下几点:

(1) 在准确程度方面。这是对配送中心的基本要求,但现实是需要配货的品种、规格复杂且变化很大,这就需要我们采取适当的管理方法,如选择有效的分货和拣选方式配货,来提高配货的准确程度。

(2) 配货的速度。随着准时物流概念的产生以及配送企业间竞争的加剧,配送的速度显得日益重要,已成为影响配送中心发展的关键因素。解决这个问题,主要是选择合适的设备、工艺以及运输路线。

(3) 配送的成本。配送中心产生的原因之一就在于它能有效节约经营成本,因此在保证配货速度、准确程度的同时更要考虑配货成本,选择适当的配货方式,在此消彼长的均衡过程中实现物流企业效益的最大化。

配货工作的基本任务是保证配送业务中所需的商品品种、规格、数量在指定的时间内组配完全并装载完毕。

2. 配货的原则

为了顺利完成配货任务,在配货过程中须遵循以下原则。

1) 准时性原则

准时性原则是保证配送企业利益及客户需求都得以满足的双赢原则。按照客户的要求及时进货、准时发货,对配送企业来说不需占用大量的库存和资金,可保持库存的合理周转;对客户来说,能够保证货物的及时到位,既不耽误生产或销售,又可使企业不存在库存,节约库存费用。

2) 准确性原则

配送企业货物品种繁多,数量巨大,每天有大量的货物进出,为了保证作业质量,在配货中必须遵循准确性原则,将正确的货物、品种、数量及时送到客户手中。

3) 可靠性原则

在配货过程中,货物的装卸作业、分货过程中的机械振动和冲击及其他意外事故、作业人员的素质等都可能损坏货物,因此要坚持可靠性原则,确保货物在配货过程中保持完好的质量。

4) 方便性原则

在配送商品中,有些商品是常需商品或畅销商品,有些商品则生产周期或需求周期比较长。配送企业在摆放商品时,要根据配送商品的配送规律,合理进行摆放,以方便配货为前提,做到将常需商品和畅销商品摆放到靠近配货作业的通道旁边,以便于理货人员进行理货作业时的商品存取,节约理货时间。

5) 优先性原则

对于下列客户,配送企业可以优先进行配货:

(1) 具有优先权的客户;

(2) 依客户等级划分,重要性程度比较高的客户;

(3) 依订单交易量或交易金额划分,对公司贡献大的客户;

(4) 依客户信用状况划分,信用较好的客户。

6) 经济性原则

企业运作的基本目标是实现一定的经济利益,所以,配货不能仅满足客户的要求,提供高质量及便捷的服务,还必须提高效率,加强成本管理与控制。

6.3.2 配货的基本方式

1. 拣选式配货

拣选式配货又称拣选式工艺,是拣选人员或拣选工具巡回于各个储存点将所需的物品取出,完成货物配备的方式。拣选式配货的基本过程是:储物货位相对固定,而拣选人员或工具相对运动,所以又称作人到货前式配货。形象地说,又类似人们进入果园,在一棵树上摘下熟了的果子后,再转到另一棵树前去摘果,所以又形象称之为摘果式或摘取式配货。拣选式配货常用于便利店的配送作业。

拣选式配货特点:

拣选式工艺采取按单拣选,一单一拣方式,这和目前仓库出货方式是很类似的,因此,在工艺上与现行方式可以不做太大改变就可以实施。由于采用按单拣选,所以这种配货工艺准确程度较高,不容易发生货差等错误。这种工艺还有机动灵活的特点,具体表现在以下几个方面:

(1) 由于一单一拣,各用户的拣选互相没有牵制,可以根据用户要求调整配货先后次序。

(2) 对紧急需求,可以采取集中力量快速拣选方式,这有利于配送中心开展即时配送,增强对用户的保险能力。

(3) 拣选完一个货单,货物便配齐。因此,货物可不再落地暂存而直接放到配送车辆上,有利于简化工序,提高效率。

(4) 其灵活性还表现在对机械化没有严格要求,无论配送中心设备多少、水平高低,都可以采取这种工艺。

(5) 用户数量不受工艺的限制,可在很大范围波动。

2. 分货式配货

分货式配货又称分货式工艺,是分货人员或分货工具从储存点集中取出各个用户共同需要的货物,然后巡回于各用户的货位之间,将这一种货物按用户需要量分别放下,再集中取出共同需要的第二种,如此反复进行直至用户需要的所有货物都分放完毕,同时完成各个用户的配货工作。

分货式配货特点：

分货式工艺采取集中取出共同需要的货物，再按货物货位分放。这就需要在收到若干个用户配送请求之后，在可以形成共同的批量之后，再对用户共同需求做出统计。同时要安排好各用户的分货货位，才开始陆续集中取出进行反复的分货操作。所以，这种工艺难度较高，计划性较强，也容易发生分货的错误。

这种工艺计划性较强，若干用户的需求集中后才开始分货，直至最后一种共同需要的货物分放完毕，各用户需求的配货工作才同时完成。之后，可同时开始对各用户的配送送达工作，这也有利于考虑车辆的合理调配、合理使用和规划配送路线。和拣选式工艺相比，可综合考虑，统筹安排，利用规模效益，这是分货式工艺的重要特点。

3. 直起式配货

直起式配货是人到货前，即拣选式配货的一种特殊形式。当用户所需种类很少，而每种数量又很大时，送货车辆可直接开抵储存场所装车，随时送货，而不需单设配货工艺。这种方式实际将配货与送货工艺合为一体，减少了几道工序。

在我国，尤其是大宗生产资料配送，直起式配货是一种很重要的方式。

4. 自动分拣式配货

自动化分拣系统的分拣作业与上面介绍的传统分拣系统有很大差别，可分为三大类：自动分拣机分拣、机器人分拣和自动分类输送机分拣。

1) 自动分拣机分拣系统

自动分拣机，一般称为盒装货物分拣机，是药品配送中心常用的一种自动化分拣设备。这种分拣机有两排倾斜的放置盒状货物的货架，架上的货物用人工按品种、规格分别分列堆码；货架的下方是皮带输送机；根据集货容器上条码的扫描信息控制货架上每列货物的投放；投放的货物接装进集货容器，或落在皮带上后，再由皮带输送进入集货容器。

2) 机器人分拣系统与装备

与自动分拣机分拣相比，机器人分拣具有很高的柔性。

3) 自动分拣系统

当供应商或货主通知配送中心按订单发货时，自动分拣系统在最短的时间内可从庞大的存储系统中准确找到要出库的商品所在的位置，并按所需数量、品种、规格出库。自动分拣系统一般由识别装置、控制装置、分类装置、输送装置组成，需要自动存取系统(AS/RS)支持。

总之，拣选与配货不仅是配送不同于其他物流形式的功能要素，也是配送成败的一项重要的支持工作。它是完善送货、支持送货的准备性工作，是不同配送企业在送货时进行竞争和提高自身经济效益的必然延伸。因此，也可以说拣选与配货作业是送货向高级形式发展的必然要求，正确的选择与实施拣选配货作业是配送中心提高整体送货服务水平的必然途径。

任务四　自动分拣系统

自动分拣系统一般由控制装置、分类装置、输送装置及分拣道口组成。

控制装置的作用是识别、接收和处理分拣信号，根据分拣信号的要求指示分类装置，按商品品种、商品送达地点或货主的类别对商品进行自动分类。这些分拣需求可以通过不同方式,如可通过条形码扫描、色码扫描、键盘输入、重量检测、语音识别、高度检测及形状识别等方式,输入到分拣控制系统中去。根据对这些分拣信号判断,来决定某一种商品该进入哪一个分拣道口。

分类装置的作用是根据控制装置发出的分拣指示,当具有相同分拣信号的商品经过该装置时,该装置动作,改变其在输送装置上的运行方向进入其他输送机或进入分拣道口。分类装置的种类很多,一般有推出式、浮出式、倾斜式和分支式几种,不同的装置对分拣货物的包装材料、包装重量、包装物底面的平滑程度等有不完全相同的要求。

输送装置的主要组成部分是传送带或输送机,其主要作用是使待分拣商品鱼贯通过控制装置、分类装置,并输送装置的两侧,一般要连接若干分拣道口,使分好类的商品滑下主输送机(或主传送带),以便进行后续作业。

分拣道口是已分拣商品脱离主输送机(或主传送带)进入集货区域的通道,一般由钢带、皮带、滚筒等组成滑道,使商品从主输送装置滑向集货站台,在那里由工作人员将该道口的所有商品集中后或是入库储存,或是组配装车并进行配送作业。

以上四部分装置通过计算机网络联结在一起,配合人工控制及相应的人工处理环节,这些构成了一个完整的自动分拣系统。

6.4.1 自动分拣系统概述

1. 自动分拣系统的普遍优点

在自动分拣系统中,分拣信号的输入方法大致有以下六种:键盘输入;声音识别输入;条形码和激光扫描器输入;光学文字读取装置(OCR)输入;主计算机输入;无线射频识别(RFID)输入。这样的输入方式能给分拣系统带来以下优点。

1) 能连续、大批量地分拣货物

由于采用大生产中使用的流水线自动作业方式,自动分拣系统不受气候、时间、人的体力等的限制,可以连续运行,同时自动分拣系统单位时间分拣件数多。自动分拣系统的分拣能力是人工分拣系统可以连续运行 100 个小时以上,每小时可分拣 7 000 件包装商品。如用人工则每小时只能分拣 150 件左右,同时分拣人员也不能在这种劳动强度下连续工作 8 小时。

2) 分拣误差率极低

自动分拣系统的分拣误差率大小主要取决于所输入分拣信息的准确性大小,这又取决于分拣信息的输入机制,如果采用人工键盘或语音识别方式输入,则误差率在 3% 以上。如采用条形码扫描输入,除非条形码的印刷本身有差错,否则不会出错。因此,目前自动分拣系统主要采用条形码技术来识别货物。

3) 分拣作业基本是无人化

国外建立自动分拣系统的目的之一就是为了减少人员的使用,减轻工人的劳动强度,提高人员的使用效率,因此自动分拣系统能最大限度地减少人员的使用,基本做到无人化。分拣作业本身并不需要使用人员,人员的使用仅局限于以下工作:① 送货车辆抵达自动分拣线的进货端时,由人工接货;② 由人工控制分拣系统的运行;③ 分拣线末端由人工将分拣出来的货物进行集载、装车;④ 自动分拣系统的经营、管理与维护。例如,美国一公司配送中心面积为10万平方米左右,每天可分拣近40万件商品,仅使用约400名员工,这其中部分人员都在从事上述①、③、④项工作,自动分拣线做到了无人化作业。

2. 自动分拣系统的分类及其特点

1) 堆块式分拣系统

堆块式分拣机(见图6-2)由链板式输送机和具有独特形状的滑块在链板间左右滑动进行商品分拣的推块等组成。堆块式分拣系统是由堆块式分拣机、供件机、分流机、信息采集系统、控制系统、网络系统等组成。可适应不同大小、重量、形状的各种不同商品;分拣时轻柔、准确;可向左右两侧分拣,占地空间小;分拣时所需商品间隙小,分拣能力高达18 000个/小时;机身长,最长达110米,出口多。

2) 交叉带式分拣系统

由主驱动带式输送机和载有小型带式输送机的台车(简称"小车")连接在一起,当"小车"移动到所规定的分拣位置时,转动皮带,完成把商品分拣送出的任务。因为主驱动带式输送机与"小车"上的带式输送机呈交叉状,故称交叉带式分拣机(见图6-3)。交叉带式分拣系统适宜于分拣各类小件商品,如食品、化妆品、衣物等;分拣出口多,可左右两侧分拣;分拣能力,一般达6 000~7 700个/小时。大型交叉带式分拣系统一般应用于机场行李分拣和安检系统。根据作业现场的具体情况可分水平循环式或直行循环式。

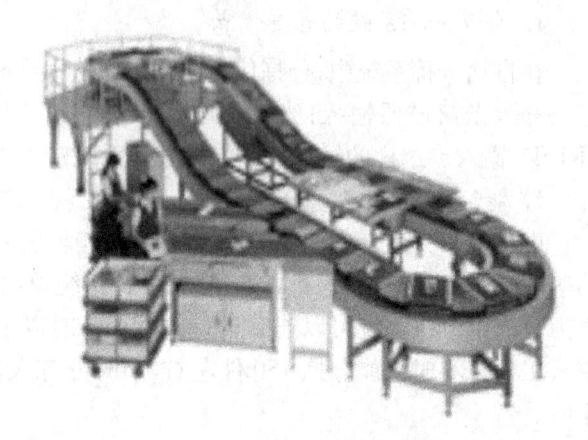

图6-2 堆块式分拣系统　　　　　图6-3 交叉带式分拣系统

3) 斜导轮式分拣机

当转动着的斜导轮,在平行排列的主窄幅皮带间隙中浮上、下降时,达到商品的分拣目的。斜导轮式分拣机(见图6-4)对商品冲击力小,分拣轻柔;分拣快速准确;适应各类商品,只要是硬纸箱、塑料箱等平底面商品;分拣出口数量多。

4) 轨道台车式分拣机

被分拣的物品放置在沿轨道运行的小车托盘上,当到达分拣口时,台车托盘倾斜30度,物品被分拣到指定的目的地。轨道台车式分拣机(见图6-5)可三维立体布局,适应作业工程需要;可靠耐用,易维修保养;适用于大批量产品的分拣,如报纸捆、米袋等。

图 6-4　斜导轮式分拣机　　　　　　　　图 6-5　轨道台车式分拣机

5) 摇臂式分拣机

被分拣的物品放置在钢带式或链板式输送机上,当到达分拣口时,摇臂转动,物品沿摇臂杆斜面滑到指定的目的地。摇臂式分拣机(见图 6-6)结构简单,价格较低。

6) 垂直式拣选系统

垂直式拣选系统又称折板式垂直连续升降输送系统(见图 6-7),是不同楼层间平面输送系统的连接装置。根据用途和结构的不同,有从某楼层分拣输送至某楼层;从某楼层分拣输送至不同的各楼层;从某楼层分拣输送至某楼层的不同出口方向。

图 6-6　摇臂式分拣机　　　　　　　　图 6-7　垂直式分拣系统

3. 自动分拣系统的适用条件

第二次世界大战以后,自动分拣系统逐渐开始在西方发达国家投入使用,成为发达国家先进的物流中心、配送中心或流通中心所必需的设施条件之一。但因其要求使用者必须具备一定的技术经济条件,在发达国家,物流中心、配送中心或流通中心不用自动分拣系统的情况也很普遍。在引进和建设自动分拣系统时一定要考虑以下条件。

1) 一次性投资巨大

自动分拣系统本身需要建设短则 40~50 米,长则 150~200 米的机械传输线,还有配套的机电一体化控制系统、计算机网络及通信系统等。这一系统不仅占地面积大(动辄 2 万平方米以上），而且一般自动分拣系统都建在自动主体仓库中。这样就要建3～4层楼高的立体仓库，库内需要配备各种自动化的搬运设施，这丝毫不亚于建立一个现代化工厂所需要的硬件投资。这种巨额的先期投入要花10～20年才能收回，该系统大都由大型生产企业或大型专业物流公司投资，小企业无力进行此项投资。

2) 对商品外包装要求高

自动分拣机只适于分拣底部平坦且具有刚性的包装规则的商品。袋装商品、包装底部柔软且凹凸不平、包装容易变形、易破损、超长、超薄、超重、超高、不能倾覆的商品不能使用普通的自动分拣机进行分拣。为了使大部分商品都能用机械进行自动分拣，可以采取两条措施：一是推行标准化包装，使大部分商品的包装符合国家标准；二是根据所分拣的大部分商品的统一的包装特性定制特定的分拣机。但要让所有商品的供应商都执行国家的包装标准是很困难的，定制特写的分拣机又会使硬件成本上升，并且越是特别的其通用性就越差。因此，公司要根据经营商品的包装情况来确定是否建或建什么样的自动分拣系统。

6.4.2 自动控制系统

自动控制系统控制堆垛机和各种搬运输送设备的运行、货物的存入与拣出，是自动化立体仓库的"指挥部"和"神经中枢"。自动化立体仓库的控制形式有手动自动控制、随机自动控制、远距离控制和计算机全自动控制四种形式。计算机全自动控制又分为脱机、联机和实时联机三种形式。随着电子技术的发展，电子计算机在仓库控制中日益发挥重要作用。20世纪60年代各国先后采用了小型计算机联机的完全自动化仓库。到了70年代，尤其是80年代廉价、高效的微型计算机开始普及于自动化立体仓库的控制与管理。一般认为当仓库规模在2 000个货位左右，巷道堆垛机2～3台，周边设备采用输送机或入库台车时，可采用8位微型计算机；当仓库规模在3 000个货位，可采用小型计算机或32位微型计算机；而规模在3 000个货位以上的仓库，通常采用小型计算机。更高级的自动化立体仓库的控制系统采用集中控制、分离式控制和分布式控制，即由管理计算机、中央控制计算机和堆垛机、出入库输送等直接控制的可编程序控制器组成控制系统。分布式控制是目前国际发展的主要方向，大型立体仓库通常采用三级计算机分布式控制系统；三级控制系统是由管理级、中间控制级和直接控制级组成的。管理级对仓库进行在线和离线管理，中间控制级对通讯、流程进行控制，并进行实时图像显示，直接控制级是由PLC（可编程序控制器）组成的控制系统对各设备进行单机自动操作。使仓库作业实现高度自动化。

6.4.3 集中控制系统

集中控制系统由多台计算机分别控制生产过程中多个控制回路，同时又可集中获取数据、集中管理和集中控制的自动控制系统。仓库区集中控制系统采用工控机和PLC作为核心，同时仓库区集中控制系统配以流量、温度、液位、压力等传感器，从而使仓库区集中控制系统实现了多路液体的动态计量和对储存库区的集中监控和管理。仓库区集中控制系统的液体计量可选择6路、12路、18路、60路等形式，可通过工控机的图形操作界面，对各路需计量的管路进行参数设置、计量设定、启动/停止等操作，并且操作过程中可实时进行故障报警，使用户操作简单易行方便实用。各路管路的启/停控制既可以通过工控机的图形界面操作,又可以通过控制柜的控制按钮进行,还可以通过付油现场的控制按钮进行操作。该系统具备强大的数据管理功能,每路每次的付油数据都会存入到数据库中,系统会对数据进行汇总,用户可随时对以往的数据进行统计、查询及报表输出。仓库区集中控制系统使用工控机监控和 PLC 进行检测、运算和控制是当前最先进和最可靠的工业自动化控制方式。某些名牌厂家的 PLC 的平均连续无故障运行时间可达几万小时,且适用于强干扰、环境恶劣的工业现场,工业控制计算机也是为工业现场特定设计的,能够连续、安全可靠地运行。

6.4.4 分布式控制系统

分布式控制系统采用微处理机分别控制各个回路,而用中小型工业控制计算机或高性能的微处理机实施上一级的控制。各回路之间和上下级之间通过高速数据通道交换信息。分布式控制系统具有数据获取、直接数字控制、人机交互以及监控和管理等功能。分布式控制系统是在计算机监督控制系统、直接数字控制系统和计算机多级控制系统的基础上发展起来的,是生产过程的一种比较完善的控制与管理系统。在分布式控制系统中,按地区把微处理机安装在测量装置与控制执行机构附近,将控制功能尽可能分散,管理功能相对集中。这种分散化的控制方式能改善控制的可靠性,不会因计算机的故障而使整个系统失去控制。当管理级发生故障时,过程控制级(控制回路)仍具有独立控制能力,个别控制回路发生故障时也不致影响全局。与计算机多级控制系统相比,分布式控制系统在结构上更加灵活、布局更为合理、成本更低。

DCS 是分散控制系统(Distributed Control System)的简称,国内一般习惯称为分布式控制系统,是一个由过程控制级和过程监控级组成的以通信网络为纽带的多级计算机系统,综合了计算机(Computer)、通讯(Communication)、显示(CRT)和控制(Control)等 4C 技术。其基本思想是分散控制、集中操作、分级管理、配置灵活、组态方便。DCS 具有以下特点。

1. 高可靠性

由于 DCS 将系统控制功能分散在各台计算机上实现,系统结构采用容错设计,因此某一台计算机出现的故障不会导致系统其他功能的丧失。此外,由于系统中各台计算机所承担的任务比较单一,可以针对需要实现的功能采用具有特定结构和软件的专用计算机,从而使系统中每台计算机的可靠性也得到提高。

2. 标准化设计

DCS 采用开放式、标准化、模块化和系列化设计,系统中各台计算机采用局域网方式通信,实现信息传输。当需要改变或扩充系统功能时,可将新增计算机方便地连入系统通信网络或从网络中卸下,这几乎不影响系统其他计算机的工作。

3. 灵活性

通过组态软件根据不同的流程应用对象进行软硬件组态,即确定测量与控制信号及相互间连接关系、从控制算法库选择适用的控制规律以及从图形库调用基本图形组成所需的各种监控和报警画面,从而方便地构成所需的控制系统。

4. 易于维护

功能单一的小型或微型专用计算机,具有维护简单、方便的特点,当某一局部或某个计算机出现故障时,可以在不影响整个系统运行的情况下在线更换,迅速排除故障。

5. 协调性

各工作站之间通过通信网络传送各种数据,整个系统信息共享,协调工作,以完成控制系统的总体功能和优化处理。

6. 控制功能齐全

控制算法丰富,集连续控制、顺序控制和批处理控制于一体,可实现串级、前馈、解耦、自适应和预测控制等先进控制,并可方便地加入所需的特殊控制算法。

DCS 的构成方式十分灵活,可由专用的管理计算机站、操作员站、工程师站、记录站、现场控制站和数据采集站等组成,也可由通用的服务器、工业控制计算机和可编程控制器构成。

处于底层的过程控制级一般由分散的现场控制站、数据采集站等就地实现数据采集和控制,并通过数据通信网络传送到生产监控级计算机。生产监控级对来自过程控制级的数据进行集中操作管理,如各种优化计算、统计报表、故障诊断、显示报警等。随着计算机技术的发展,DCS 可以按照需要与更高性能的计算机设备通过网络连接来实现更高级的集中管理功能,如计划调度、仓储管理、能源管理等。

➤ 项目小结

本章对配送中心业务流程中的拣选配货作业进行了分析介绍,主要内容包括:拣选的概念与分类,拣选的基本方法,拣选作业流程,拣选作业模式,配货的含义和原则与配货的基本方式等。通过这些内容的学习,体现拣选配货作业在配送管理中的重要性。

拣选配货作业一直被物流专业人士认为是配送流程中最关键的功能之一。作为收货、存放、存储、包装、装运、订单处理和客户要求的汇合点,拣选配货作业对资源提出了最高要求,是各种配送中心仓储功能中最具客户敏感性的部分。在仓库直接劳动力预算中,拣选作业可能占 40%~60%。因此,设施中的劳动力及其对订单拣选环境变化做出积极反应的能力,使其成为一个关键的经济成本和生产效率指标。即使是自动化程度最高的仓库也需要操作员,才能高效、准确运转。

同步练习

一、选择题

1. (　　)是依据客户的订货要求或配送中心的送货计划,迅速、准确地将商品从其储位或其他区域拣取出来,并按一定的方式进行分类、集中,等待配装送货的作业过程。

   A. 拣选作业　　　B. 配送作业　　　C. 集货作业　　　D. 送货作业

2. (　　)是货物从进入自动分拣系统开始到指定的分配位置为止,都是按照人们的指令靠自动拣选装置来完成的拣选。

  A. 人工拣选   B. 自动拣选   C. 机械拣选   D. 电脑拣选

3.（ ）就是在处理客户的订单时,使用打印或者手写的方式在纸面上进行信息核对,与订单呈一一对应关系,这是最直观也是历史最悠久的一种拣选作业方式。

  A. 机械拣选   B. 自动拣选   C. 纸张拣选   D. 随机拣选

4.（ ）是指将配送中心存入的多种类产品,按多个用户的多种订货要求取出,并分放在指定货位,完成各用户配送之前的货物准备工作的一系列活动。

  A. 送货   B. 收货   C. 存货   D. 配货

5. 自动分拣系统一般由控制装置、分类装置、输送装置及（ ）组成。

  A. 分拣道口   B. 出口   C. 进口   D. 货物出口

二、问答题

1. 拣选是如何分类的?
2. 拣选的基本方法有哪些?
3. 对于哪些客户,配送企业可以优先进行配货?
4. 拣选式配货的特点有哪些?
5. 为了顺利完成配货任务,在配货过程中须遵循哪些原则?

三、实训题

1. 实训目的:熟悉拣选配货作业管理,使学生对拣选配货业务有个整体的认识。
2. 实训方式:到配送企业进行参观学习,也可进行短期顶岗实践。
3. 实训内容:

(1) 使学生了解企业是如何进行拣选配货作业管理的。

(2) 使学生熟悉拣选配货的业务主要有哪些,应如何加强对企业拣选配货作业的管理。

(3) 使学生了解配送企业应如何做好拣选配货作业,满足客户对配送的需求。

项目七　流通加工管理

微信扫码查看

知识目标	技能目标
1. 掌握流通加工的含义。 2. 掌握流通加工的管理和优化。 3. 了解流通加工的类型。	1. 掌握流通加工的合理化。 2. 掌握结合不同的企业流通加工构建合适的过程。 3. 掌握流通加工与生产加工的区别。

项目概述

流通加工属于物流的一个环节，其加工实施地一般选择在与其相关的仓库内或仓库附近，而且由仓库管理者来进行经营管理，或者说这项业务多是由仓库经营者开办的。流通加工是对物品的外形或组合状态进行简单作业，使之流通更方便、用户更满意，提高资源利用率。

近年来，人们进一步认识到现代生产引起的产需分离来自多个方面，其中有一种重大的分离就是生产及需求在产品功能上的分离。大生产的特点之一便是"少品种、大批量、专业化"，产品的功能（规格、品种、性能）往往不能和消费需求密切衔接。弥补这一分离的方法，就是流通加工。所以，流通加工的诞生，是现代生产发展的一种必然结果。

任务一　流通加工概述

7.1.1　流通加工产生的原因

流通加工的出现，反映了物流理论的发展，反映了人们对物流、生产分工与观念的变革，它是大生产发展的必然。流通加工产生的背景及观念变化反映在以下几个方面。

1. 与现代生产方式有关

现代生产的发展趋势之一是生产规模大型化、专业化。依靠单品种、大批量的生产方法，降低生产成本，获取较高的经济效益。这样就出现了生产相对集中的趋势，这种规模大型化、专业化程度越高，生产相对集中的程度也越高。生产的集中化进一步引起产需之间的分离，即生产与消费不在同一个地点，有一定空间距离；生产及消费在时间上不能同步，存在着一定的"时间差异"：生产者及消费者并不处于一个封闭圈内，某些人生产的产品供给成千上万人消费，而某些人消费的产品又来自许多生产者。弥补上述分离的手段则是运输、储藏及交易。

2. 与消费的个性化有关

消费的个性化和产品的标准化之间存在着矛盾,这使得本来就存在的产需分离变得更严重。本来弥补这种分离可以采取增加一道生产工序或消费单位加工改制的方法,但在个性化问题十分突出之后,采取上述弥补措施将会使生产及生产管理的复杂性和难度增加,按个性化生产的产品也难以组织高效率、大批量流通。所以,消费个性化的新形势及新观念为流通加工开辟了道路。

3. 与人们对流通作用的观念转变有关

在生产不太复杂、生产规模不大时,所有的加工、制造几乎全部集中于生产及再生产过程中,而流通只是实现商品价值及使用价值的转移。在社会生产向大规模、专业化生产转变之后,社会生产越来越复杂,生产的标准化和消费的个性化的出现,使生产过程中的加工制造常常满足不了消费的要求;由于流通的复杂化,生产过程中的加工制造也常常不能满足流通的要求。于是,部分加工活动开始由生产及再生产过程向流通过程转移,在流通过程中形成了某些加工活动,这就是流通加工。

4. 效益观念的树立也是促使流通加工形式得以发展的重要原因

20世纪60年代以后,效益问题逐渐引起了人们的重视。过去人们盲目追求高技术,引起了燃料、材料的投入大幅度上升,结果新技术、新设备的采用却往往得不偿失。70年代初,第一次石油危机的发生证实了效益的重要性,使人们牢牢树立了效益观念。流通加工可以以少量的投入获得很大的效果,是高效益的加工方式,自然得以促进和发展。

所以,流通加工从技术来讲,可能不如生产技术复杂,但这种方式是现代观念的反映,在现代的社会再生产过程中起着重要作用。

7.1.2 流通加工的概念

流通加工是为了提高物流效率和物品利用率,降低生产及物流成本,在物品进入流通领域后,按物流的需要与客户的要求进行的加工活动。流通加工(Distribution Processing)是物品在从生产地到使用地的过程中,根据需要施加包装、分割、计量、分拣、刷标志、拴标签、组装等简单作业的总称。流通加工是商品流通中的一种特殊形式,是物流系统的构成要素之一。它可以促进销售、维护产品质量、提高物流效率,是在流通领域对产品进行的简单再加工。

一般来说,生产的职能是使一件物品产生某种形态而具有某种使用价值,而流通的主要职能是在保持商品的已有形态中完成商品所有权的转移,不是靠改变商品的形态而创造价值。物流的主要作用是实现商品的空间移动,在物流体系中的流通加工不是通过"保护"流通对象的原有形态而实现这一作用的,而是和生产一样,是通过改变或完善流通对象的原有形态来实现流通作用的。

流通与加工本来不属于同一范畴。流通是改变产品的空间、时间状态和所有权性质,是商业行为;加工是改变物质的形状和性质,使原料成为产品,是工业行为。流通加工则是为了弥补生产加工的不足,更有效地满足用户的需求,将一部分加工放在物流过程中完成,而成为物流的一个组成部分,是生产活动在流通领域的延伸,是流通职能的扩充。流通加工在现代物流系统中主要担负的任务是提高物流系统对于用户的服务水平,有提高物流效率和使物流活动增值的作用。

❓ 小思考

为什么要进行流通加工?流通加工对商品有增值作用吗?

流通加工的出现与现代生产方式有关。现代生产发展趋势之一是生产规模大型化、专业化,依靠单品种、大批量的生产方法降低生产成本获取高的经济效益,这样就出现了生产相对集中的趋势。这种规模的大型化、生产的专业化程度越高,生产相对集中的程度也越高。生产的集中化进一步引起产、需之间的分离,生产和消费之间存在着一定的空间差、时间差。某些人生产的产品供给成千上万的人消费,而某些人消费的产品又来自其他许多生产者,这种少品种、大批量、专业化产品往往不能和消费需要密切衔接。弥补这一分离的方法就是流通加工。在后工业化时代,生产和流通的进程逐渐趋于一体化,物流领域的流通加工也使消费者的需求出现多样化,消费的个性化使本来就存在的产需分离变得更严重。生产过程中的加工制造则常常满足不了消费的要求,如果采取增加生产工序的方式,将会使生产的复杂性增加,并且按个性化生产的产品难以组织高效率、大批量流通。于是,加工活动开始部分地由生产过程向流通过程转移,促使在流通领域开展流通加工,从而在流通过程中形成了某些加工活动。目前,在世界许多国家和地区的物流中心或仓库经营中都大量存在着流通加工业务,美国等物流发达国家则更为普遍。

7.1.3 流通加工的特点和作用

1. 流通加工的特点

流通加工和一般的生产加工不同,虽然它们在加工方法、加工组织、生产管理方面并无显著区别,但在加工对象、加工程度方面差别较大,其主要差别体现在以下几点:

(1) 流通加工的对象是进入流通过程的商品,具有商品的属性,以此来区别多环节生产加工中的一环。流通加工的对象是商品,生产加工对象不是最终产品,而是原材料、零配件、半成品。

(2) 流通加工大多是简单加工,而不是复杂加工。一般来讲,如果必须进行复杂加工才能形成人们所需的商品,那么,这种复杂加工应专设生产加工过程,生产过程理应完成大部分加工活动,流通加工则是对生产加工的一种辅助及补充。特别需要指出的是,流通加工绝不是对生产加工的取消或代替。

(3) 从价值观点看,生产加工的目的在于创造价值及使用价值,而流通加工则在于完善其使用价值,并在不做大改变的情况下提高价值。

(4) 流通加工的组织者是从事流通工作的人,能密切结合流通的需要进行这种加工活动。从加工单位来看,流通加工由商业或物资流通企业完成,而生产加工则由生产企业完成。

(5) 生产加工是为交换和消费而生产的,流通加工的一个重要目的是为了消费(或再生产)所进行的加工,这一点与生产加工有共同之处。但是流通加工在有的时候是以自身流通为目的,纯粹是为流通创造条件,这种为流通所进行的加工与直接为消费进行的加工,从目的来讲是有区别的,这又是流通加工不同于一般生产加工的特殊之处。

流通加工有效地完善了流通。流通加工在实现时间和场所两个重要效用方面,虽然不能与运输和仓储相比,但它也是不可轻视的,起着补充、完善、提高、增强作用的物流功能要素,它能起到运输、仓储等其他功能要素无法起到的作用。所以,流通加工的地位可以描述为是提高物流水平、促进流通向现代化发展的不可缺少的形态。

2. 流通加工的作用

(1)提高原材料利用率。利用流通加工,可将生产厂直接运来的简单规格的产品按照使用部门的要求进行集中下料。例如,将钢板进行剪板、切裁;钢筋或圆钢裁制成毛坯;木材加工成各种长度及大小的板、方等。集中下料可以优材优用、小材大用、合理套裁,有很好的技术经济效果。

(2)进行初级加工,方便用户。对于用量小或临时产生需要的单位,因缺乏进行高效率初级加工的能力,依靠流通加工便可使这些使用单位省去进行初级加工的投资、设备及人力,从而搞活供应,方便用户。

(3)提高加工效率及设备利用率。由于建立集中加工点,可以采用效率高、技术先进、加工量大的专门机具和设备。这样做的好处:一是提高了加工质量;二是提高了设备利用率;三是提高了加工效率,使加工费用及原材料成本降低。

(4)充分发挥各种输送手段的最高效率。流通加工环节将实物的流通分成两个阶段。一般说来,由于流通加工环节设置在消费地,因此从生产厂到流通加工这一阶段输送距离长,而从流通加工到消费环节的这一阶段距离短。第一阶段是在数量有限的生产厂与流通加工点之间进行定点、直达、大批量的远距离输送,可以采用船舶、火车等大量输送的手段;第二阶段则是利用汽车和其他小型车辆来输送经过流通加工后的多规格、小批量的产品。这样可以充分发挥各种输送手段的最高效率,加快输送速度,节省运力和运费。

(5)通过流通加工,可以使物流过程减少损失、加快速度,因而可能降低整个物流系统的成本,还可以着眼于满足用户的需要来提高服务功能而取得提高物流对象的附加价值,使物流系统可能成为新的"利润中心"。

任务二 流通加工的形式与内容

7.2.1 流通加工的形式

按加工目的的不同,流通加工有以下基本形式。

1. 为弥补生产领域加工不足的深加工

有许多产品在生产领域的加工只能到一定程度,这是由于许多因素限制着生产领域不能完全实现终极的加工。例如,钢铁厂的大规模生产只能按标准规定的规格生产,以使产品有较强的通用性,使生产能有较高的效率和效益。

2. 为满足需求多样化进行的服务性加工

需求存在着多样化、多变化的特点，为满足这种要求，经常是用户自己设置加工环节。

3. 为保护产品所进行的加工

在物流过程中，直到用户投入使用前都存在对产品的保护问题，应防止产品在运输、储存、装卸、搬运、包装等过程中遭到损失，以保障使用价值能顺利实现。

4. 为提高物流效率，方便物流的加工

有些产品本身的形态使之难以进行物流操作，进行流通加工可以使物流各环节易于操作。

5. 为促进销售的流通加工

流通加工可以从若干方面起到促进销售的作用，如将零配件组装成用具、车辆等以便于直接销售，将蔬菜、肉类洗净切块以满足消费者要求等。这种流通加工可能是不改变"物"的本体而只进行简单改装的加工，也可能是组装、分块等深加工。

6. 为提高加工效率的流通加工

许多生产企业的初级加工由于数量有限或加工效率不高，也难以投入先进科学技术。流通加工以集中加工的形式，克服了单个企业加工效率不高的弊病。以一家流通加工企业代替了若干生产企业的初级加工工序促使生产水平有一个发展。

7. 为提高原材料利用率的流通加工

流通加工利用其综合性强、用户多的特点，可以实行合理规划、合理套裁、集中下料的办法，有效提高原材料利用率，减少损失和浪费。

8. 衔接不同运输方式，使物流合理化的流通加工

在干线运输及支线运输的结点设置流通加工环节可以有效解决货物运输的合理化。具体做法是将低成本、长距离干线运输与多品种、少批量、多批次末端运输之间衔接，在流通加工点与大生产企业间形成大批量、定点运输的渠道，又以流通加工中心为核心组织对多用户的配送；也可在流通加工点将运输包装转换为销售包装，从而有效衔接不同目的的运输方式。

9. 以提高经济效益，追求企业利润为目的的流通加工

流通加工的一系列优点可以形成一种"利润中心"的经营形态，这种类型的流通加工是经营的一环，在满足生产和消费的基础上取得利润，同时在市场和利润引导下使流通加工在各个领域中能有效地发展。

10. 生产—流通一体化的流通加工形式

依靠生产企业与流通企业的联合，或者生产企业涉足流通，或者流通企业涉足生产，形成的对生产与流通加工进行合理分工、合理规划治理组织，统筹进行生产与流通加工的安排，就是生产—流通一体化的流通加工形式。这种形式可以促成产品结构及产业结构的调整，充分发挥企业集团的经济技术优势，是目前流通加工领域的新形式。

7.2.2 流通加工的内容

1. 生产资料的流通加工

1) 商品混凝土的加工

水泥的运输与使用以往习惯上以粉状水泥供给用户,由用户在建筑工地现制现拌混凝土。而现在将粉状水泥输送到使用地区的流通加工据点(集中混凝土工厂或称生混凝土工厂),在那里搅拌成生混凝土,然后供给各个工地或小型构件厂使用。这是水泥流通加工的另一种重要方式,它具有很好的技术经济效果,因此,受到许多工业发达国家的重视。

这种流通加工的形式有以下优点:

(1) 提高了生产效率和混凝土质量。将水泥的使用从小规模的分散形态改变为大规模的集中加工形态,可充分应用现代化的科学技术组织现代化的大生产,可以发挥现代设备和现代管理方法的优势,大幅度地提高生产效率和混凝土质量。

集中搅拌可以采取准确的计量手段和最佳的工艺;可以综合考虑添加剂、混合材料的影响,根据不同需要大量使用混合材料拌制不同性能的混凝土;又能有效控制骨料质量和混凝土的离散程度,可以在提高混凝土质量、节约水泥、提高生产效率等方面获益,具有大生产的一切优点。

(2) 有利于环境保护。在相等的生产能力下,集中搅拌的设备在吨位、设备投资、管理费用、人力及电力消耗等方面较分散搅拌都有优势。由于生产量大,可以采取措施回收使用废水,防止各分散搅拌点排放洗机废水的污染,有利于环境保护。由于设备固定不动,还可以避免因经常拆建所造成的设备损坏,延长设备的寿命。

(3) 能使水泥的物流过程更加合理。采用集中搅拌的流通加工方式可以使水泥的物流更加合理。在集中搅拌站(厂)与水泥厂(或水泥库)之间,可以形成固定的供应渠道,这些渠道的数目远少于分散使用水泥的渠道数目,在这些有限的供应渠道之间,就容易采用高效率、大批量的输送形态,有利于提高水泥的散装率。在集中搅拌场所内,还可以附设熟料粉碎设备,直接使用熟料,实现熟料粉碎及拌制生混凝土两种流通加工形式的结合。

另外,采用集中搅拌混凝土的方式也有利于新技术的推广应用,大大简化了工地材料的管理,节约施工用地等。

2) 水泥熟料的加工

成品水泥呈粉状,粉状水泥的运输、装卸需要采用多种措施,才能减少损耗及污染。在需要长途运输水泥的地区,可以从水泥厂购入水泥半成品,即水泥熟料,然后在本地区的磨细工厂把熟料磨细,并根据当地资源和需求情况加入混合材料及附加剂,加工为成品水泥。

在需要经过长距离输送的情况下,以熟料形态代替传统的粉状水泥有以下优点:

(1) 可以大大降低运费,节省运力;
(2) 可按照当地的实际需要大量掺加混合材料;
(3) 容易以较低的成本实现大批量、高效率的输送;
(4) 可以大大降低水泥的输送损失;
(5) 能更好地衔接产需,方便用户。

采用长途输送熟料的方式,水泥厂就可以和有限的熟料粉碎工厂之间形成固定的直达渠道,能实现经济效果较优的物流。

3) 金属板材的剪切

由于钢铁生产企业是规模生产,只能按规格进行生产,以使产品有较强的通用性,使生产有较高的效率,一般不可能实现用户需求的终极加工。而流通企业为了方便用户和提高自身经济效益,可以按用户要求进行加工,如物资流通企业对钢板和其他金属板材的剪切加工等。按用户要求进行加工颇受中、小用户的欢迎。

剪板机在流通领域可用于平板材和卷板的剪裁,其工作过程主要通过剪板机的上刀刃与下刀刃的作用,把整块的板材剪开分离。剪板机一般是直线剪切,剪切时一般是下剪刀固定不动,上剪刀向下运动。普通剪板机由机身、传动装置、刀架、压料器、前挡料架、后挡料架、托料装置、刀片调整装置、灯光对线装置、润滑装置、电气控制装置等部件组成。按工艺用途不同,剪板机有摆动剪板机、多用途剪板机、多条板材滚剪机、圆盘剪切机和振动剪切机等;按其传动方式不同,可分为机械传动式剪板机和液压式剪板机。

钢板剪板及下料的流通加工有以下优点:

(1) 可以选择加工方式,加工后钢材的晶相组织较少发生变化,可保证原来的交货状态,有利于保证高质量;

(2) 加工精度高,可减少废料、边角料,也可减少再进行机加工的切削量,既可提高再加工效率,又有利于减少消耗;

(3) 由于集中加工可保证批量及生产的连续性,可以专门研究此项技术并采用先进设备,从而大幅度提高效率、降低成本;

(4) 用户简化生产环节,提高生产水平。

4) 木材加工和集中下料

在流通领域可以将原木锯截成各种规格的锯材(如板材、方木),同时将碎木、碎屑集中加工成各种规格板。这种加工可以提高效益,方便用户。过去用户直接使用原木,不但加工复杂、占用场地、加工设备多,而且资源浪费大,木材利用率不到50%,出材率不到40%。实行集中下料,按用户要求供应规格料,可以把原木利用率提高到95%,出材率提高到72%左右。

木工加工机械主要是木工锯机和刨光器具等,构造一般都比较简单。木工锯机是由有齿锯片、锯条或带锯链条组成的切割木材的设备。按刀具的运动方式分类,锯机可分为三种:刀具往复运动的锯机,如狐尾锯、线锯和框锯机;刀具连续直线运动的锯机,如带锯机和链锯;刀具旋转运动的锯机,如各种圆锯机。

5) 平板玻璃的切割下料

按用户提供的图纸对平板玻璃套材开片,向用户提供成品玻璃,用户可以将其直接安装在采光面上。这不但方便用户,而且可以提高玻璃材料的利用率。玻璃的切割机械有多种,自动切割机是一种常用的设备。玻璃自动切割机由切桌、切割桥、控制箱、供电柜等主要部件组成。

6) 工业用煤的流通加工

(1) 除矸加工。除矸加工是以提高煤炭纯度为目的的加工形式。企业为了不运矸石,多运"纯物质",提高运力,降低成本,采用除矸的流通加工排除矸石。

(2) 为管道输送煤浆进行煤浆加工。一般的煤炭运输方法损失浪费较大。管道运输是近代兴起的一种先进技术。在流通的起始环节,将煤炭磨成细粉。细粉有了一定的流动性,再用水调和成浆就可以像其他液体一样进行管道输送。

(3) 配煤加工。不同的工业生产需用不同的煤质,如果发热量太大,则造成热能的浪费;如果发热量太小,则不能满足使用要求。从煤矿运出的一般都是品种单一的煤炭,不能满足用户多样性的需求。流通企业根据用户的具体要求,将各种煤及一些其他发热物质,按一定的配方进行掺配混合加工,生产出各种不同发热量的燃料。

7) 天然气、石油气等气体的液化加工

由于气体输送、保存都比较困难,天然气及石油气往往只好就地使用,如果当地资源充足而使用不完,就地燃烧掉造成浪费和污染。两气的输送可以采用管道,但因投资大,输送距离有限,受到制约。在产出地将天然气或石油气压缩到临界压力之上,使之由气体变成液体,就可以用容器装运,使用时机动性也较强。

2. 消费资料的流通加工

1) 机电产品的分割和组装加工

中小型机电产品的运输配送、储存保管具有一定困难,主要原因是不易进行包装,如进行防护包装则成本过大,并且运输装卸困难,效率也较低,容易丢失。这些货物有一个共同特点,即装配比较简单,技术要求不高,不需要进行复杂的检验和调试。因此,可采用半成品(部件)高容量包装,在消费地拆箱组装,组装后随即进行市场销售。

有些大型整体设备的体积很大,运输装卸困难,也可按技术要求进行分割,分为体积较小的几个部分进行运输,到达目的地后再连接起来,恢复原型。

2) 货物的捆扎

捆扎机械是利用带状或绳状捆扎材料将一个或多个包装紧扎在一起。利用机械捆扎代替传统的手工捆扎,不仅可以加固包件,减少体积,便于装卸搬运和储存保管,确保运输配送安全,还可以大大降低捆扎的劳动强度,提高工效。捆扎机械是实现包装机械化、自动化必不可缺少的机械设备。

由于包件的大小、形状、捆扎要求不同,捆扎机类型较多,但各种类型的捆扎机的结构基本类似,主要由导轨与机架、送带、紧带机构、封接装置、控制系统组成。

3) 粘贴货物标签

为了识别和验收,往往要在货物上面粘贴标签和其他标识单据,可用粘贴机作业。粘贴机的主要作用是采用黏接剂将标签贴在包件或产品上。粘贴机基本由供签装置、取签装置、打印装置、涂胶装置和连锁装置等几部分组成。

? 小思考

粘贴货物标签时应防止出现哪些问题?

3. 食品的流通加工

1) 易腐物品的防腐处理

所谓易腐物品,主要指肉、鱼、蛋、水果、蔬菜、鲜活植物等品类的物品。这些物品在流通过程中容易腐败变质,要进行一些加工处理以保持原有的使用价值。

（1）冷冻加工和低温冷藏。动物性食品腐坏的主要诱因是微生物的作用,与温度和微生物的生成、繁殖和呼吸作用有密切关系。肉、鱼类食品,可采用冷冻加工,使微生物的繁殖速度减缓或停止,避免腐烂变质。

温度对水果、蔬菜呼吸强度的影响也极为显著,温度降低,呼吸作用也随之减弱。但温度过低也会使水果蔬菜中的水分冻结而停止其呼吸作用,失去对细菌的抵抗能力而腐败。因此,对于水果蔬菜不能冷冻处理,宜采用低温冷藏的方法。

（2）其他防腐加工方法。防腐的方法除了低温冷藏外,还有一些其他的方法,如糖泡、盐腌、晾干、制成各种罐头等。这些措施大多由生产企业完成,流通企业也可采用。

2）生鲜食品的流通加工

（1）冷冻加工。为解决鲜肉、鲜鱼在流通中保鲜及搬运装卸的问题,采取低温冷冻方式,这种方式也用于某些液体商品、货品等。

（2）分选加工。农副产品的规格、质量离散情况较大,为获得一定规格的产品,采取人工或机械分选的方式加工称分选加工。这种方式广泛用于果类、瓜类、谷物、棉毛原料等。

（3）精制加工。农、牧、副、渔等产品精制加工是在产地或销售地设置加工点,不但大大方便了购买者,而且还可以对加工的淘汰物进行综合利用。比如,鱼类的精制加工所剔除的内脏可以制成某些药物或饲料,鱼鳞可以制高级黏合剂,头尾可以制鱼粉等；蔬菜的加工剩余物可以制作饲料、肥料等。

（4）分装加工。许多生鲜食品零售起点较小,为保证高效输送出厂,包装则较大,也有一些是采用集装运输方式运达销售地区。这样为了便于销售,在销售地区按所要求的零售起点进行新的包装,即大包装改小包装或散装,运输包装改销售包装,这种方式也称分装加工。

7.2.3 配送加工与生产加工的区别

流通加工和一般的生产型加工在加工方法、加工组织、生产管理方面并无显著区别,但在加工对象、加工程度方面差别较大,其差别主要体现在以下几个方面。

1. 加工对象不同

流通加工的对象是进入流通过程的商品,具有商品的属性。而生产加工对象不是最终产品,而是原材料、零配件、半成品。

2. 加工程度不同

流通加工程度大多是简单加工,而非复杂加工。一般来讲,如果必须进行复杂加工才能形成市场所需的商品,那么,这种复杂加工应专设生产加工过程,生产过程理应完成大部分加工活动。流通加工对生产加工是一种辅助及补充。特别需要指出的是,流通加工绝不是对生产加工的取消或代替,它是根据客户需要,对生产加工的一种完善。

3. 价值不同

从价值观点看,生产加工的目的在于创造价值及使用价值,而流通加工的目的则在于完善其使用价值,并在不做太大改变的情况下提高其价值。

4. 加工者不同

流通加工的组织者是从事流通工作的人,能密切结合流通的需要进行流通加工;从加工单位来看,流通加工由商业或物资流通企业完成,而生产加工则由生产企业完成。

5. 加工目的不同

商品生产是以交换和消费为目的的,流通加工的一个重要目的,也是为了消费(或再生产),这一点与商品生产有共同之处。但是流通加工有时候也是以自身流通为目的的,纯粹是为流通创造条件。这种为流通所进行的加工与为消费进行的加工从目的来讲是有区别的,这是流通加工不同于一般生产加工的特殊之处。

任务三 流通加工管理

7.3.1 流通加工管理概述

流通加工管理,从其本质来说,和生产领域的生产管理一样,是指流通领域中的生产加工作业管理。所不同的是,流通加工管理既要重视生产的一面,更要着眼于销售的一面,因后者是它的主要目的。流通加工管理工作可分计划管理、生产管理、成本管理和销售管理等。

1. 计划管理

计划管理就是对流通加工的产品必须事先制订计划,如对加工产品的数量、质量、规格、包装要求等,都要按用户的需求做出具体计划,按计划进行加工生产。

要实现现代生产的计划管理,首先要改变管理意识,将生产部门的管理工作从过去仅重视成品生产量导入到重视物料管理、重视生产计划交货期和掌握库存控制技术、搞好质量管理和现场管理的意识上来。其次,应规范生产计划制度,加大力度推行年度计划和季度计划,落实月生产计划。再次,应实施各项管理制度。车间实行生产计划管理和物料管理制度,并建立管理规范和操作规范,要求生产系统管理人员随时监控计算机里的数据正确与否;同时又要求制定可行的订货原则、安全库存量、物料消耗指标、生产能力指标等管理数据,使各车间的加工处于受控制的状态。

2. 生产管理

生产管理主要是对生产过程中的工艺管理(如生产厂房、车间的设计)、生产工艺流程的安排、原材料的储存供应、产成品的包装和入库等一系列的工艺流程的设计,看其是否科学、合理、现代化。

生产管理的制度化、程序化和标准化是科学管理的基础。只有在合理的管理体制、完善的规章制度、稳定的生产程序、一整套科学管理方法和完整、准确的原始数据的基础上,才能使生产管理产生一个新的飞跃,并为计算机管理奠定一个良好的基础。

3. 成本管理

流通加工中,成本管理也是一项非常重要的内容。一方面,加工是为了方便用户,创造社会效益;另一方面,加工也是为了扩大销售,增加企业效益,所以必须详细计算成本,不能进行亏本的加工。

成本计算必然涉及流通加工费用。流通加工费用包括流通加工设备费用、流通加工材料费用、流通加工劳务费用及流通加工其他费用。对流通加工费用的管理必须注意以下几点:

(1) 合理确定流通加工的方式。流通企业应根据服务对象选择适当的加工方法和加工深度,因为不同的加工方法与加工深度的费用支出是不同的。

(2) 合理确定流通加工的能力。流通加工费用与加工的批量、加工的数量存在着正比关系,应根据物流需要和加工者的实际能力确定加工批量和数量,避免出现加工能力不足或加工能力过剩的现象。

(3) 流通加工费用的单独核算。为了检查和分析流通加工费用的使用、支出情况,分析流通加工的经济效益,要求对流通加工费用单独管理,进行单独核算。

(4) 制定反映流通加工特征的经济指标,如反映流通加工后单位产品增值程度的增值率,反映流通加工在材料利用方面的材料出材率、利用率等指标,以便更好地反映流通加工的经济效益。

4. 销售管理

流通部门的主要职能是销售,加工也应该主要是为此目的服务的。因此,在加工之前,要对市场情况进行充分的分析调查。只有广大顾客需要的,加工之后有销路的产品,才能组织加工,否则,顾客不需要或销路不好的,就不能进行加工。

7.3.2 不合理的流通加工形式

流通加工是在流通领域中对生产的辅助性加工,从某种意义上来讲它不仅是生产过程的延续,而且是生产本身或生产工艺在流通领域的延续。这个延续可能有正反两方面的作用,即一方面可能有效地起到补充完善的作用,但是,也必须估计到另一个可能性,即对整个过程的负效应。各种不合理的流通加工都会产生抵消效益的负效应。几种不合理的流通加工形式如下。

1. 流通加工地点设置的不合理

流通加工地点设置即布局状况是整个流通加工是否能有效的重要因素。一般而言,为衔接单品种、大批量生产与多样化需求的流通加工,加工地设置在需求地区,才能实现大批量的干线运输与多品种末端流通的物流优势。

如果将流通加工地设置在生产地区,其不合理之处在于:

第一,多样化需求要求的产品多品种、小批量由产地向需求地的长距离运输会出现不合理;

第二,在生产地增加了一个加工环节,同时增加了近距离运输、装卸、储存等一系列物流活动。

所以,在这种情况下,不如由原生产单位完成这种加工而无须设置专门的流通加工环节。一般而言,为方便物流的流通加工环节应设在产出地,设置在进入社会物流之前,如果将其设置在物流之后,即设置在消费地,则不但不能解决物流问题,又在流通中增加了一个中转环节,因而也是不合理的。

> **?小思考**
> 流通加工和生产加工有哪些不同?

2. 流通加工方式选择不当

流通加工方式包括流通加工对象、流通加工工艺、流通加工技术、流通加工程度等。流通加工方式的确定实际上是与生产加工的合理分工。分工不合理,本来应由生产加工完成的,却错误地由流通加工完成,本来应由流通加工完成的,却错误地由生产过程去完成,这些都会造成不合理。

流通加工不是对生产加工的代替,而是一种补充和完善。一般而言,如果工艺复杂,技术装备要求较高,或加工可以由生产过程延续或轻易解决都不宜再设置流通加工,尤其不宜与生产过程争夺技术要求较高、效益较高的最终生产环节,更不宜利用一个时期市场的压迫力使生产者变成初级加工或前期加工,而流通企业完成装配或最终形成产品的加工。如果流通加工方式选择不当,就会出现与生产夺利的恶果。

3. 流通加工作用不大,形成多余环节

有的流通加工过于简单,或对生产及消费者作用都不大,甚至有时流通加工的盲目性未能解决品种、规格、质量、包装等问题,相反却增加了实际环节,这也是流通加工不合理的重要形式。

4. 流通加工成本过高,效益不好

流通加工之所以能够有生命力,重要优势之一是有较大的产出投入比,因而有起着补充完善的作用。流通加工成本过高,则不能实现以较低投入实现更高使用价值的目的。除了一些必需的、从政策要求即使亏损也应进行的加工外,都应看成是不合理的。

7.3.3 流通加工合理化

流通加工合理化是指实现流通加工的最优配置,不仅做到避免各种不合理,使流通加工有存在的价值,而且做到最优的选择。为避免各种不合理现象,是否设置流通加工环节,在什么地点设置,选择什么类型的加工,采用什么样的技术装备等,需要做出正确抉择。目前,国内在进行这方面合理化的考虑中已积累了一些经验,取得了一定成果。

实现流通加工合理化,主要考虑以下几个方面。

1. 加工和流通相结合

这是将流通加工设置在流通点中,一方面按流通的需要进行加工,另一方面加工又是流通业务流程中分货、拣货、配货之一环节,加工后的产品直接投入配货作业,这就无须单独设置一个加工的中间环节,使流通加工有别于独立的生产,流通加工与中转流通巧妙结合在一起。同时,由于流通之前有加工,可使流通服务水平大大提高。这是当前对流通加工做合理选择的重要形式,在煤炭、水泥等产品的流通中已表现出较大的优势。

2. 加工和配套相结合

在对配套要求较高的流通中,配套的主体来自各个生产单位,但是,完全配套有时无法全部依靠现有的生产单位。进行适当流通加工,可以有效促成配套,大大提高流通的桥梁与纽带的能力。

3. 加工和合理运输相结合

前文已提到过流通加工能有效衔接干线运输与支线运输,促进两种运输形式的合理化。利用流通加工,在支线运输转干线运输或干线运输转支线运输这本来就必须停顿的环节,不进行一般的支转干或干转支,而是按干线或支线运输合理的要求进行适当加工,从而大大提高运输及运输转载水平。

4. 加工和合理商流相结合

通过加工有效促进销售,使商流合理化,也是流通加工合理化的考虑方向之一。加工和流通的结合,通过加工,提高了流通水平,强化销售,是加工与合理商流相结合的一个成功的例证。

此外,通过简单地改变包装加工,形成方便的购买量,通过组装加工解除用户使用前进行组装、调试的难处,都是有效促进商流的例子。

5. 加工和节约相结合

节约能源、节约设备、节约人力、节约耗费是流通加工合理化的重要的考虑因素,也是目前我国设置流通加工,考虑其合理化的较普遍的形式。

对于流通加工合理化的最终判断,看其是否能实现社会的和企业本身的两个效益,而且是否取得了最优效益。对流通加工企业而言,与一般生产企业一个重要不同之处是,流通加工企业更应树立社会效益为第一的观念。只有在补充完善为己任的前提下才有生存的价值。如果只是追求企业的微观效益,不适当地进行加工,甚至与生产企业争利,这就有违流通加工的初衷,或者其本身已不属于流通加工的范畴了。

7.3.4 流通加工的技术经济指标

衡量流通加工的可行性,对流通加工环节进行有效的管理,可考虑采用以下两类指标。

1. 流通加工建设项目可行性指标

流通加工仅是一种补充性加工,规模、投资都必须远低于一般生产性企业。其投资特点是:投资额较低、投资时间短、建设周期短、投资回收速度快且投资收益较大。因此,投资可行性可采用静态分析法。

2. 流通加工环节日常管理指标

由于流通加工的特殊性,不能全部搬用考核一般企业的指标。例如,八项技术经济指标中,对流通加工较为重要的是劳动生产率、成本及利润指标。此外,还有反映流通加工特殊性的指标。

1) 增值率指标

该指标反映经流通加工后单位产品的增值程度,以百分率表示,计算公式为:

$$增值率 = \frac{产品加工后价值 - 产品加工前价值}{产品加工前价值} \times 100\%$$

增值率指标可以帮助管理人员判断投产后流通加工环节的价值变化情况,并以此观察该流通加工的寿命周期,为决策人提供是否继续实行流通加工的依据。

2）品种规格增加额及增加率

该指标反映某些流通加工方式在满足用户、衔接产需方面的成就,增加额以加工后品种、规格数量与加工前之差决定,计算公式为:

$$品种规格增加率 = \frac{品种规格增加额}{加工前品种规格} \times 100\%$$

3）资源增加量指标

该指标反映某些类型流通加工在增加材料利用率、出材率方面的效果指标。这个指标不但可提供证实流通加工的重要性数据,而且可具体用于计算微观及宏观经济效益。其具体指标分新增出材率和新增利用率两项,计算公式为:

$$新增出材率 = 加工后出材率 - 原出材率$$
$$新增利用率 = 加工后利用率 - 原利用率$$

项目小结

流通加工是对物品的外形或组合状态进行简单作业,使之流通更方便、用户更满意,提高资源利用率。

流通加工的出现使流通过程明显地具有了某种"生产性",改革了长期以来形成的"价值及使用价值转移"的旧观念,这就从理论上明确了"流通过程是可以主动创造价值的",而不单是被动地"保持"和"转移"价值的过程。因此,人们必须研究流通过程中孕育着多少创造价值的潜在能力,这就有可能通过努力在流通过程中进一步提高商品的价值和使用价值,同时以很少的代价实现这一目标。这样,就引起了流通过程从观念到方法的巨大变化,流通加工则是为适应这种变化而诞生的。

同步练习

一、选择题

1. 大生产的特点之一便是"少品种、大批量、专业化",产品的功能(规格、品种、性能)往往不能和消费需求密切衔接。弥补这一分离的方法,就是（　　）。

  A. 流通加工　　　B. 流通运输　　　C. 流通管理　　　D. 机械加工

2. 在生产不太复杂,生产规模不大时,所有的加工、制造几乎全部集中于生产及再生产过程中,而流通过程只是实现商品价值及（　　）的转移过程。

  A. 流通价值　　　B. 使用价值　　　C. 经济价值　　　D. 商品价值

3. 流通加工是在流通领域中对生产的辅助性加工,从某种意义上来讲它不仅是生产过程的延续,而且是生产本身或生产工艺在（　　）的延续。

  A. 加工领域　　　B. 商品领域　　　C. 流通领域　　　D. 经济领域

117

4. 流通加工合理化是指实现流通加工的（　　），不仅做到避免各种不合理，使流通加工有存在的价值，而且做到最优的选择。

  A. 合理配置　　　B. 最优组合　　　C. 最优结合　　　D. 最优配置

5. 从价值观点看，生产加工的目的在于创造价值及使用价值，而流通加工则在于完善其使用价值，并在不做大改变的情况下（　　）。

  A. 提高价值　　　B. 降低价值　　　C. 保存价值　　　D. 提高效益

二、问答题

1. 什么叫流通加工？
2. 流通加工的作用有哪些？
3. 不合理的流通加工形式有哪些？
4. 实现流通加工合理化应主要从哪几个方面考虑？
5. 什么叫流通加工管理？

三、实训题

1. 实训目的：使学生对流通加工有个整体的认识。
2. 实训方式：组织学生到流通加工企业进行参观学习。
3. 实训内容：

（1）使学生了解流通加工的具体业务。

（2）使学生了解流通加工企业的管理方法。

（3）使学生了解流通加工应该如何为流通服务。

项目八 出货作业管理

知识目标	技能目标
1. 掌握发货、补货、退货作业流程。 2. 掌握发货路线的选择及车辆配装方式。	1. 学会进行发货、补货、退货的相关操作。 2. 熟悉出库应注意的问题。

> **项目概述**

货物出货发运是货物储运阶段的终止,也是仓库作业的最后一个环节,是仓库根据业务部门或存货单位开出的货物出库凭证(提货单、调拨单),从对出库凭证审核开始,进行拣货、分货、发货检查、包装,直到把货物点交给要货单位或发运部门的一系列作业过程。

货物出库要求仓库准确、及时、安全、保质保量地发放货物,出库货物的包装也要完整牢固、标志正确、符合运输管理部门和客户单位的要求。做好货物出库管理的各项工作,对完善和改进仓库的经营管理,降低仓库作业成本,实现仓库管理的价值,提高客户服务质量等具有重要的作用。货物出库业务,是仓库根据业务部门或者客户单位(货主单位)开出的提货单、调拨单等货物出库凭证,按照货物出库凭证所列的货物名称、编号、型号、规格、数量、承运单位等各个具体的项目,组织货物出库的一系列工作的总称。货物出库意味着货物在储存阶段的终止,因此货物出库管理是仓库作业的最后一个环节。货物出库也使得仓库的工作与运输、配送单位,与货物的使用单位直接发生了业务联系。在任何情况下,仓库都不能够擅自动用或者外借库存的货物。

任务一 商品出库

8.1.1 出库准备

为了做好货物出库工作,必须事先做好相应的准备,按照一定的作业流程和管理规章组织货物出库。在实践工作中,仓库工作人员要坚决杜绝凭口头、凭信誉、凭白条发货,否则极易发生差错事故甚至法律纠纷。遇到抢险救灾等紧急情况,发生非常规的货物出库,也要符合仓库的有关管理规定。业务部门或者客户单位开出的提货单、调拨单等货物出库凭证,其格式会不尽相同。但是,无论采用什么格式,都必须是符合财务和业务管理制度要求的具有法律效力的凭证。通常,仓库与业务部门在货物出库管理规定中或者与客户单位在仓储管理合同中,要明确规定有效的出库凭证格式等内容。

以下分别是某生产厂家内部业务部门向仓库开出的物资调拨单格式（见表8-1）和某家电企业向仓储企业开出的提货单格式（见表8-2）：

表8-1 物资调拨单

开单日期： 年 月 日　　　　　　　　　　　　　　调拨单号：
调拨期限： 年 月 日
领用单位：　　　　　　　　　　　　　　　　　　　取料仓库：

批准　　　　　　　记账　　　　　　　领用　　　　　　　制单

表8-2 提货单

提货单位：　　　　　　联系方式：　　　　　　　　　　　提货单号：
提货仓库：　　　　　　仓库地址：
提货方式：　　　　　　结算方式：　　　　　　开单日期： 年 月 日

主管：　　　　　　　财务：　　　　　　　提货人：　　　　　　　制单：

8.1.2 货物出库的基本要求和依据

1. 货物出库的基本要求

货物出库时，要做到"三不"、"三核"、"五检查"的基本要求。"三不"就是"未接单据不登账，未经审单不备货，未经复核不出库"；"三核"即在发货时要"核对凭证，核对账卡，核对实物"；"五检查"即对单据和实物要进行品名检查、规格检查、包装检查、件数检查和重量检查。

具体来讲，货物出库要严格执行出库业务程序，依据正式的出库凭证进行，准确及时地将货主所需货物送达，使客户满意。

2. 货物出库的依据

商品出库的主要依据是有关单位开具的正式出库凭证。出库凭证的具体格式可以不同，但不论采用哪种格式，都必须是符合财务制度要求且具有法律效力的凭证。

商品出库必须符合有关规定和要求，对商品出库业务的基本要求如下。

1) 凭证出库

出库业务必须依据正式的出库凭证进行,任何非正式的凭证均视为无效凭证,不能作为出库的依据。

2) 严格执行出库业务程序

出库业务程序是保证出库工作顺利进行的基本保证。为防止出现工作失误,在进行出库作业时,必须严格履行规定的出库业务工作程序,使出库业务有序进行。

3) 准确

所谓准确,是指按照商品出库凭证所列的商品编号、品名、规格、等级、单位、数量等,做到准确无误地出库。一般情况下,仓库储存品种较多,发货时间比较集中,业务比较繁忙,为做到出库商品准确无误,必须加强复核工作,从审核出库凭证开始直到把商品交接为止,每一环节都要进行复核。

4) 及时

所谓及时,是指当接到出库凭证以后,按规定的交货日期及时组织商品出库。办理出库手续,应在明确经济责任的前提下,力求手续简便,提高发货效率。为此,一方面,要求作业人员具有较高的业务素质,全面掌握商品的流向动态,合理地组织出库业务;另一方面,还要加强与业务单位的联系,提前做好出库准备,以达到迅速及时地完成出库业务。

8.1.3 货物出库的方式及作业流程

1. 出库方式

1) 送货

仓库根据客户订单需求,组织人力、物力将货物备齐,送到客户所需地点的一种出库方式。送货具有"预先付货、按车排货、发货等车"的特点。这样仓储部门可以预先安排作业,缩短发货时间。

2) 自提

自提是由货主单位凭有效出库凭证,自备运输工具到仓库提取货物的一种方式。

3) 过户

过户就是一种就地划拨的形式,货物虽未出库,但是货物的所有权已从原存货户转移到新存货户。仓库必须根据原存货单位开出的正式过户凭证,才予办理过户手续。

4) 移库

移库就是货物存放地点的变动。某些货物由于业务上的需要,或由于货物特性的原因要更换储存场所,从一个仓库转移至另一个仓库储存时,必须根据有关部门开具的货物移库单来组织货物出库。

2. 货物出库作业的流程

由于各种类型的仓库具体储存的货物种类不同,经营方式不同,货物出库的程序也不尽相同,但就其出库的操作内容来讲,一般的出库业务程序包括核单备货、复核、包装、点交、登账、清理等过程。

1) 核单备货

发放货物必须有正式的出库凭证,严禁无单或白条发货。保管员接到出库凭证后,应仔细核对,审核出库凭证的合法性、真实性、有效期限及货物品名、型号、规格、单价、数量、收货单位等信息。

核对完凭证,开始备货工作,做到迅速、准确。备货后要及时变动货卡余额数量,填写实发数量和日期等。

2) 复核

为了防止差错,备货后应立即进行复核。复核内容主要包括品种数量是否准确、货物质量是否完好、配套是否齐全、技术证件是否齐备、外观质量和包装是否完好等。除此之外,在发货作业的各道环节上,都贯穿着复核工作。例如,理货员核对单号,门卫凭票放行,财务核对单账等。这些分散的复核形式,起到分头把关的作用,有助于提高仓库发货业务的工作质量。

3) 包装

出库的货物如果没有符合运输方式所要求的包装,应进行包装。根据货物外形特点,选用适宜包装材料,其重量和尺寸,应便于装卸和搬运。出库货物包装,要求干燥、牢固,如有破损、潮湿、捆扎松散等不能保障货物在运输途中安全的,应负责加固整理,做到破包破箱不出门。此外,各类包装容器,如外包装上有水湿、油迹、污损等,均不许出门。另外,在包装中,严禁互相影响或性能互相融合的货物混合包装。包装后,要写明收货单位、到站、发货号、本批总件数、发货单位等,也可以将装箱明细贴在箱外。

4) 点交

货物经复核后,将货物和单据当面点交给提货人,办清交接手续。

5) 登账

点交后,保管员应在出库单上填写实发数、发货日期等内容,并签名。然后将出库单连同有关证件资料,及时交货主,以使货主办理货款结算。保管员把留存的一联出库凭证交实物明细账登记人员登记做账。同时将已空出的货位标注在货位图上,以便安排货物。

6) 清理

清理工作包括清理财务和清理货场。

清理财务是指货物发出后要清理单据、核对账目,出现盘亏的要办理盈亏手续,确保账、卡、物相符。清理后的单据、资料、货物档案要装订保存和归档备查。清理货场包括清理库存货物、库房、场地、设备和工具等。

在整个出库业务流程中,复核和点交是两个最为关键的环节。复核是防止差错的重要和必不可少的措施,而点交则是划清仓库和提货方两者责任的必要手段。

3. 货物出库常发生问题的处理

货物出库过程中出现的问题有很多,应分别对待并及时处理。

1) 串发货和错发货问题处理

所谓串发货和错发货,主要是指发货人员对货物种类规格不很熟悉的情况下,或者由于工作中的疏漏,把错误规格、数量的货物发出库的情况。收到客户投诉,发现串发货或错发货后,应及时逐步排查,查明情况及时解决。

2) 包装问题处理

包装问题一般指在发货过程中,因货物包装破损,造成货物渗漏、裸露等问题。要求仓储部门在发货时,凡原包装经挤压、装卸搬运不慎造成的破损、污损都需重新整理或更换包装,才能出库。出现此类客户投诉,一般是在运输途中,因碰撞、挤压或装卸搬运造成的。应与运输部门协商,由运输部门(物流公司)解决此问题。

3) 漏记账和错记账的问题处理

漏记账是指在货物出库作业中,由于没有及时核销货物明细账造成账面数量大于或少于实存数的现象。错记账是指在货物出库后核销明细账时没有按实际发货出库的货物名称、数量等登记,从而造成账物不相符的情况。不论是漏记还是错记,一经发现,除及时向有关领导如实汇报情况外,还应根据原始出库凭证查找原因,调整账目,使之与实际存货相符。

4) 退货问题处理

凡属产品内在质量问题,客户要求退货和换货时,应由质检部门出具质量检查证明、试验记录等书面文件,经货物主管部门同意后,方可以退货或换货。同时,按照退货处理流程进行处理。

8.1.4　商品出库时发生问题的处理

1. 出库凭证问题的处理

(1) 出库凭证有假冒、复制、涂改等情况时,应及时与保卫部门联系,妥善处理。

(2) 出库凭证有疑点,或者情况不清楚时,应及时与制票员联系,及时查明或更正。

(3) 出库凭证超过提货期限,用户前来提货时,必须先办理手续,按规定缴足逾期仓储保管费后方可发货。

(4) 提货时,若用户发现规格开错时,发货业务员不能自行调换规格进行发货,必须通过制票员重新开票方可发货。

(5) 如顾客遗失提货凭证时,必须由用户单位出具证明,到仓储部门制票员处挂失,原制票员签字作为旁证,然后到仓库出库业务员处报案挂失。如果报案挂失时,货已提走,仓储部门不负任何责任,但有义务协助破案。如果货品还没有被提走,经业务员查实后,凭上述证明,做好挂失登记,将原凭证作废,缓期发货。而后发货员应时刻警惕,防止有人持作废凭证要求发货,一旦发现类似情况,应立即与保卫部门联系处理。

2. 出库后有关问题的处理

(1) 发货后,用户反映规格混串、数量不符等问题,如确属发货差错,应及时纠正并致歉;如不属发货差错,应耐心向用户解释清楚,请用户另找妥善的办法解决。

(2) 凡属易碎商品,发货后用户要求调换时,应以礼相待、婉言谢绝。如果用户要求帮助解决易碎配件,仓储业务部门要积极协助联系解决。

(3) 凡属用户原因,型号规格开错时,经制票员同意方可退货。发货业务员应按入库验收程序重新验收入库,如果发现包装损坏或产品损坏时,入库业务员不予办理退货。待修复后,再按入库质量要求重新办理入库手续。

(4) 凡属产品内在质量问题,用户要求退货和换货时,应由质检部门出具质量检查证明、试验记录等书面文件,经货品主管部门同意后,方可以退货或换货。

(5) 退货或换货的货品必须达到验收入库的标准,否则不准入库。

(6) 商品入库后,若发货员发现账实不符,应及时查明原因。确认发货有错时,要及时与提货人取得联系,进行核查,双方协商解决,以免造成损失。

8.1.5 发货流程

发货作业是指利用配送车辆把客户订购的物品从制造厂、生产基地、批发商、经销商或配送中心,送到客户手中的过程。发货是一种短距离、小批量、高频率的运送形式,它以服务为目标,以尽可能满足客户需求为宗旨。发货也称送货,是配送的最后一道环节,在物流企业中占有关键作用,因此如何有效地管理发货作业是物流企业不可忽视的问题。在发货作业环节中,不仅要对送货人员的工作时间、发生的重要情况进行管理,而且还要加强对车辆利用的监控。

发货作业是借助于运力在空间上发生的位置移动,是对人和物的载运及输送,其基本流程如图8-1所示。

图8-1 发货作业流程图

1. 车辆调度

车辆调度是在货物配好以后,根据分配任务进行运输调度与装卸作业,也就是根据配送计划所确定的配送货物数量、特性、服务客户地址、送货路线、行驶趟次等内容,指派车辆与装卸、运送人员,下达运送作业指示和车辆配载方案,安排具体的装车与送货任务,并将发货明细单交给送货人员和司机,送货人员根据调度人员的送货指示(出车调派单)来执行送货作业。当发货人员接到出车指示后,将车辆开到指定的装货地点,然后与保管、出货人员清点分拣配组好的货物,由装卸人员将已理货完毕的货物配载上车。

车辆调度具有计划性和权威性的特点。车辆调度工作,必须以生产经营计划,特别是运行作业计划为依据,要围绕完成计划任务来开展调度业务。同时,调度人员要不断总结经验,协助计划人员提高生产经营计划的编制质量。另外,调度工作必须高度集中统一。要建立一个强有力的生产调度系统,各级调度部门是同级生产指挥员的有力助手。他们应按照计划和临时生产任务的要求,发布调度命令,下一级生产部门和同级有关职能部门必须坚决实行。各级领导人员应当维护调度部门的权威。

车辆调度总体要求各级调度应进行运力和运量的平衡,合理安排运输,直接组织车辆运行并随时进行监督和检查,保证配送计划的实现;根据运输任务和运输计划,编制车辆运行作业计划,并通过作业运行计划组织企业内部的各个生产环节,使其形成一个有机的整体,进行有计划的生产,最大限度地发挥汽车运输潜力;掌握货物流量、流向、季节性变化,全面细致地安排运输,并针对运输工作中存在的主要问题,及时反映,并向有关部门提出要求,采取措施,保证运输计划的完成。

2. 车辆配装

车辆配装是发货的一项主要工作。要加强现场管理和运行车辆的调度指挥,根据调运情况,组织合理配装,以最少的人力、物力完成最多的配装任务,认真贯彻配装制度,保证运行车辆能按时完成配装任务,严禁超载,维护车辆技术状况完好。

3. 运送

运送是指按照配送计划所确定的最优路线,在规定的时间内及时、准确地将货物运送到客户手中。在运送作业环节中,运输车辆的考核和管理占重要作用。

4. 送达服务与交割

当货物送达指定地点后,发货人员应协助收货单位做好货物的装卸工作,把货物放到指定地点,并与收货人一起清点货物,并填写送货签收回单,做好送货完成确认工作。如果出现退货、调货等现象,应随车带回退调商品,并完成有关单证手续。

5. 费用结算

费用结算是物流企业经营活动目的最终能得以实现的重要保证,送货单在得到客户的签字确认后,可根据送货单据制作应收账单,并将账单转入会计部门作为收款凭据。配送部门的车辆按照指定的计划完成配送工作后,即可通知财务部门进行费用结算。

8.1.6 发货检查

发货检查是根据用户信息和车次,把拣选货物按照出货单逐一核对货品的品项及数量,同时还必须核查货品的包装和质量。发货检查作业是货物分拣、配货后,进行检查、核对的一项工作,具体内容如图8-2所示。

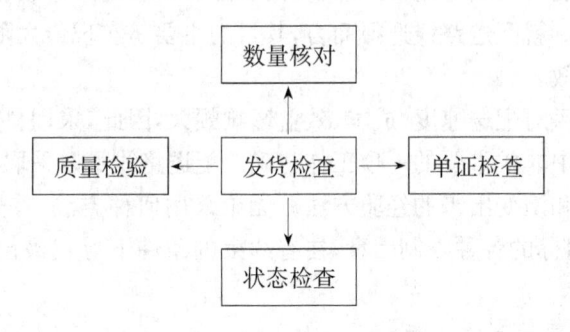

图8-2 发货检查作业内容

发货检查属于确认拣货作业是否产生错误的处理作业,因耗费时间及人力,在效率上也是值得考虑的问题。发货检查最简单的做法就是人工检查,也就是将货品一个一个点数并逐一核对出货单,再进而查验出货的品质。常见的检查方法有商品条形码检查法、声音输入检查法和重量计算检查法三种。

1. 商品条形码检查法

商品条形码是随着货品移动的,检查时用条形码扫描器阅读条形码内容,计算机会自动将信息与发货单对比,从而检查商品数量和号码是否有误。这种方法的基础就是要导入条码,让条码跟着货物跑。

2. 声音输入检查法

声音输入检查法是一项新的技术,当作业人员发声读出商品名称、代码和数量,计算机接收声音并自动作出判断,声音转变成资料信息再与发货单进行对比,从而判断是否有误。利用此方法,作业员只用嘴巴读取资料,手脚仍可做其他工作,自由度较高,但要注意的是,声音的发音要准,且每次发音字数有限,否则计算机辨识困难,可能产生错误。

3. 重量计算检查法

这种方法是利用自动加总出货单上的货品质量,而后将拣出的货物用计重器秤出总重,再将两者互相比对的检查方式。如果能利用装有重量检核系统的拣货台车拣货,则在拣取过程中就能利用此法来做检查,拣货员每拣取一样货物,台车上的计重器就会自动显示起重量做查对,这样可以进一步提高工作的效率和准确性。

8.1.7 路线选择及车辆配装

1. 路线选择

每辆车负责配送的具体客户确定之后,如何以最快的速度完成对这些货物的配送,也就是如何选择配送距离短、配送时间短、配送成本低的线路,这需要根据客户的具体位置、沿途交通情况等因素作出判断和选择。此外,还必须考虑有些客户或其所在地环境对送货时间、车型等方面的特殊要求。配送路线是否合理,直接影响着配送的速度与成本,影响着经济效益,因此采用科学合理的方法确定配送路线,是配送活动中一项非常重要的工作。

选择最佳配送路线必须首先满足客户的配货要求(如品种、规格、数量、时间等),其次还必须在配送中心配货能力范围之内,再次配货路线配货量不超过车载容限,最后还应该最大限度地节约配送时间。就配送路线选择而言,其目的主要是实现最大限度地节约里程、合理的车辆配载和配送时效。

配送路线合理与否对配送速度、成本、效益影响颇大,因此,采用科学的合理的方法确定配送路线是配送活动中非常重要的一项工作。确定配送路线可以采取各种数学方法以及在数学方法基础上发展和演变出来的经验方法。无论采用何种方法,首先应建立试图达到的目标,再考虑实现此目标的各种限制因素,在有约束的条件下寻找最佳方案,实现试图达到的目标。

1) 确定路线选择要达到的目标

配送的具体要求,配送中心的水平、实力及客观条件决定路线选择的目标。路线选择常见的有以下几种目标:

(1) 效益最高化。效益是企业整体经营活动的综合体现,在选择效益为目标时,一般是以企业当前的效益为主要考虑因素,同时兼顾长远的效益。效益通常可以用利润来表示,因此,在计算时是以利润的数值最大化为目标值。但是,由于效益是综合的反映,在拟定数学模型时,很难与配送路线之间建立函数关系,所以一般很少采用这一目标。

(2) 路程最短化。如果成本和路程相关性较强,而和其他因素是微相关时,可以采取路程最短的目标,这可以大大简化计算,而且也可以避免许多不易计算的影响因素。需要注意的是,有时候路程最短并不见得成本就最低。如果道路条件、道路收费影响了成本,单以最短路程为最优解就不合适了。

(3) 成本最低化。计算成本比较困难,但成本和配送路线之间有密切关系,在成本对最终效益起决定作用时,选择成本最低为目标实际上就是选择了效益为目标,但却有所简化,比较实用,因此是可以采用的。

(4) 吨公里最低化。吨公里最低是长途运输时常作为目标选择的,在多个发货站和多个收货站的条件下,而又是在整车发到的情况下,选择吨公里最低为目标是可以取得满意结果的。在配送路线选择中一般情况是不适用的,但在采取共同配送方式时,也可用吨公里最低为目标。

(5) 准时性最高化。准时性是配送中重要的服务指标,以准时性为目标确定配送路线就是要将各用户的时间要求和路线先后到达的安排协调起来,这样有时难以顾及成本问题,甚至需要牺牲成本来满足准时性要求。当然,在这种情况下成本也不能失控,应有一定限制。

(6) 运力利用最合理化。在运力非常紧张,运力与成本或效益又有一定相关关系时,为节约运力,充分运用现有运力,而不需外租车辆或新购车辆,此时也可以运力安排为目标,确定配送路线。

(7) 劳动消耗最低化。以油耗最低、司机人数最少、司机工作时间最短等劳动消耗为目标确定配送路线也有所应用,这主要是在特殊情况下(如供油异常紧张、油价非常高、意外事故引起人员减员、某些因素限制了配送司机人数等)必须选择的目标。

2) 确定配送路线的约束条件

以上目标在实现时都受到许多条件的约束,必须在满足这些约束条件的前提下取得成本最低或吨公里最小的结果。一般的配送,约束条件有以下几项:

(1) 满足所有收货人对货物品种、规格、数量的要求。

(2) 满足收货人对货物发到时间范围的要求。

(3) 在交通管制允许通行的时间(如城区公路白天不允许货车通行)内进行配送。

(4) 各配送路线的货物量不得超过车辆容积及载重量的限制。

(5) 在配送中心现有运力允许的范围之中。

3) 常见的确定配送路线的方法

(1) VSP 网络图方法。在有很多配送去向的情况下,使用多少车辆,各车辆按照什么路线运行才能使整个运行距离最短,或使配送费用最低,这是配送线路优化的问题。解决配送线路优化问题,最有代表性的方法是 VSP(Vehicle Scheduling Program)网络图,VSP 可称为车辆安排程序法。

网络图的基础是节约的概念,如果以 P 为配送中心,向 A 和 B 两个配送地点配送货物,如图 8-3(a)所示,从 P 分别向 A、B 两点往返运输,其配送距离应为 2AP+2PB。可是如图 8-3(b)所示,从 P 出发,再从 A 到 B 巡回运输。则配送距离为 PA+PB+AB,则 2AP+2PB=2×8+2×7=30,而 PA+AB+PB=8+3+7=18。因此,采用第二种路线比采用第一种路线距离节约=30-18=12,12 称为节约量。

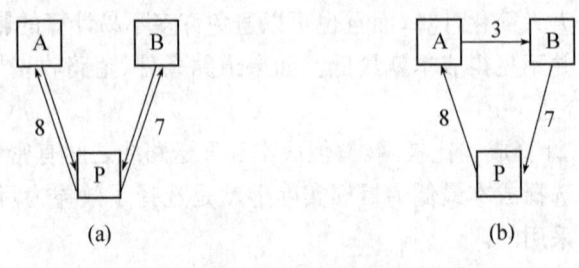

图 8-3 网络图

网络图的方法是对所有的配送地点计算节约量。节约量的一般公式为(2AP+2PB)−(PA+PB+AB)=PA+PB−AB。按照节约量的大小顺序制定配送路线。

(2) 综合评分法。综合评分法首先要拟出多种配送路线方案,并且要明确评价指标,当部分指标难以量化,或对某一项指标有突出的强调和要求的时候,采用加权评分的方式来确定配送路线。综合评分法的具体步骤为:拟定配送路线方案,确定评价指标,对方案进行综合评分。

(3) 数学计算法。可以利用经济数学模型进行数量分析。例如,可以应用线性规划的数学模型求解最佳方案。解决此类问题的方法很多,如表 8-3 所示。

表 8-3 配送路线规划问题及解法说明

问题类型	解 法
配送货物由一个配送点直送某一客户	破圈法、标号法、位势法、动态法等
配送货物由一个配送点配送多个客户	节约里程法、中国邮递问题解法
由多个配送点向多个客户的送货	图上作业法、线性规划中的表上作业法

以下重点介绍破圈法和节约里程法。

① 破圈法。货物从始点出发至终点,有两条以上路线交织成网状,并形成回路圈。破圈法的做法就是在这段运输网络中,任取一圈,从圈中去掉最大距离(或时间、费用)的边(路线),在余下的圈中,重复这个步骤直至无圈为止,即可求出最短路线。破圈一般在运输网络图的基础上进行计算,因此也叫图上作业法。

比如,某批货物从 V_1 配送中心运到 V_6 客户,具体路线如图 8-4 所示,求最短路径。

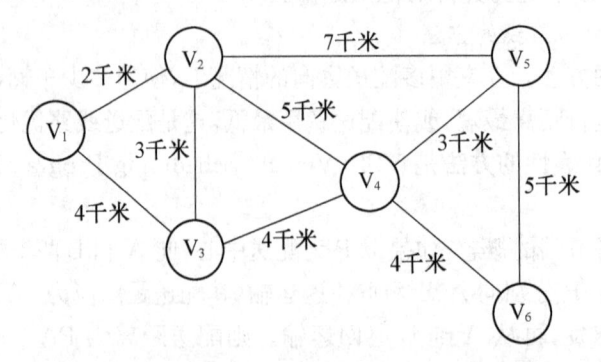

图 8-4 配送中心 V_1 运到 V_6 客户物流网络图

第一步,V_1—V_2—V_3形成一个回路,去掉V_1—V_3最长的路线;第二步,V_2—V_4—V_5形成一个回路,去掉V_2—V_5最长的路线;第三步,V_4—V_5—V_6形成一个回路,去掉V_5—V_6最长的路线;第四步,V_2—V_4之间不需破圈,直接连接。

得到最短运输量路线为V_1—V_2—V_4—V_6,里程为 11 千米,如图 8-5 所示。

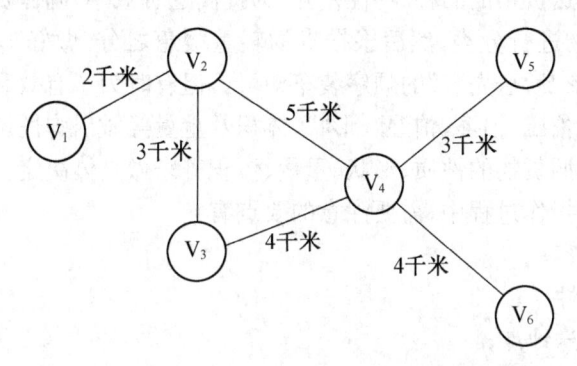

图 8-5 配送中心 V_1 运到 V_6 客户物流路线优化图

② 节约里程法。在实际工作中有时只需求近似解,不一定求得最优解,在这种情况下可采用节约里程法。当由一个配送中心向多个客户进行共同送货,在一条线路上的所有客户的需求量总和不大于一辆车的额定载重量时,由这一辆车装配着所有客户需求的货物,按照一条预先设计好的最佳路线依次将货物送到每一客户手中。这样既可以保证按需将货物及时送交,同时又能节约行驶里程,缩短整个送货时间,节约了费用。节约里程法正是用来解决这类问题的比较成熟的方法。

用节约里程法确定配送路线的主要思路是:根据配送中心的运输能力及其到客户之间的距离和各客户之间的相对距离来制定使总的配送车辆吨公里数达到或接近最小的配送方案。

节约里程法的基本思路如图 8-6(a)所示,P 为配送中心所在地,A 和 B 为客户所在地,相互之间道路距离分别为 a、b、c。最简单的配送方法是利用两辆车分别为 A 和 B 客户配送,此时,如图 8-6(b)所示,车辆运行距离为 $2a+2b$;如果按图 8-6(c)所示改用一辆车巡回配送,运行距离为 $a+b+c$。如果道路没什么特殊情况,可以节省车辆运行距离$(2a+2b)-(a+b+c)=a+b-c>0$,这个节约里程"$a+b-c$"被称为"节约里程"。

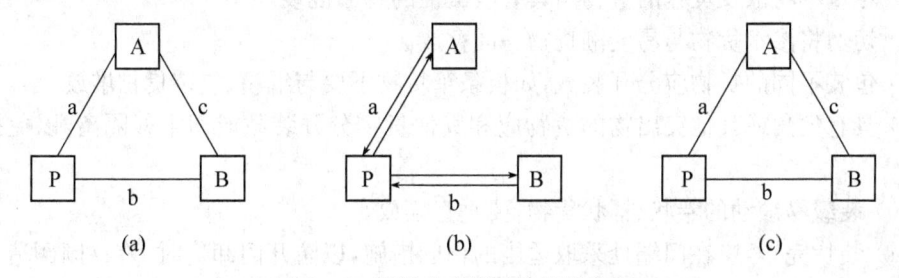

图 8-6 配送中心配送路线的选择

2. 车辆配装

1) 车辆配装的概念

客户的配送顺序明确后,接下来就是如何将货物装车,以什么次序装车的问题,即车辆的积载问题。由于配送货物的品种、特性差异,为提高送货效率,确保货物品质,在接到客户订单后,应首先对货物进行分类,然后根据货物轻重缓急之分,做好车辆的初次配装工作。原则上,只要将货物依"后送先装"的顺序装车即可。但有时为了有效利用空间,可能还要考虑货物的性质(怕震、怕压、怕撞、怕湿)、形状、体积及重量等做出弹性调整。此外,对于货物的装卸方法也必须依照货物的性质、形状、重量、体积等来做具体决定。

在以上各阶段的操作过程中,需要注意的要点有:

(1) 明确订单内容;

(2) 掌握货物的性质;

(3) 明确具体配送地点;

(4) 适当选择配送车辆。

每个客户的需求情况不同,订单也存在着差异,因此,大多数配送属于多品种、小批量的配送模式。这些商品在包装形态、运输性质、货物本身特点等方面存在着较大的差别,实行有效、合理的货物配装,既能使车辆满载,又能充分利用车辆的有效体积,从而使配送企业大大降低运输费用。

2) 车辆配装的原则

具体车辆配装要根据所装货物的具体情况、车辆情况以及经验或简单的计算来选择最优的装车方案。不论采取什么配装方法,都应遵循以下原则:

(1) 重不压轻,大不压小,轻货要放在重货上面,包装强度差的要放在包装强度好的上面。

(2) 为了减少或避免差错,尽量把外观相近、容易混淆的货物分开装载。

(3) 货物与货物之间、货物与车辆之间应留有空隙并适当垫衬,防止货损。

(4) 尽量做到"后送先装"。由于配送车辆大多是后开门的厢式货车,所以,先卸车的货物应装在车厢后部,靠近车厢门,后卸车的货物装在前部。

(5) 尽量不将散发粉尘货物与清洁货物混装。

(6) 尽量不将散发臭味的货物与具有吸臭性的物品混装。

(7) 切勿将渗水货物与易受潮货物一同存放。

(8) 包装不同的货物应分开装载,如板条箱货物不要与纸箱、袋装货物堆放。

(9) 具有尖角或其他突出物的货物应和其他货物分开装载或用木板隔离,以免损伤其他货物。

(10) 装载易滚动的卷状、桶状货物,要垂直摆放。

(11) 装货完毕,应在门端处采取适当的稳固措施,以防开门卸货时,货物倾倒造成货损或人身伤亡。

解决车辆配装问题,当数据量小时还能用手工计算;当数据量大时,依靠手工计算将变得非常困难,常用数学方法来求解。现在已开发出车辆配装的软件,将配送货物的相关数据输入计算机,即可由计算机自动输出配装方案。

3) 车辆配装常见的方法

合理的配装应坚持方便装卸、充分利用运输工具以及保证商品安全的原则。简单的配装一般是通过经验和手工计算来完成的,往往是在装车时,装车的工人根据自己的经验和直观判断以及一些简单的手工计算来进行配载。

在配装商品较多、配装车辆较多的情况下,每次采用手工计算比较麻烦,常见的有如下三种方法进行车辆配装处理:

（1）利用计算机进行管理,编制设计相应的软件,并将经常运送的商品数据和车辆的数据输入计算机,以后每次只需输入需要运送的各种商品量及运送地点,即可找到最佳的配装结果。

（2）在不能实现计算机配载管理的情况下,可以把配送商品中容量最大和容量最小的两种放在一起进行手工配装,其他商品再依次选择容量最大的和最小的进行配装,实现商品的较优配装结果。

（3）利用节约法进行配装。节约法是在 1954 年由克拉克和怀特首先提出的,这是一种行之有效的配装方法,它要求配载应和运输路线联系在一起进行考虑,在配送组织中也很适用,节约法的基本原理在以上路线选择优化中已做解释。

4) 提高送货效率的措施

为了提高送货效率,可采用的措施包括以下几种:

（1）消除交错送货。消除交错送货,可以提高整个配送系统的送货效率。例如,将原直接由各工厂送至各客户的零散路线利用配送中心来做整合并调配转送,这样可缓解交通网路的复杂程度,且可大大缩短运输距离。

（2）开展直配、直送。由于"商物分流",订购单可以通过信息网络直接传给厂商,因此各工厂的产品可从厂商的物流中心直接交货到各零售店。这种利用直配、直送的方式可大幅简化物流的层次,使得中间的代理商和批发商不设存货,下游信息也能很快地传达到上游。

（3）采用标准的包装器具。配送不是简单的"送货上门",而要运用科学而合理的方法选择配送车辆的吨位、配载方式,确定配送路线,以达到"路程最短、吨公里最小"的目标。采用标准的包装工具,如托盘,可以使送货中货物的搬运、装卸效率提高,并便于车辆配装。

（4）建立完善的信息系统。完善的信息系统能够根据交货配送时间,车辆最大积载量,客户的订货量、个数、重量来选出一个最经济的配送方法;根据货物的形状、容积、重量及车辆的能力等,由计算机自动安排车辆和装载方式,形成配车计划;在信息系统中输入每一客户点的位置,计算机便会依最短距离找出最便捷的路径。

（5）改善运货车辆的通信。健全的车载通信设施,可以把握车辆及司机的状况、传达道路信息或气象信息、掌握车辆作业状况及装载状况、传递作业指示、传达紧急信息指令、提高运行效率、安全运转。

（6）均衡配送系统的日配送量。通过和客户沟通,尽可能使客户的配送量均衡化,这样能有效地提高送货效率。为使客户的配送量均衡,通常可以采用对大量订货的客户给予一定的折扣、制订最低订货量、调整交货时间等办法。

任务二　退货管理

商品的退货管理是指在完成物流配送活动中,由于配送方或用户方关于配送物品的有关影响因素存在异议,而进行处理的活动。配送中心在完成配送过程中,也会遇到交货中或将货物交到用户后,因为货物包装损坏、商品损坏、商品质量、商品保质期快到或已过期、送交的商品与要求的商品不相符等情况时,产生退货。

8.2.1　退货概述

1. 退货的原因

物流活动中,应尽可能地避免退货或换货,因为退货或换货的处理,只会大大的增加成本,减少利润。退货的原因主要有以下几种。

1) 有质量问题的商品

生产商在设计、制造商品的过程中,商品的质量问题是难以避免的,并且往往在商品销售后,才由消费者或厂商发现存在质量问题,这时应该立即部分或全部回收。从物流企业的角度来说,必须立即将消息传达到所有客户,而且要采取最快速的方法将商品收回,集中处理。在此种情况下,配送中心必定会有一定的经济损失,但是快速的配合,可使损失在一定程度上降低,加强与厂商及客户之间的联系,同时也是配送中心处理意外事件能力的表现。

? 小思考

质量合格的商品会出现退货吗?为什么?

2) 运输中损坏的商品

由于包装不良或货物在搬运过程中剧烈震动,造成商品破损或包装污损,这时必须重新研究包装材料的材质、包装方式和搬运过程中各种装卸搬运工具、程序,找出真正原因加以改善。

3) 运错地点的商品

商品在配送中心由于处理不当,客户收到的商品种类或数量与订单不符,如拣货不准确或条码、出货单等处理错误,这时就必须换货或退货。但最重要的是要吸取教训,认真查找出现问题的原因。可能的原因有:订单接收时就产生错误或是拣货错误、出货单贴错、上错车等。查明原因后,配送中心要立即采取必要措施,进行补救或是在出现问题的常见环节加强监控。

4) 过期的商品

在消费者意识高涨的今天,商品的有效期越来越被关注,一般商品都有有效期,过期的商品绝对要从货架上卸下,不可再卖,更不可更改日期。过期商品必须找到合格的废弃物处理商处理,由回收到销毁,要花费大量的时间、费用和人力,无形中也增加了营运成本。所以要事前准确分析商品的需求,或以多批次、少批量配送来减少过期商品的产生。另外,要认真分析过期商品产生的原因,提前提醒进货商,并注意商品的先进先出原则。

5) 按协议可以退货的商品

如与供货商有特别协议可以退货的商品,如季节性商品、试销商品、代销商品等,这些可以进行退货处理,但需要注意的是一定要在协议中叙说清楚,以免造成不必要的纠纷。

2. 退货商品管理的原则

(1) 以有关方面的法律、法规为依据。

(2) 维护用户合法、合理的权益。

(3) 责任明确原则,如责任划分不清,需由国家认可的相关机构鉴定后依据鉴定结果进行责任划分。

(4) 以存在的事实凭有效凭证办理。

(5) 退货具体规定要明确。

3. 常见的退货处理方法

不管什么原因造成的退货,都必须及时处理,常见的办法如下。

1) 重新发货或替代

对于运输中由于发货错误而产生错运的商品或者商品本身存在缺陷、瑕疵的商品,配送中心接到指示后,应立即安排车辆收回商品,重新按正确订货单发货。已退回的商品,要集中放到仓库退换货处理区,进行处理。

2) 运输单位赔偿

对于因为运输过程中由于运输不当产生的产品损坏,根据退货情况,由发货人确定所需的修理费用或赔偿金额,然后由运输单位负责赔偿。

退货处理是一件极其严重的事情,企业相关部门、人员,如管理部门、法律人员、会计人员、公关人员、质量管理人员以及销售人员等,都应该参加,并且选派专人负责处理产品回收事件,制定一些预防措施。这样不仅可以更好地应对紧急情况,而且在商品回收事件处理不成功而诉诸法律时,企业可以将已采取的预防措施作为申辩的一部分内容。

8.2.2 退货作业流程

退货作业流程根据各行业性质的不同,其环节复杂程度也不同,退货管理涉及退货商品的接收、处理以及账务处理几部分。图8-7是一个退货作业流程示例。

(1) 受理客户的退货要求,细心听取客户的退货理由,对退货原因进行分析。如果是配送中心误送,则应立即填写退货单据,按照正确订单货物品质、数量进行送货。如果是产品质量问题,则应认真判断是否真正属于产品质量问题,是否符合退货标

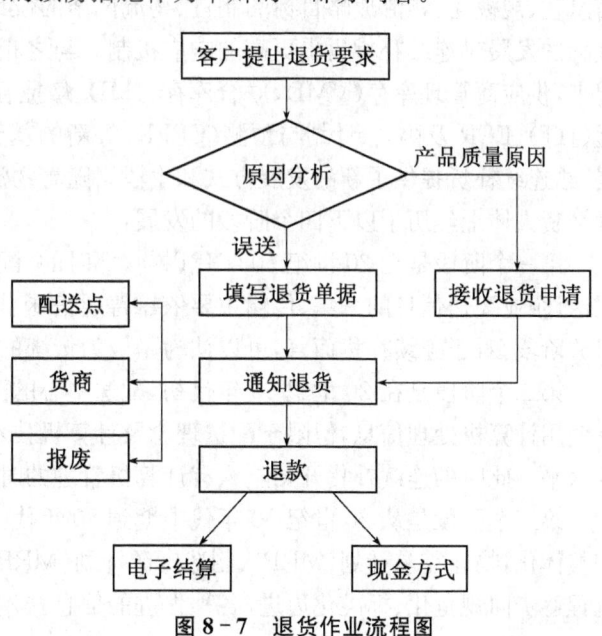

图8-7 退货作业流程图

准,如确实存在问题,则应接受退货申请,处理存在问题的商品,进行正确的送货。

(2) 接受退货要求后,要及时通知配送中心退换货处理中心,进行及时信息登记。可能的话,要建立退货商品档案,进行统计、总结。

(3) 对于退货商品进行分类处理,按照不同原因进行分类。对于报废商品,要及时进行相关销毁。

(4) 退货作业还包括账务处理。配送中心应根据与客户协商结果,尽快组织退款程序,坚持以顾客服务为准则,灵活处理,尽量圆满地完成客户的退货要求。

任务三 补货管理

8.3.1 连续补货过程

与拣货作业息息相关的是补货作业,补货作业的策略必须满足两个前提,即"确保有货可配"和"将待配商品放置在存取都方便的位置"。补货作业就是从保管区域将货品移到为了做订单拣取的动管拣货区域,目的是保证拣货区有货可拣,这是保证充足货源的基础。补货通常以托盘为单位,从货物保管区将物品移到拣货区的作业过程。

1. 连续补货的含义

连续补货是物流高效管理的一项运作模式或管理策略,是指供货商与配送中心建立伙伴关系,配送中心每日向供货商提供库存数据和销售信息,供货商根据配送中心实际销售及安全库存的要求,替配送中心下订单或补货。

20世纪50年代以前,补货活动基本上完全以传统的方式进行,补货机制的巨大潜力未被有效挖掘。进入20世纪后期,随着计算机技术的突飞猛进,贸易全球化、经济一体化进程的加快,配送中心的增值服务、综合服务功能日益凸现,强调服务的专业化、系统化、网络化、信息化、规模化,物流战略目标的制订、物流网络的设计,基于供应链管理的运作方式等新型理念的发展对连续补货提出更高的响应机制。与之相关的新的连续补货机制也飞速地成长起来,供应商管理库存(VMI)、联合库存(JMI)、敏捷管理、精益管理、柔性化管理、准时制管理(JIT)、ECR及协同、计划与预测(CPFR)等新的基于供应管理的运行机制的不断深化发展,给连续补货提供了新的发展方式和手段。随着物流理念的演绎以及信息技术的发展,连续补货大体上经历了以下四个阶段的发展:

第一个阶段是在20世纪50年代以前,那时的"配送"活动还不能称之为真正意义上的配送,企业配送信息的采集、传输主要依靠普通信函、电话、手工记录,配送管理还处于简单粗放阶段,对于连续补货而言,可以认为是极为传统的人工管理。

第二个阶段是在20世纪50年代初,配送中心的配送管理主要围绕库存和订单,企业开始使用计算机处理信息,但限于配送理念及计算机技术的限制,配送中心配送管理仍处于较低水平。此时的连续补货开始进入有计算机管理的时代。

第三个阶段是从20世纪50年代中期到80年代中期,配送中心开始重视管理的系统化和整体化,物料需求计划(MRP)、制造资源计划(MRP II)概念被企业提出,企业的信息管理流程逐步向规范化、标准化迈进,各种先进的信息技术和信息管理模式用于物流管理当中,信息管理在物流管理中已逐步体现出中枢神经的作用。与之相应的是需求预测和自动订单处理等理念引入了连续补货和应急保障管理,连续补货管理进入了相对的高级发展阶段。

第四个阶段是从20世纪80年代中后期到现在,全面质量管理(TQM)、准时制工作法(JIT)、业务流程重组(BPR)、企业资源计划(ERP)、供应链管理(SCM)、客户关系管理(CRM)、电子商务(EC)的逐步提出,大大地丰富了物流管理和信息管理的概念。通信技术诸如宽带技术、无线技术、空间定位技术等以及信息管理技术(如 Intranet、Internet 的广泛应用)、识别技术、数据仓库技术等的飞速发展,使配送管理的内涵大大丰富。与之相适应的ECR、CRP和CPFR新型机制在连续补货中的应用,使连续补货真正意义上跃入了"高级"发展阶段。

❓小思考

传统的补货作业和现代的补货作业有哪些区别?

2. 自动补货模式(CRP)

自动补货系统是连续补货系统(Continuous Replenishment,CR)的延伸,即供给商猜测未来商品需求,负起零售商补货的责任,在供给链中,各成员互享信息,维持长久稳定的战略合作伙伴关系。这是一种利用销售信息、订单经由 EDI 连接合作伙伴的观念,合作伙伴之间必须有良好的互动关系,并且利用电子信息交换等方式提供信息给上下游。所以说 CRP 也可以说是一种库存管理方案,是以掌控销售信息和库存量,作为市场需求预测和库存补货的解决方法,由销售信息得到消费需求信息,供应商可以更有效地计划、更快速地反应市场变化和用户需求,因此 CRP 可以用来作为降低库存量、改善库存周转,进而维持库存量的最佳化,而且供应商与批发商以分享重要信息双方都可以改善需求预测、补货计划、促销管理和运输装载计划等。

自动补货系统能使供给商对其所供给的所有分门别类的货物及在其销售点的库存情况了如指掌,从而自动跟踪补充各个销售点的货物。供给商提高了供货的灵活性和预见性,即由供给商治理零售库存,并承担零售店里的全部产品的定位责任,零售商大大降低零售成本。

一种商品一旦被大量采购,就会促使该商品的制造商大量生产此种商品,也会使该商品在供给链中快速流动起来。随着供给链治理的进一步完善,补货到零售店的责任,如今已从零售商转到了批发商或制造商的身上。对于制造商和供给商来说,把握了零售店的销售量和库存,可以更好地安排生产计划、采购计划和供货计划,这是一个互助的商业生态系统。

从库存治理角度看,在库存系统中,订货点与最低库存之差主要取决于从订货到交货的时间、产品周转时间、产品价格、供销变化及其他变量。订货点与最低库存之差保持一定的距离,是为了防止产品脱销等不确定性情况的出现。为了快速反映客户"降低库存"的要求,供给商通过与零售商缔结伙伴关系,主动向零售商频繁交货,并缩短从订货到交货之间的时间间隔。这样就可以降低整个货物补充过程(从工厂到门店)的存货,尽量切合客户的要求,同时减轻存货和生产波动。

自动补货系统的成功要害在于,在信息系统开放的环境中,供给商和零售商之间通过库存报告、销售猜测报告和订购单报文等有关商业信息的最新数据实时交换,使得供给商从过去的单纯执行零售商订购任务转而主动为零售商分担补充库存的责任,以最高效率补充销售点或仓库的货物库存。

为了确保数据能够通过 EDI 在供给链中畅通无阻地流动,所有以参与方(供给链上的所有节点企业)都必须使用同一个通用的编码系统来识别产品、服务及位置,这些编码是确保自动补货系统实施的唯一解决方案。而之前的条形码技术正是这套解决方案的中心基础。要使连续补货有效率,货物的数量还需要大到有运输规模经济效益才行。沃尔玛成功地应用自动补货系统后,有效地减少了门店的库存量,提高了门店的服务质量,不仅降低了物流成本,还增加了存货的流通速度,大大地提高了供给链的经济效益和作业效率,为稳定顾客忠诚度做出了杰出的贡献。

8.3.2 补货方式

补货作业一定要小心地计划,不仅为了确保存量,也为将其安置于方便存取的位置。下面针对一般拣货安排指出一些可能的补货方式。

1. 整箱补货

由货架保管区补货到流动式货架的动管区的补货方式,如图 8-8 所示。

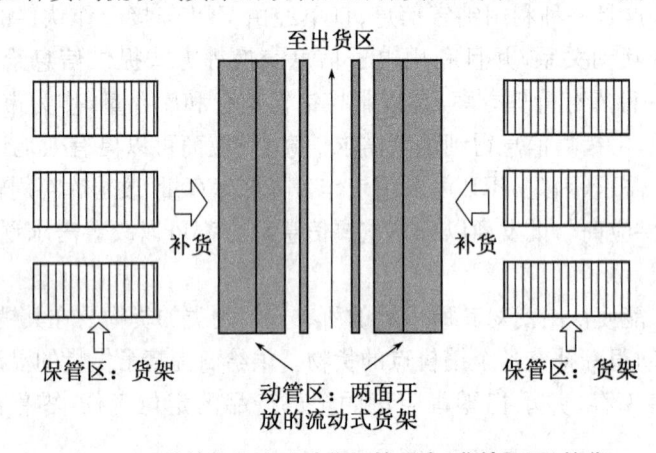

图 8-8 整箱补货由流动货架的后方(非拣取面)补货

此补货方式保管区为货架存放,动管拣货区为两面开放式的流动式货架,拣货时拣货员在流动货架拣取区拣取单品放入周转箱中,而后放置于输送机运至出货区。而当拣取后发现动管区的存货低于要求之下则要进行补货的动作。其补货方式为作业员至货架保管区取货箱,以手推车载箱至拣货区。

这种保管动管区存放形态的补货方式比较适合体积小且少量多样出货的物品。

2. 整托补货

这种补货方式是以托盘为单位进行补货。根据补货的位置不同,又分为两种情况:一种是地板至地板,一种是地板至货架。

1) 地板至地板的整托盘补货

如图 8-9 所示,此补货方式保管区为以托盘为单位地板平置堆叠存放,动管区也为以托盘为单位地板平置堆叠存放。不同之处在于保管区的面积较大,存放物品量较多,而动管区的面积较小,存放物品量较少。拣取时拣货员在拣取区拣取托盘上的货箱,放至中央输送机出货;或者,可使用叉车将托盘整个送至出货区(当拣取大量品项时)。而当拣取后发觉动管拣取区的存货低于水准之下,则要进行补货动作。

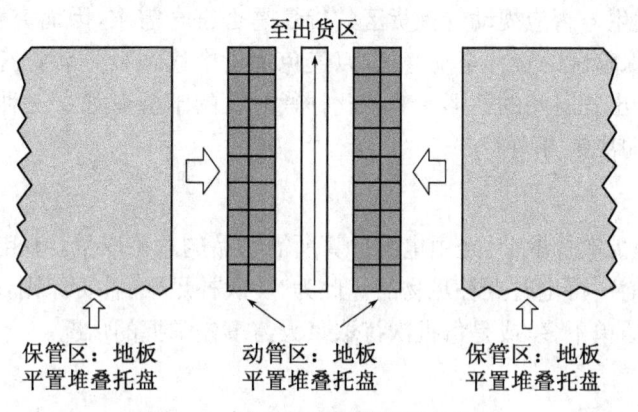

图 8-9 地板至地板的整托盘补货

其补货方式为作业员以叉车由托盘平置堆叠的保管区搬运托盘至同样是托盘平置堆叠的拣货动管区。此保管区、动管区存放形态的补货方式较适合体积大或出货量多的物品。

2) 地板至货架的整托盘补货

如图 8-10 所示,此补货方式保管区是以托盘为单位地板平置堆叠存放,动管区则为托盘货架存放。拣取时拣货员在拣取区搭乘牵引车拉着推车移动拣货,拣取后再将推车送至输送机轨道出货。而一旦发觉拣取后动管区的库存太低,则要进行补货动作。

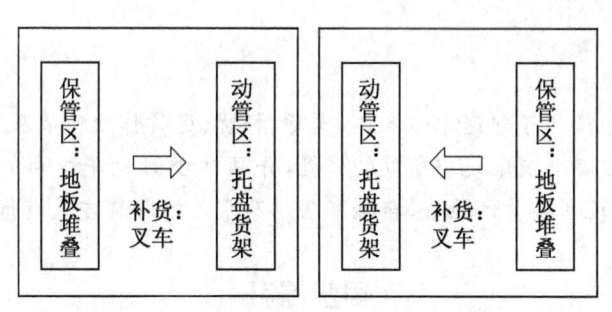

图 8-10 地板至货架的整托盘补货

补货方式为作业员使用叉车很快地至地板平置堆叠的保管区搬回托盘,送至动管区托盘货架上存放。此保管区、动管区存放形态的补货方式较适合体积中等或中量(以箱为单位)出货的物品。

3. 货架之间的补货

此补货方式为保管区与动管区属于同一货架,也就是将一货架上的两手方便拿取之处(中下层)作为动管区,不容易拿取之处(上层)作为保管区。而进货时便将动管区放不下的多余货箱放至上层保管区。对动管拣取区的物品进行拣货,而当动管区的存货低于水准之下则可利用叉车将上层保管区的物品搬至下层动管区补货。

此保管动管区存放形态的补货方式较适合体积不大,每品项存货量不高,且出货多属中小量(以箱为单位)的物品。

8.3.3 补货时机

补货作业的发生与否应视动管拣货区的货量是否符合需求,因而究竟何时需检查动管区存量,何时需将保管区的货补至动管区,以避免拣货中途才发觉动管区的货量不够,还要临时补货影响整个出货时间的情形。对于此补货时机的掌握有如下三种方式,至于该选用哪种方式,应视公司决策方向而定。

1. 批次补货

于每天或每一批次拣取前,经由电脑计算所需物品的总拣取量,再相对查看动管拣货区的物品量,于拣取前一特定时点补足物品。此为"一次补足"的补货原则,较适合一日内作业量变化不大,紧急插单不多,或是每批次拣取量大需事先掌握的情况。

2. 定时补货

将每天划分为数个时点,补货人员于时段内检查动管拣货区货架上物品存量,若不足即马上将货架补满。此为"定时补足"的补货原则,较适合分批拣货时间固定,且处理紧急时间也固定的公司。

3. 随机补货

指定专门的补货人员,随时巡视动管拣货区的物品存量,有不足随时补货的方式。此为"不定时补足"的补货原则,较适合每批次拣取量不大,紧急插单多以至于一日内作业量不易事前掌握的情况。

项目小结

本章较为详细地阐述了配送中心入库、发货、补货、退货作业环节及流程,指出了每项作业的重要性以及各自在物流配送中所处的位置,并且结合例题详细地介绍了配送路线优化选择的方法。此外,还对发货的检查、车辆配装以及常见的补货方式进行了详细地介绍。

同步练习

一、选择题

1. 出库凭证的具体格式可以不同,但不论采用哪种格式,都必须是符合财务制度要求且具有( )的凭证。

    A. 法律效力　　　B. 法律规定　　　C. 配送效力　　　D. 供应效力

2. 过户就是一种( )的形式,货物虽未出库,但是货物的所有权已从原存货户转移到新存货户。

    A. 转移　　　　　B. 就地划拨　　　C. 转让　　　　　D. 买卖

3. 一般的出库业务程序包括核单备货、复核、包装、点交、登账、(　　)等过程。
   A. 交接　　　　　B. 清库　　　　　C. 清理　　　　　D. 交货
4. 清理财务是指货物发出后要清理单据、核对账目,出现盘亏的要办理盈亏手续,确保(　　)相符。
   A. 账、卡、数量　B. 账、卡、质量　C. 账、卡、型号　D. 账、卡、物
5. 退货作业流程根据各行业性质的不同,其环节复杂程度也不同,退货管理涉及退货商品的接收、处理以及(　　)几部分
   A. 账务处理　　　B. 商品处理　　　C. 数量处理　　　D. 售后服务

二、问答题
1. 货物出库时要做到的"三不"、"三核"、"五检查"指的是什么?
2. 为提高送货效率,可采用的措施有哪些?
3. 货物出库常发生的问题有哪些?
4. 退货的原因主要有哪几种?
5. 什么是自动补货模式?

三、实训题
1. 实训目的:熟悉出库业务及管理,使学生对出库业务有个整体的认识。
2. 实训方式:到仓储、配送企业进行参观学习。
3. 实训内容:
(1) 使学生了解出库中常发生的问题。
(2) 使学生熟悉退货的原因及解决方法,应如何加强对商品的管理。
(3) 使学生了解企业应如何补货,满足企业对客户的需求。

项目九　配送技术装备管理

知识目标	技能目标
1. 熟悉配送信息的管理。 2. 了解各类型配送设备的简单结构。 3. 掌握设备的分类和使用。	1. 掌握正确、合理选用设备的方法。 2. 学会配送相关设备的简单操作。

▶ 项目概述

现代化的物流配送离不开信息的采集、存储、传输和加工处理。与物流活动相关的信息就是物流信息，它是反映物流各项活动内容的知识、资料、图像、数据、文件的总称。由于物流配送相关活动的特殊性、综合性、具体性、技术性，物流配送的信息及其信息技术装备在物流活动中就显得非常现实和重要。

物流管理信息系统是企业信息系统的基础，是企业信息化的基础。它利用信息技术对物流中的各种信息进行实时、集中、统一管理，使物流、资金流和信息流三者同步，及时反馈市场、客户和物品的动态信息，为客户提供实时的信息服务。

任务一　物流配送的信息技术

9.1.1　物流信息

1. 物流信息的概念

物流信息是指物流活动中产生和使用的、必要的信息，它是物流活动的内容、形式过程以及发展变化的反映，是物流活动所形成的文字、资料、图像、数据、文件等的总称。商流、物流和信息流是从商品流通结构的角度来描述商品流通过程的概念，称为商品流通过程中的"三流"。"三流"之间密不可分，缺一不可，又相互独立，各有其特殊性和自身规律。

信息流按信息载体和服务对象不同，可分为商流信息和物流信息。商流信息包括市场交易、货源价格、合同、付款、结算等信息。物流信息则包括商品、数量、品种、规格、区域、费用等信息。商流的交易、合同等信息是市场商务的结果，也是物流的前提，而物流中的库存信息，既是物流的结果，又是商流的前提。这就是商流和物流共同交叉的特征。

2. 物流信息的功能

1) 交易功能

完成交易过程的必要操作，包括记录订货内容、库存安排、用户查询，它体现了信息记录的个别物流活动的基本层次。

2) 决策功能

大量的物流信息能使管理人员掌握物流状态，协调进行物流活动的评估、比较、成本收益分析，从而做出正确的物流决策。

3) 控制功能

为了提高企业物流服务水平与资源利用的管理，需要有信息的控制功能。通过合理的指标体系和评价方案，来体现信息的控制力度。

4) 战略功能

有效地利用物流信息，使决策者能够及时地了解企业的过去、现在的状态及对未来趋势的分析，从而有效地确立企业的发展战略。

? 小思考

什么叫信息？信息的来源有哪些？

3. 物流信息网络

物流信息网络是指物流各子系统的计算机管理系统，通过现代通讯连接起来的且以功能完善的网络软件为手段实现网络资源共享的系统。它包括运输、储存、装卸搬运、流通加工、包装、配送等各子系统，同时每个子系统又自成信息网络。

物流信息网络化是指物流领域内综合运用现代计算机和通信技术，实现物流信息的电子化、数字化，并能完成信息的自动采集、处理、存储、传送和交换，最终达到物流信息资源共享和开发，以降低物流成本，改善物流服务，提高物流效率和经济效益。

物流信息网络化是实现物流信息化的基础，从构成分析，主要包括物流信息资源网络化、物流信息通信网络化和计算机网络化三个方面。

9.1.2 计算机及物流配送管理软件系统

计算机是一种快速、高效、准确地进行信息处理的数字化电子设备，它广泛用于信息处理、自动控制、辅助设计、辅助制造、辅助教学、人工智能、现代通信等各个领域和各个行业。物流配送管理系统当然也不例外，一个完整的计算机系统包括硬件系统和软件系统两大部分。计算机硬件系统是构成计算机实体部件的总称，通常这些部件是由电子器件、机械装置等物理部件组成的。计算机硬件系统一般都是看得见、摸得着的设备实体，是计算机进行工作的物质基础，是计算机软件运行的载体和场所，它包括主机和外部设备。

一个经济实用的物流信息系统必须层次结构分明，不同层次上的部门和人员，需要不同类型的信息。一个完善的信息系统不仅要包括硬件系统，还应该包括一系列实用的软件系统。常见的物流配送管理软件系统主要包括订单管理子系统、仓储管理子系统、配送管理子系统、运营绩效管理子系统、财务结算管理子系统等。

1. 配送管理信息系统

配送管理信息系统最主要的功能就是与出库商品实际的运输交付过程相关的派车、配载、运输、签收等作业活动的管理,其主要功能模块包括配送计划管理、车辆调度管理、配送装车管理、在途监控管理、配送签收管理。

2. 订单管理信息系统

配送中心的运作是以客户订单为核心展开的,订单处理对配送中心至关重要。订单管理系统包含与订单处理相关的功能模块,涉及的作业有：客户订单的处理,包括入库和出库订单的处理；相应的订单处理生成入库计划与发货计划；EDI 数据交换,客户通过 EDI 方式与配送中心进行订单数据交换时完成相应的数据格式转换。

3. 仓储管理信息系统

仓储管理信息系统包括的功能模块有采购入库管理,理货管理,销售分析与预测,流通加工与包装规划,出库管理,仓库管理。

4. 运营绩效管理信息系统

运营管理系统通过与仓储管理系统、配送管理系统及财务结算管理系统的交互取得运营绩效信息,此外也可以从外部获得各种市场信息来制定并调整各种运营策略,再将政策内容及执行方针通知各个业务部门。运营绩效管理系统主要包括资源管理、运营管理、绩效管理三部分。

5. 财务结算管理信息系统

财务结算管理信息系统由财务部门使用,可以自动生成各种财务报表。该系统主要包括应收账款管理、配送费用结算、工资管理、财务报表管理、费用设置五个模块。

9.1.3 现代物流信息编码标识技术

物流信息编码标识是指对物流过程中的实体按照一定的规则进行统一表示的代码,是对实现供应链高效运作所需的信息的合理表示,以便能够迅速、准确地采集。

1. 物流信息编码标识标准体系

ANCC 系统是全球统一标识系统,国际上称为 EAN·UCC 系统,是中国物品编码中心(Article Numbering Center of China, ANCC)根据国际物品编码协会制定的 EAN·UCC 系统规则和我国国情,研究制定并负责在我国推广应用的一套全球统一的产品与服务标识系统。

ANCC 系统是在商品条码的基础上发展而来。它包含三部分内容：编码体系、可自动识别的数据载体和电子数据交换标准协议。这三部分之间互相支持,紧密联系。编码体系是整个 ANCC 系统的核心,实现了对不同物品的唯一编码;数据载体是将供肉眼识读的编码转化为可供机器识读的载体,如条码符号等;然后通过自动数据采集技术(ADC)及电子数据交换(EDI&XML),以最少的人工介入,实现自动化操作。

ANCC 系统是一套全球统一的标准化编码体系。编码体系是对流通领域中所有的产品与服务,包括贸易项目、物流单元、资产、位置和服务关系等的标识代码及附加属性代码,如图9-1所示。附加属性代码不能脱离标识代码独立存在。

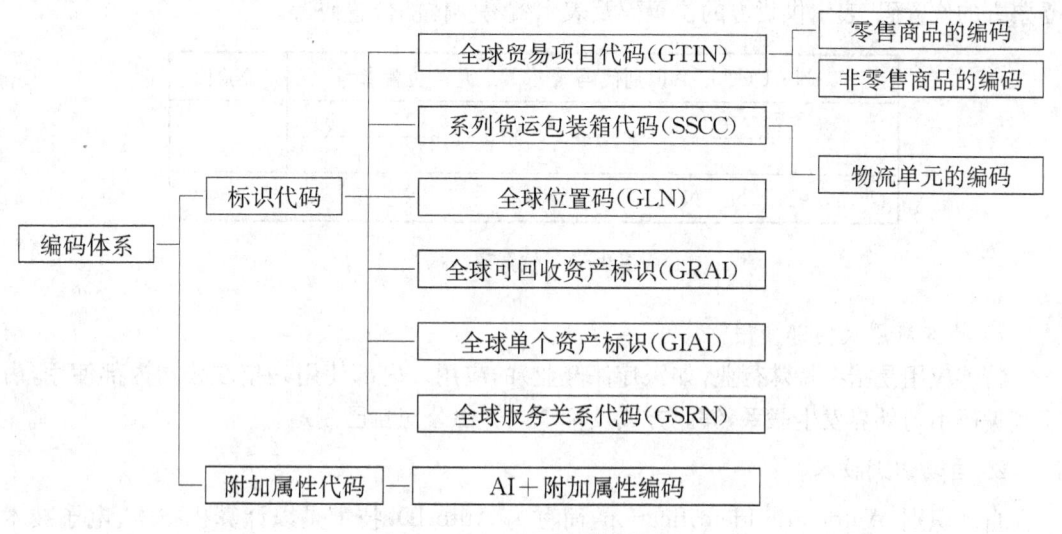

图 9-1 ANCC系统的编码体系

根据不同的需要,物流信息的编码有不同的内容。在日常运作中,物流信息编码的主要内容可分为以下几个方面。

1) 项目标识

项目标识是对商品项目及货运单元项目的标识。相同的项目编码是相同的,它的内容是无含义的,但其对项目的标识是唯一的。主要编码方式有13位和14位两种。13位编码由三段组成,分别为厂商识别代码、商品项目代码及校验码。14位编码通常是在13位编码前面加上一位数字组成,具体编码方法在后面介绍。

2) 动态项目标识

动态项目标识是对商品项目中每一个具体单元的标识。它是对系列货运包装箱的标识,每一个货运包装箱具有不同的编码,其编码为18位。

3) 日期

对日期的标识为6位编码,依次表示年、月、日,主要有生产日期、包装日期、保质期等,会随着应用的需要而不断增加。

4) 度量

度量的内容比较多,不同度量的编码位数也不同,主要包括数量、重量、长、宽、高,以及面积、体积等内容,相同的度量有不同的计量单位的区别。

5) 参考项目

参考项目的内容也较多,包括客户购买订单代码,收货方邮政编码,卷状产品的长、宽、内径、方向、叠压层数等各种信息,其编码位数也各不相同。

6) 位置码

位置码是对法律实体、功能实体、物理实体进行标识的代码。其中,法律实体是指合法存在的机构;功能实体是指法律实体内的具体部门;物理实体是指具体地址。我国的位置码由中国物品编码中心统一分配与管理。位置码由13位数字组成,其结构如图9-2所示,遵循国家标准 GB/T 16828—1997。位置码的主要内容为表示交货地点的位置码、表示发票受票方的位置码、表示供货方的位置码及表示贸易实体的位置码等。

EAN・UCC 厂商识别代码	位置参考	校验位
→	←	
N₁ N₂ N₃ N₄ N₅ N₆ N₇ N₈	N₉ N₁₀ N₁₁ N₁₂	N₁₃

图 9-2 位置码结构

7）特殊应用及内部使用

特殊应用是指在特殊行业（如医疗保健业）的应用。内部使用是指在公司内部使用，由于其编码不与外界发生联系，编码方式及标识内容由公司自己制定。

2. 自动识别技术

自动识别（Automatic Identification，简称为 Auto-ID）技术是以计算机技术、电子技术和通信技术为基础的一门综合性技术，是数据编码、数据采集、数据标识、数据管理、数据传输的标准化手段，包括条码识别技术、射频识别技术、生物特征识别技术、语音识别技术、图像识别技术等。

几十年来，自动识别技术在全球范围内发展迅猛。自动识别技术从一维条码到二维条码、从纸质条码到特殊材料条码，直到今天射频识别技术以及生物特征识别技术的发展，印证了第一代自动识别载体到第二代自动识别载体的变革过程，并形成了涉及光、机、电、算及通讯等多种技术综合的自动识别技术体系。伴随着条码技术的成熟应用，射频识别技术正在以其第二代信息技术载体的优势，呈现出飞速发展的趋势。生物特征识别技术以及语音识别、图像识别等自动识别技术也逐渐以其鲜明的技术特点和优势，在信息安全、身份认证等不同的应用领域显现出不可替代的作用。

自动识别技术体系的建立与发展，从早期的条码自动识别技术，到现在受到广泛关注的射频识别技术、生物特征识别技术、图像识别技术等，都充分体现了时代的进步与社会需求的变革。自动识别技术，如图 9-3 所示。

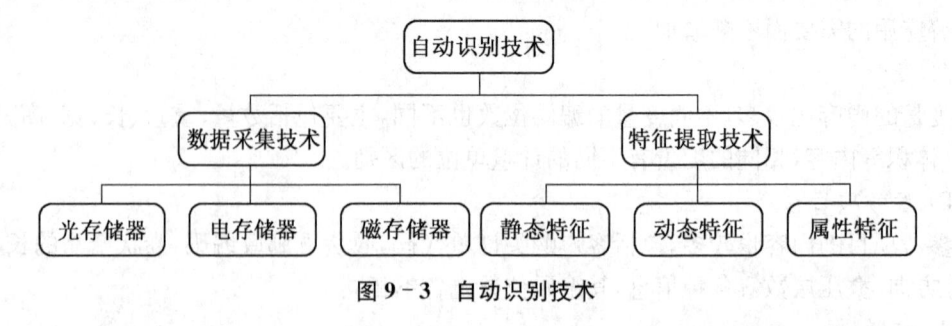

图 9-3 自动识别技术

1）条码识别技术

商品条码是一种国际通用的商品信息标识，是商业自动化管理和销售的基础。商品条码由一组规则排放的条、空及对应字符组成，表示一定信息。商品条码的条、空组合部分称为条码符号；对应符号部分由一组阿拉伯数字组成，称为商品标识代码。

条码符号和条码代码相对应，表示的信息一致。条码符号用于条码识读设备扫描识读，商品标识代码供人识读。国家标准 GB 12904—2003 规定了商品条码的编码、结构、尺寸及技术要求。采用商品条码及其技术，能够大幅度提高购物的结算速度，减少差错，实现商品进、销、调、存自动化信息管理、物流管理，提高企业管理水平和经济效益。条码技术具有以下特点：条码识别技术以其制作、操作简单，信息采集速度快、准确率高、自由度大，系统成本低等特性，决定了其在众多领域中的广泛应用，如图书管理、医疗卫生、仓储物流管理、质量跟踪管理、ERP 系统、OA 系统及商品零售系统。"条码"已经成为全球商品流通中最为广泛的"国际化语言"。条码识别技术示例，如图 9-4 至图 9-6 所示。

图 9-4　EAN/UPC 条码

图 9-5　ITF-14 条码

图 9-6　UCC/EAN-128 条码

? 小思考

条码识别技术在商品的管理中有哪些应用？

2）射频识别技术

与条码技术相比，射频识别 RFID（Radio Frequency Identification）则是一种新兴的自动识别技术。射频识别系统利用射频标签承载信息，射频标签和识读器间通过感应、无线电波或微波能量进行非接触双向通信，达到自动识别的目的。RFID 技术是实现物流过程实施货品跟踪的一种非常有效的技术。

射频识别技术最突出的特点是可以非接触识读（识读距离可以从十厘米至几十米），可识别高速运动的物体，抗恶劣环境，保密性强，可同时识别多个识别对象等。

3）生物特征识别技术

生物特征识别技术是通过计算机利用人体所固有的生理特征或行为特征来进行个人身份鉴定的技术，在信息安全、电子商务、电子支付等方面起到重要的作用。随着经济全球化、信息化进程加快，人类对赖以生存的社会环境提出了更高的安全防范要求。由于人的生物特征具有终生不变、因人而异、可随时随地提取等特性，目前生物特征识别技术在军队、司法、公安、金融、海关及互联网等领域正发挥着不可替代的作用。

随着生物识别技术和应用方案的不断成熟,大众对公共和社会安全、反欺诈、反恐怖逐渐重视,加之电子商务应用在全球范围的普及推广,生物特征识别产业作为一个新兴的产业,也将呈现高速的增长态势。

9.1.4 现代物流信息传输技术

1. 电子数据交换

电子数据交换(Electronic Data Interchange,EDI)是一种利用计算机进行商务处理的新方法,它是将贸易、运输、保险、银行和海关等行业的信息,用一种国际公认的标准格式,通过计算机通信网络,使各有关部门、公司和企业之间进行数据交换和处理,并完成以贸易为中心的全部业务过程。由于 EDI 的使用可以完全取代传统的纸张文件的交换,因此也有人称它为"无纸贸易"或"电子贸易"。

1) 电子数据交换的应用

(1) EDI 用于金融、保险和商检。EDI 用于金融、保险和商检,可以实现对外经贸的快速循环和可靠的支付,降低银行间转账所需的时间,增加可用资金的比例,加快资金的流动,简化手续,降低作业成本。

(2) EDI 用于外贸、通关和报关。EDI 用于外贸业,可提高用户的竞争能力。EDI 用于通关和报关,可加速货物通关,提高对外服务能力,减轻海关业务的压力,防止人为弊端,实现货物通关自动化和国际贸易的无纸化。

(3) EDI 用于税务。税务部门可利用 EDI 开发电子报税系统,实现纳税申报的自动化,既方便快捷,又节省人力、物力。

(4) EDI 用于制造业、运输业和仓储业。制造业利用 EDI 能充分理解并满足客户的需要,制订出供应计划,达到降低库存、加快资金流动的目的。运输业采用 EDI 能实现货运单证的电子数据传输,充分利用运输设备、仓位,为客户提供高层次和快捷的服务。对仓储业,可加速货物的提取及周转,减缓仓储空间紧张的矛盾,从而提高利用率。

2) EDI 标准体系

EDI 是目前为止最为成熟,使用范围最广泛的电子商务应用系统。其根本特征在于标准的国际化,标准化是实现 EDI 的关键环节。早期的 EDI 标准,只是由贸易双方自行约定,随着使用范围的扩大,出现了行业标准和国家标准,最后形成了统一的国际标准。国际标准的出现,大大地促进了 EDI 的发展。随着 EDI 各项国际标准的推出,以及开放式 EDI 概念模型的趋于成熟,EDI 的应用领域不只限于国际贸易领域,在行政管理、医疗、建筑、环境保护等各个领域都得到了广泛应用。可见,EDI 的各项标准是使 EDI 技术得以广泛应用的重要技术支撑,EDI 的标准化工作是在 EDI 发展进程中不可缺少的一项基础性工作。

EDI 标准体系是在 EDI 应用领域范围内的、具有内在联系的标准组成的科学有机整体,它由若干个分体系构成,各分体系之间又存在着相互制约、相互作用、相互依赖和相互补充的内在联系。从我国目前 EDI 应用的实际水平以及未来一个时期的发展情况来看,EDI 标准体系主要包括 EDI 基础标准、EDI 管理标准、EDI 报文标准、EDI 通信标准和 EDI 相关标准。

2. 互联网、企业内联网、企业外联网传输平台及其应用

1) 互联网、企业内联网、企业外联网概述

（1）互联网（Internet，又译因特网、网际网），即广域网、局域网及单机按照一定的通信协议组成的国际计算机网络。因特网是当前最大的国际计算机网，基于一个共同的通信协议（TCP/IP），通过路由器将多个网络互连构成的网络。

（2）内联网（Intranet），是指采用 Internet 技术建立的企业内部网络，它基于 Internet 协议标准、Web 技术和设备来构造或改建成可提供 Web 信息服务以及连接数据库等其他服务应用的自成独立体系的企业内部网。

（3）外联网（Extranet），是将内联网的构建技术应用于企业间系统，使企业与其客户和其他企业相连来完成其共同目标的交互合作网络。

2) 物流企业应用国际互联网、企业内联网、企业外联网的方案

物流企业内联网建设的基本思想是利用成熟的、具有开放标准的 Internet 技术组建内部的信息管理网络，是 Internet 的 Web 技术和"防火墙"、代理服务等概念的集成。它既可以独立体系，也可以方便地连接成为 Internet 的一部分，能获得更为灵活的外部应用。物流中心信息管理平台网拓扑谱结构，如图 9-7 所示。

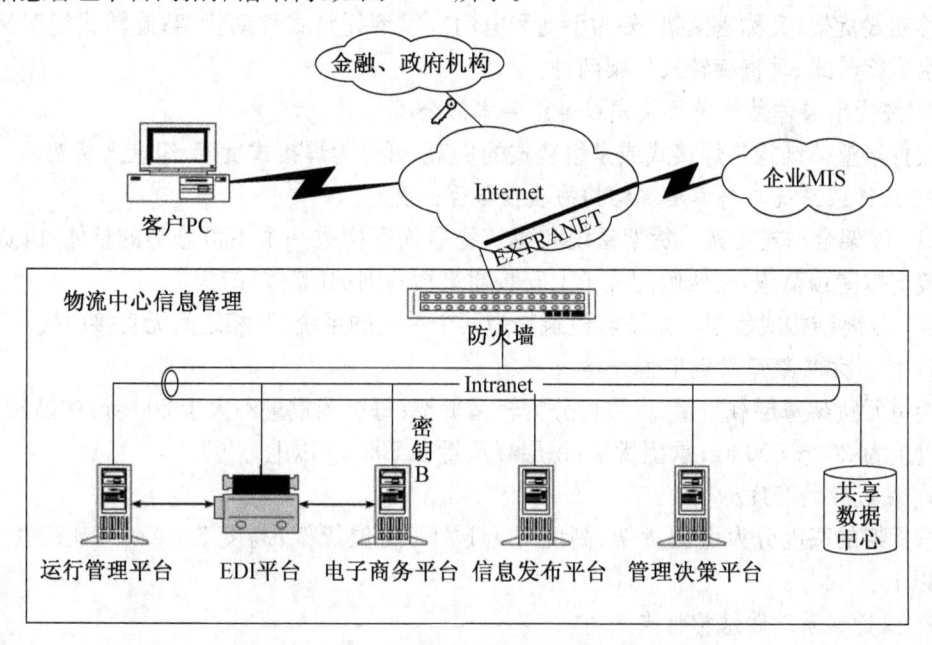

图 9-7 物流中心信息管理平台网拓扑谱结构

3. GPS 与 GSM 传输技术及 GIS 技术的综合应用

1) GPS 与 GSM 及 GIS 技术概述

GPS（Global Positioning System）是指全球卫星定位系统，它能准确地定出地球表面移动目标的位置信息。

GSM（Global System for Mobile Communication）是指全球移动通信系统。

GIS（Geographic Information System）是指地理信息系统，俗称电子地图。

2) GPS、GSM 与 GIS 的综合应用——车辆综合管理系统

车辆综合管理系统采用 GPS、GIS、GSM（3G）技术及计算机管理技术建立车辆动态管理系统，实现全天候、大范围、多车辆的实时动态定位、调度、管理，改进车辆运行管理，增强突发事件的反应能力，提高车辆运行率和行车安全度。

任务二　物流配送的作业装备

9.2.1　仓储装备

1. 货架

货架的种类较多，分类的方法也不尽相同。

1) 按货架是固定式的或是移动型的分类

（1）固定型货架，可细分为搁板式货架、托盘式货架、贯通式货架、重力式货架、压入式货架、阁楼式货架、钢结构平台、悬臂式货架、流动式货架、抽屉式货架、牛腿式货架等。

（2）移动型货架，可细分为移动式货架和旋转式货架。其中，移动式货架又可细分为轻中型移动式货架（又称密集架，分为手动和电动）、重型托盘式移动货架；旋转式货架又可细分为水平旋转式、垂直旋转式货架两种。

2) 按货架整体结构是焊接式或是组装式的分类

按货架整体结构是焊接式或是组装式的货架，可分为焊接式货架、组装式货架。

3) 按货架系统与仓库建筑结构的联接与否分类

（1）库架合一式货架。货架系统和建筑物屋顶等构成一个不可分割的整体，由货架立柱直接支撑屋顶荷载，在两侧的柱子上安装建筑物的围护（墙体）结构。

（2）分离结构式货架。系统和建筑物为两个单独的系统，互相之间无直接联接。

4) 按单元货架每层载重量分类

按单元货架每层载重量，大致可分为轻型货架：每层载重量不大于 200 kg；中型货架：每层载重量为 200～500 kg；重型货架：每层载重量在 500 kg 以上。

5) 按货架的高度分类

按货架的高度分为低位货架：高度 5 m 以下；高位货架：高度 5～12 m；超高位货架：12 m 以上。

6) 按货架系统的结构特点分类

（1）搁板式货架，通常均为人工存取货方式，组装式结构，层间距均匀可调，货物也常为散件或不是很重的已包装物品（便于人工存取），货架高度通常在 2.5 m 以下（否则人工难以触及，如辅以登高车则可设置在 3 m 左右）。单元货架跨度（即长度）不宜过长，单元货架深度（即宽度）不宜过深。按其单元货架每层的载重量可分为轻、中、重型搁板式货架，层板主要为钢层板、木层板两种。

（2）托盘式货架，俗称横梁式货架，或称货位式货架，通常为重型货架，在国内的各种仓储货架系统中最为常见。

（3）贯通式货架，又称通廊式货架、驶入式货架。此系统货架排布密集，空间利用率极

高,几乎是托盘式货架的两倍,但货物必须是少品种大批量型,货物先进后出。

(4)重力式货架,由托盘式货架演变而成,采用辊子式轨道或底轮式托盘,轨道呈一定的坡度,利用货物的自重,实现货物的先进先出,一边进另一边出,适用于大批量、同类货物的先进先出存储作业,空间利用率很高,尤其适用于有一定质保期、不宜长期积压的货物。货架总深度(即导轨长度)不宜过大,否则不可利用的上下"死角"会较大,影响空间利用,且坡道加长,下滑的可控性会较差,下滑的冲力较大,易引起下滑不畅、阻住,托盘货物倾翻。为使下滑流畅,如坡道较长,应在中间加设阻尼装置,为使托盘货物下滑至最底端时不致因冲击力过大而倾翻,应在坡道最低处设缓冲装置,因此设计、制造、安装难度较大,成本较高。此类货架不宜过高,一般在 6 m 以内,单托货物重量一般在 1 000 kg 以内,否则其可靠性和可操作性会降低。此类货架系统目前在国内应用不是很多。

(5)压入式货架,也由托盘式货架演变而成,采用轨道和托盘小车相结合的原理,轨道呈一定的坡度,利用货物的自重,实现托盘货物的先进后出,同一边进同一边出,适用于大批量、少品种的货物存储,空间利用率很高,存取也较灵活方便。货架总深度不宜过深,一般在 5 个托盘深度以内,否则由于托盘小车相互嵌入的缘故而会使空间牺牲较大。单托货物重量一般在 1 500 kg 以内,货架高度一般在 6 m 以内。此类系统对货架的制造精度要求较高,托盘小车与导轨间的配合尤为重要,如制造、安装精度不高,极易导致货架系统的运行不畅。此类货架造价较高,在国内已有一定的应用。

(6)阁楼式货架,其系统是在已有的工作场地或货架上建一个中间阁楼,以增加存储空间,可做二层或三层阁楼,宜取一些轻泡及中小件货物,适于多品种、大批量或多品种、小批量货物,人工存取货物,货物通常由叉车、液压升降台或货梯送至二楼、三楼,再由轻型小车或液压托盘车送至某一位置。

(7)钢结构平台,通常是在现有的车间(仓库)场地上再建一个二层或三层的全组装式钢结构平台,将使用空间由一层变成二层或三层,使空间得到充分利用。货物由叉车或升降台的货梯送上二楼或三楼,再由小车或液压拖板车运至指定位置。此种平台与钢筋混凝土平台相比,施工快,造价适中,易装易拆,且可易地使用,结构新颖漂亮。

(8)悬臂式货架,主要用于存放长形物料,如型材、管材、板材、线缆等,立柱多采用 H 型钢或冷轧型钢,悬臂采用方管、冷轧型钢或 H 型钢,悬臂与立柱间采用插接式或螺栓连接式,底座与立柱间采用螺栓连接式,底座采用冷轧型钢或 H 型钢。货物存取由叉车、行车或人工进行。货架高度通常在 2.5 m 以内(如由叉车存取货则可高达 6 m),悬臂长度在 1.5 米以内,每臂载重通常在 500 kg 以内。此类货架多用于机械制造行业、建材超市等。

(9)流动式货架,通常由中型横梁式货架演变而成,货架每层前后横梁之间设置滚轮式铝合金或钣金流力条,呈一定坡度(30 度左右)放置。货物通常为纸包装或将货物放于塑料周转箱内,利用其自重实现货物的流动和先进先出,货物由小车进行运送,人工存取,存取方便,单元货架每层载重量通常在 1 000 kg 以内,货架高度在 2.5 m 以内。适于装配线两侧的工序转换、配送中心的栋选作业等场所,可配以电子标签实现货物的信息化管理。

(10)抽屉式货架,由重型托盘式货架演变而成,通常用于存放模具等重物,而现场又无合适的叉车可用。组合装配、螺栓连接式货架结构,货架高度一般在 2.5 m 以下,除顶层外的几层均可设计制作成抽屉式结构,安全可靠,可轻松抽出 2 000 kg/层的货物,辅之以行车或葫芦吊,轻松实现货物的存取作业。此类货架主要用于存放模具等特殊场所。

(11) 牛腿式货架,主要用于自动化仓库中。此类货架系统所使用的托盘承载能力强、刚性好,如托盘承载很小可取消横梁,或货格较小而不用横梁,直接用塑料箱等置于牛腿之上,由堆垛机对货物进行自动存取作业。此类货架主要用于储存轻小而贵重物品的自动化仓储系统中,如烟草、电子、机械制造等行业。

(12) 移动式货架。轻中型移动式货架,也称密集架,是由轻、中型搁板式货架演变而成,密集式结构,仅需设一个通道(1 m宽左右),密封性好,美观实用,安全可靠,是空间利用率最高的一种货架,分手动和电动两种类型。重型移动式货架,由重型托盘式货架演变而成,裸露式结构,仅需设1~2个通道,空间利用率极高。结构与轻中型移动式货架类似,区别在于重型移动式货架一定是电动式的,货物由叉车进行整托存取,通道通常为3 m左右,主要用于一些仓库空间不是很大、要求最大限度地利用空间的场所,适用于机械制造等行业。

(13) 旋转式货架,分水平旋转和垂直旋转两种,均是较为特殊的货架,自动化程度要求较高,密封性要求高,适于货物轻小而昂贵、安全性要求较高。单个货架系统规模较小,单体自动控制,独立性强,可等同于某种动力设备来看待。此类货架造价较高,主要用于存放贵重物品(如刀具等)的场所。

2. 托盘

托盘是从两层面板中间夹以纵梁(或柱脚)或单层面板下设纵梁(垫板或柱脚)组成的一种平闭结构,其各部分的名称术语如图9-8所示。

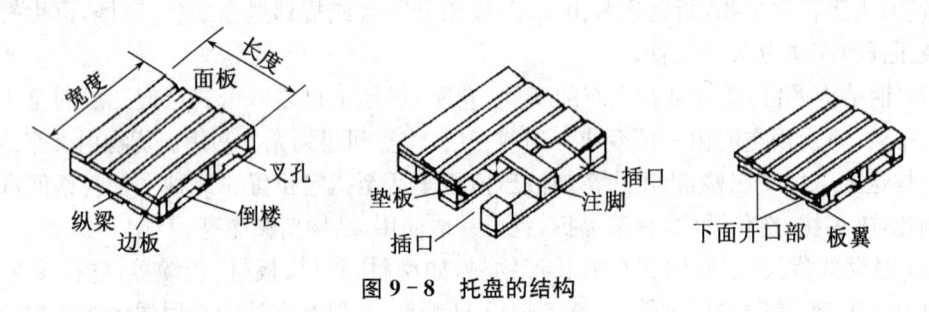

图9-8 托盘的结构

1) 按照托盘的材质分类

(1) 木托盘是目前使用数量最多的一种托盘,广泛应用于烟草、食品、化工、医药、港口、码头的仓储物流和配送物流。

(2) 目前,国内企业主要采用注塑、中空吹塑两种方式生产塑料托盘。注射成型法生产工序少、生产效率较高,产品质量稳定。中空吹塑成型法一次成型、工艺简便、成本较低,但制品壁厚不均匀,尺寸稳定性差。

(3) 金属托盘的刚性很好,因此应用范围很广泛。基本可以适用于各个领域,尤其是应用在货架上。自重比较大是金属托盘的缺点,但可以通过改善结构设计来克服这一缺点。

(4) 纸托盘由于自重较轻,多用于航空运输中。缺点是防潮性能稍差,经过特别处理的纸托盘(比如浸蜡)性能有所改善。

(5) 复合材料托盘具有良好的防潮、防腐性能,可以适用于绝大多数行业。缺点是自重较大,连接件强度有待完善。目前,用于托盘制造的比较成熟的材料是塑木材料。

2)按照托盘的结构分类

(1)平托盘没有上层结构,用途广泛,品种较多。按叉车货叉的插入口可分为两向进叉托盘和四向进叉托盘。按使用面可分为单面托盘和双面托盘。

(2)柱式托盘是在平托盘的四个角安装四根立柱后形成的托盘,立柱可以是固定的,也可以是拆卸的。这种托盘也归于平托盘。柱式托盘多用于包装件、桶装货物、棒料和管材等的集装,还可以作为可移动的货架、货位。该托盘因立柱的顶部装有定位装置,所以堆码容易,堆码的质量也能得到保证;而且多层堆码时,因上部托盘的载荷通过立柱传递,下层托盘货物可不受上层托盘货物的挤压。柱式托盘的种类有固定柱式托盘、拆装式柱式托盘、可套叠柱式托盘和折叠式柱式托盘,如图 9-9 所示。

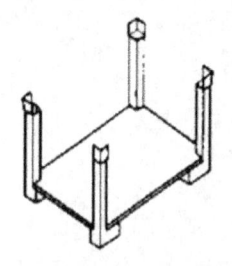

(a)固定柱式托盘　　(b)可套叠柱式托盘　　(c)拆装式柱式托盘　　(d)折叠式柱式托盘

图 9-9　柱式托盘

(3)箱式托盘是在平托盘基础上发展起来的,多用于装载一些不易包装或形状不规则的散件或散状货物,也可以装载蔬菜、瓜果等农副产品,金属箱式托盘还用于热加工车间集装热料。这种托盘的下部可叉装,上部可吊装,可使用托盘搬运车、叉车、起重机等作业;并可进行码垛,码垛时可相互堆叠四层;空箱可折叠。箱壁可以是平板或网状构造物。有益的箱式托盘常用于装载贵重物品,如图 9-10 所示。

(4)轮式托盘是公平托盘、柱式托盘或箱式托盘的底部装上脚轮而成,既便于机械化搬运,又宜于短距离的人力移动。适用于企业工序间的物料搬运;也可在工厂或配送中心装上货物运到商店,直接作为商品货架的一部分,如图 9-11 所示。

图 9-10　箱式托盘　　　　　　图 9-11　轮式托盘

(5) 专用托盘是一种集装特定货物(或上件)的储运工具。它和通用托盘的区别在于它具有适合特定货物(或工件)的支承结构。如图 9-12 所示的用于长件物品的储运托盘。

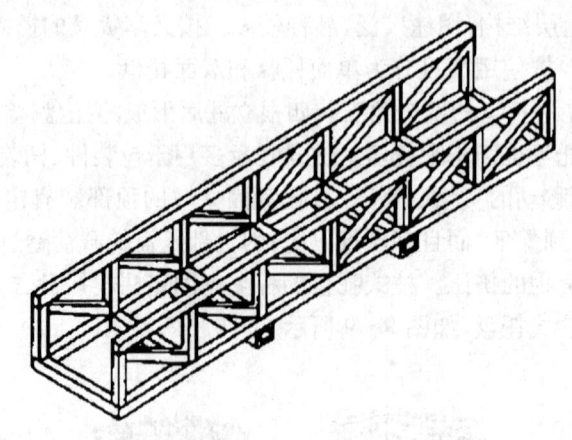

图 9-12 长件货物的储运托盘

9.2.2 运输作业装备

1. 公路运输装备

按照汽车用途分类,汽车有运输汽车和特种用途汽车两大类。

1) 运输汽车

(1) 轿车,可乘坐 2~9 个乘员(包括驾驶员),主要供私人使用。轿车可按发动机工作容积(发动机排量)分级:微型轿车,发动机工作容积 1 L 以下;普通级轿车,发动机工作容积为 1.0~1.6 L;中级轿车,发动机工作容积为 1.6~2.5 L;中高级轿车,发动机工作容积为 2.5~4 L;高级轿车,发动机工作容积为 4 L 以上,如美国通用汽车公司的凯迪拉克高级轿车,美国福特汽车公司的林肯高级轿车,英国罗尔斯·罗依斯高级轿车和德国奔驰 500 系列、560 系列高级轿车。

(2) 客车,乘坐 9 个以上乘员,主要供公共服务用。按照服务方式不同,客车的构造亦不同,可分为城市公共客车、长途客车、团体客车、游览客车等类型。按车辆长度分级:微型客车,长度 3.5 m 以下;轻型客车,长度 3.5~7 m;中型客车,长度 7~10 m;大型客车,长度 10~12 m;特大型客车,包括铰接式客车(车辆长度大于 12 m)和双层客车(长度 10~12 m)两种。

(3) 货车,用于运载各种货物,在其驾驶室内还可容纳 2~6 个乘员。由于所运载的货物种类繁多,货车的装载量及车厢的结构也各有不同,主要分为普通货车和专用货车两大类型。货车按其总质量分级:微型货车,总质量小于 1.8 t;轻型货车,总质量为 1.8~6 t;中型货车,总质量为 6~14 t;重型货车,总质量大于 14 t。

(4) 牵引汽车,专门或主要用于牵引挂车的汽车,通常可分为半挂牵引汽车和全挂牵引汽车等类型。半挂牵引汽车后部设有牵引座,用来牵引和支承半挂车前端。全挂牵引汽车本身带有车厢,其外形虽与货车相似,但其车辆长度较小、轴距较短,而且尾部设有拖钩。牵引汽车都装设有一部分挂车制动装置及挂车电气接线板等。

2) 特种用途汽车

（1）娱乐汽车，专供假日娱乐消遣等用途的汽车，运输已不是此种汽车的主要任务。娱乐汽车的例子有旅游汽车、高尔夫球场专用汽车、海滩游玩汽车等。

（2）竞赛汽车，是按照特定的竞赛规范而设计的汽车。著名的竞赛规范有一级方程式竞赛、拉力赛等。竞赛汽车的结构和设计原理虽然与其他汽车大致相同，但其用途却很特殊。

（3）特种作业汽车，是指在汽车上安装各种特殊设备进行以下特种作业的车辆：如商业售货车、环卫环保作业车、市政建设工程作业车，农牧副渔作业车、石油地质作业车、医疗救护车、公安消防车、机场作业车等类型。

（4）集装箱运输车，是专门用来运输集装箱的专用汽车。在公路上使用的集装箱半挂车按其结构形式可分为以下几种类型：

① 平板式集装箱半挂车，既能运输一般货物，又能运输国际标准集装箱，如图 9-13 所示。

② 骨架式集装箱半挂车，这种半挂车专门用于集装箱运输，其结构简单、自重轻、维修方便，在专业集装箱运输中采用较多，如图 9-14 所示。

图 9-13　平板式集装箱半挂车　　　　图 9-14　骨架式集装箱半挂车

③ 低床式集装箱半挂车，这种形式的半挂车只能装运 20 英尺的集装箱，而且仅在有特殊要求的场合下，如库房的高度不高，用普通的半挂车不能满足要求，或主要用于装运大件货物，而又要兼顾装运集装箱时，一般用得比较少。

④ 此外还有站场用半挂车和自装卸集装箱运输车。站场用半挂车的外廓尺寸一般可不受国家对于车辆限界的规定限制，且挂车的全长和轴要考虑到码头、货场、道路的技术使用条件；自装卸集装箱运输车是一种能够独立完成装卸和运输作业的专用集装箱运输车。

2. 铁路运输装备

铁路车辆是装运货物、运送旅客的运载工具，它没有动力装置，需要把车辆连挂在一起由机车牵引，才能完成客货运输任务。铁路车辆包括客车和载货汽车两大类，其中客车又包括软、硬席座车和卧车。另有编挂在旅客列车上的餐车、邮政车、行李车、特种用途车等。铁路载货汽车是指以运输货物为主要目的的铁路车辆。在特殊情况下，个别货车也用来运送旅客或兵员。按适用范围大小，货车可分为通用货车和专用货车；按适用轨距不同，货车可分为准轨货车和米轨货车；通常则按货车结构和所运货物的种类不同，把货车分为如下几类。

1）平车

平车是铁路上大量使用的通用车型，无车顶和车厢挡板，这种车体自重较小，装运吨位较大，且无车厢挡板的制约，装卸较方便，必要时可装运超宽、超长的货物。它主要用于装运大型机械、集装箱、钢材、大型建材等。在平车基础上采用相应技术措施，可发展为集装箱车、车载车、袋鼠车等，如图9-15所示。

图9-15 平车

2）敞车

敞车是铁路上的一种主要车型，无车厢顶，设有车厢挡板，有高档版、低挡板等不同类型。敞车主要装运建材、木材、钢材、袋装、箱装杂货和散装矿石、煤炭等货物，如图9-16所示。

图9-16 敞车

3）棚车

棚车是铁路上主要的封闭式车型，较多的采用侧滑开门式，可采用小型叉车、手推车、手车进入车厢内装卸；也有车顶设滑动顶棚式，拉开后和敞车相似，可采用吊车从上部装卸。其主要装运防雨、潮，防止丢失、散失等较贵重的物品，如图9-17所示。

图9-17 棚车

4) 罐车

罐车是铁路上用于转运气、液、粉等货物的主要车型,有横卧圆筒形,也有立置筒形、槽形、漏斗形。其可分为装卸轻油用罐车、粘油用罐车、酸类罐车、水泥罐车、压缩气体罐车等多种。

5) 漏斗车

漏斗车主要适应于散装货物的机械化装卸。

6) 保温及冷藏车

保温及冷藏车能调温并能保持一定温度,能进行冷冻运输的车辆,以适应夏冬等季节生鲜食品的运送。

7) 特种车

特种车是指装运特殊货物的车辆。例如,长大货物车,用于装运大型或重型货物;自翻车,主要用于装卸频繁的矿山运输;家畜车,用于活家畜、家禽的运输。

3. 水路运输装备

船舶按用途不同,可以分为以下几种类型。

1) 客船

专运旅客的船舶称为客船,游船也属于客船。

2) 客货船

除了载运旅客之外,还装载有部分货物(水线以下的船舱尽可能用来装货)。客货船在要求上与客船相同。

3) 杂货船

杂货也称为统货,是指机器设备、建材、日用百货等各种物品。专门运输包装成捆、成包、成箱的杂货的船,称为杂货船或称普通货船。

4) 集装箱船

集装箱船是专门运输集装箱货物的船舶。集装箱船可分为三种类型:全集装箱船是一种专门装运集装箱的船,不装运其他型式的货物。半集装箱船在船的中部区域作为集装箱的专用货舱,而船的两端货舱装载其他杂货。可变换的集装箱船是一种多用途船,这种船的货舱,根据需要可随时改变设施。既可装运集装箱,也可以装运其他普通杂货,以提高船舶的利用率。

5) 滚装船

货物装卸不是从甲板上的货舱口垂直的吊进吊出,而是通过船舶首尾或两舷的开口以及搭到码头上的跳板,用拖车或叉式装卸车把集装箱或货物连同带轮子的底盘,从船舱至码头的一种船舶。滚装船的主要优点是不需要起货设备,货物在港口不需要转载就可以直接拖运至收货地点,缩短货物周转的时间,减少货损。

6) 载驳货船

载驳货船又称子母船,是一种把驳船作为"浮动集装箱",利用母船升降机和滚动设备将驳船载入母船,或利用母船上的起重设备把驳船(子船)由水面上吊起,然后放入母船体内的一种船舶。许多载驳货船的甲板上载有集装箱船。

7) 散货船

散装运输谷物、煤、矿砂、盐、水泥等大宗干散货物的船舶,都可以称为干散货船,或简称散货船。因为干散货船的货种单一,不需要包装成捆、成包、成箱的装载运输,不怕挤压,便于装卸,所以都是单甲板船。

8) 液化气体船

液化气体船专门散装运输液态的石油气和天然气的船,也有人称为特种油船。

4. 航空运输装备

航空运输设备主要是指航空器,也就是飞机。常见的飞机有螺旋桨式飞机、喷气式飞机和超音速飞机。螺旋桨式飞机利用螺旋桨的转动将空气向机后推动,借其反作用力推动飞机前进。所以螺旋桨转速越高,飞行速度越快。喷气式飞机最早由德国人在 20 世纪 40 年代制成,是将空气多次压缩后喷入飞机燃烧室内,使之与燃料混合燃烧后产生大量气体以推动涡轮,然后于机后以高速将空气排出机外,借其反作用力使飞机前进。它的结构简单,制造、维修方便,速度快,节约燃料费用,装载量大,使用率高(每天可飞行 16 小时),目前已经成为世界各国机群的主要机种。超音速飞机是指航行速度超过音速的飞机,如英法在 20 世纪 70 年代联合研制成功的协和式飞机。

5. 管道运输装备

长距离输油管道由输油站和管线两大部分组成,输送轻质油或低凝点原油的管道不需加热,油品经一定距离后,管内油温等于管线埋深处的地温,这种管道称为等温输油管,它无须考虑管内油流与周围介质的热交换。对易凝、高黏油品,不能采用这种方法输送。当油品黏度极高或其凝固点高于管路周围环境温度时,就必须考虑加热输送的办法。因此,热油输送管道不仅要考虑摩擦阻力的损失,还要考虑散热损失。

9.2.3 集装作业装备

1. 集装箱的概念

所谓集装箱,是指具有一定强度、刚度和规格专供周转使用的大型装货容器。

使用集装箱转运货物,可直接在发货人的仓库装货,运到收货人的仓库卸货,中途更换车、船时,无须将货物从箱内取出换装。按所装货物种类分,有杂货集装箱、散货集装箱、液体货集装箱、冷藏箱集装箱等;按制造材料分,有木集装箱、钢集装箱、铝合金集装箱、玻璃钢集装箱、不锈钢集装箱等;按结构分,有折叠式集装箱、固定式集装箱等,在固定式集装箱中还可分密闭集装箱、开顶集装箱、板架集装箱等;按总重分,有 30 吨集装箱、20 吨集装箱、10 吨集装箱、5 吨集装箱、2.5 吨集装箱等。

2. 集装箱的分类

1) 货物集装箱(包括通用集装箱和专用集装箱)

普通货物集装箱的结构有内柱式、外柱式、折叠式和薄壳式等。内柱式集装箱,如图 9-18(a)所示,它的侧柱式位于侧壁或端壁之内,优点是外表平滑,受斜向外力不易损伤,印刷标志也比较方便,外板与内衬板之间留有空隙,隔热效果好,能减少货物的湿损率,在修理和更换外板时,箱内衬不需要取下。外柱式集装箱,如图 9-18(b)所示,它的侧柱或端柱是在侧壁或端壁之外,故受外力时,外板不易损伤,有时可以下要内衬板。折叠式集装箱,如图9-18(c)所示,它的主要部件(指侧壁、端壁和箱顶)能简单地折叠或分解。再次使用时可以方便地重新组合起来。优点是在回收和保管时能缩小箱的体积,提高运输的经济效果。但由于各主要部件是用铰链连接的,故其强度受到影响。

(a) 内柱式集装箱　　(b) 外柱式集装箱　　(c) 折叠式集装箱

图 9-18　货物集装箱

2) 特种货物集装箱

(1) 干货类集装箱,也是通用集装箱,以装运文化用品、日用百货、医药、纺织品、工艺品、化工制品、电子机械、仪器、机械零件等杂货为主。其使用数量约占全部集装箱的70%～80%。

(2) 保温类集装箱,可分为冷藏集装箱和保温集装箱两种。冷藏集装箱(见图9-19)是专为运输那些要求一定低温的新鲜果、鱼、肉、水产品等食品的集装箱。目前国际上采用的冷藏箱有内藏式和外置式两种。

(3) 框架类集装箱,包括板架集装箱、牲畜集装箱和汽车集装箱。

图 9-19　冷藏集装箱

① 板架集装箱用以装载不适于用干货集装箱或开顶集装箱装运的长大件、超重件和轻泡货,如重型机械、钢材、钢管、钢锭、裸装机械和设备等。它没有箱顶和侧壁,箱端壁也可以卸掉,只靠箱底和四角柱来承受载荷,故又叫平台或平板集装箱。

② 牲畜集装箱是专门为载运家禽和家畜而特别设计的,也叫围栏式或动物集装箱。牲畜集装箱设有饲料槽、清除口和排水口,门设在两端壁,采用钢制框架,装有钢丝网,通风良好,箱门可以全部打开锁闭。

③ 汽车集装箱一般是在简易箱底上带有一个框架结构,通常没有侧壁,其尺寸也不符合国际标准规格。为充分利用高度可采用上下可装两辆汽车的汽车集装箱。

(4) 散料集装箱包括固体散料集装箱和液体罐状集装箱。

固体散料集装箱(见图9-20)用于装载各种散料。为便于清扫和洗刷,箱的内板都采用玻璃钢制成,侧壁的内衬板一般用刨平的木板,这样的结构也能提高卸载物品的溜滑效果。箱顶一般都开有2～3个装货口,通常为圆形或方形,端壁门下部开有2个卸货口。罐状集装箱(见图9-21)是装运各种酒类、油类、液体食品、化学药品等液体料的集装箱。

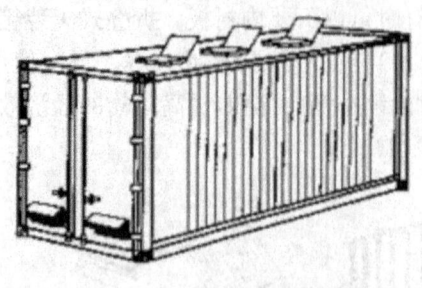

图 9-20　固体散料集装箱　　　　　　图 9-21　罐状集装箱

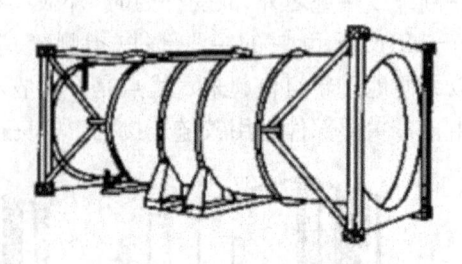

9.2.4　装卸搬运作业设备

1. 叉车

叉车是车站、码头、仓库和货场广泛用来承担装卸、搬运、堆码作业的特种搬运车辆。叉车通常可以分为三大类：内燃叉车、电动叉车和仓储叉车。

1）内燃叉车

内燃叉车又分为普通内燃叉车、重型叉车、集装箱叉车和侧面叉车。

(1) 普通内燃叉车，一般采用柴油、汽油、液化石油气或天然气发动机作为动力，载荷能力 1.2～8.0 t，作业通道宽度一般为 3.5～5.0 m，考虑到尾气排放和噪音问题，通常用于室外、车间或其他对尾气排放和噪音没有特殊要求的场所。由于燃料补充方便，因此可实现长时间的连续作业，而且能胜任在恶劣的环境下（如雨天）工作，如图 9-22 所示。

(2) 重型叉车，采用柴油发动机作为动力，承载能力 10.0～52.0 t，一般用于货物较重的码头、钢铁等行业的户外作业，如图 9-23 所示。

图 9-22　普通内燃叉车　　　　　　图 9-23　重型叉车

(3) 集装箱叉车，采用柴油发动机作为动力，承载能力 8.0～45.0 t，一般分为空箱堆高机、重箱堆高机和集装箱正面吊。应用于集装箱搬运，如集装箱堆场或港口码头作业，如图 9-24 所示。

(4) 侧面叉车，采用柴油发动机作为动力，承载能力 3.0～6.0 t。在不转弯的情况下，具有直接从侧面叉取货物的能力，因此主要用来叉取长条型的货物，如木条、钢筋等，如图 9-25 所示。

图 9-24 集装箱叉车　　　　图 9-25 侧面叉车

2）电动叉车

电动叉车以电动机为动力，蓄电池为能源，承载能力1.0～4.8 t，作业通道宽度一般为3.5～5.0 m。由于没有污染、噪音小，因此广泛应用于对环境要求较高的工况，如医药、食品等行业。由于每个电池一般在工作约8小时后需要充电，因此对于多班制的工况需要配备备用电池，如图9-26所示。

3）仓储叉车

仓储叉车主要是为仓库内货物搬运而设计的叉车。除了少数仓储叉车（如手动托盘叉车）是采用人力驱动的，其他都是以电动机驱动的，因其车体紧凑、移动灵活、自重轻、环保和性能好而在仓储业得到普遍应用。在多班作业时，电机驱动的仓储叉车需要有备用电池。

图 9-26 电动叉车

(1) 电动托盘搬运叉车承载能力为1.6～3.0 t，作业通道宽度一般为2.3～2.8 m，货叉提升高度一般在210 mm左右，主要用于仓库内的水平搬运及货物装卸。一般有步行式和站驾式两种操作方式，可根据效率要求选择。

(2) 电动托盘堆垛叉车承载能力为1.0～1.6 t，作业通道宽度一般为2.3～2.8 m，在结构上比电动托盘搬运叉车多了门架，货叉提升高度一般在4.8 m内，主要用于仓库内的货物堆垛及装卸。

(3) 前移式叉车承载能力为1.0～2.5 t，门架可以整体前移或缩回，缩回时作业通道宽度一般为2.7～3.2 m，提升高度最高可达11 m左右，常用于仓库内中等高度的堆垛、取货作业。

(4) 电动拣选叉车。在某些工况下（如超市的配送中心），不需要整托盘出货，而是按照订单拣选多种品种的货物组成一个托盘，此环节称为拣选。按照拣选货物的高度，电动拣选叉车可分为低位拣选叉车（2.5 m内，承载能力为2.0～2.5 t）和中高位拣选叉车（最高可达10 m，承载能力为1～1.2 t，带驾驶室提升）。

(5) 低位驾驶三向堆垛叉车通常配备一个三向堆垛头，叉车不需要转向，货叉旋转就可以实现两侧的货物堆垛和取货，通道宽度1.5～2.0 m，提升高度可达12 m。叉车的驾驶室始终在地面不能提升，考虑到操作视野的限制，主要用于提升高度低于6 m的工况，如图9-27所示。

159

(6) 高位驾驶三向堆垛叉车与低位驾驶三向堆垛叉车类似，高位驾驶三向堆垛叉车也配有一个三向堆垛头，通道宽度 1.5~2.0 m，提升高度可达 14.5 m。其驾驶室可以提升，驾驶员可以清楚地观察到任何高度的货物，也可以进行拣选作业。高位驾驶三向堆垛叉车在效率和各种性能都优于低位驾驶三向堆垛叉车，因此该车型已经逐步替代低位驾驶三向堆垛叉车，如图 9-28 所示。

图 9-27 低位驾驶三向堆垛叉车 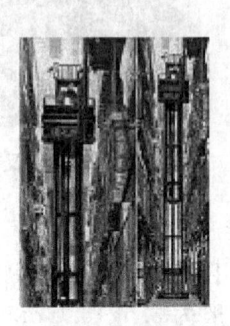　　　图 9-28 高位驾驶三向堆垛叉车

(7) 电动牵引车采用电动机驱动，利用其牵引能力(3.0~25 t)，后面拉动几个装载货物的小车。经常用于车间内或车间之间大批货物的运输，如汽车制造业仓库向装配线的运输、机场的行李运输，如图 9-29 所示。

2. 巷道堆垛机

巷道堆垛机的全称为巷道式堆垛起重机，是自动化立体仓库的关键设备之一，负责将托盘货物送到货架中储存和从货架中取出。正是由于这种特性，有时也将自动化立体仓库称为自动存储系统。巷道堆垛机是随着立体仓库的出现而发展起来的专用起重机，如图 9-30 所示。

图 9-29 电动牵引车 　　　图 9-30 巷道堆垛机

其作用是在高层货架的巷道内来回穿梭运行，将位于巷道口的货物存入货格；或者相反，取出货格内的货物运送到巷道口。巷道堆垛机按起重量可分为轻型、中型和重型堆垛机：起重量小于 100 kg 的堆垛机称为轻型堆垛机，大于 100 kg 小于 1 500 kg 的堆垛机称为中型堆垛机，大于 1 500 kg 的堆垛机称为重型堆垛机。

3. 输送设备

根据输送设备的结构特性，输送设备可以分为以下几类。

1) 皮带输送机

皮带输送机指采用连续而具有挠性的输送带不停地运转来输送物料的物流输送设备。其输送距离长,输送能力大,输送线路可以水平、倾斜、垂直的布置,结构简单、操作简单、安全可靠、容易实现自动化控制,是应用最广泛的输送机械。

2) 辊子输送机

辊子输送机指通过辊子转动来输送平直的成件货物,以箱类、桶类、托盘居多。输送距离长,输送速度大,输送线路可以水平、倾斜布置,通过分流、合流、转向等方式,可以灵活地改变输送方向。辊子输送机结构简单,使用和维护方便,容易实行自动化控制。辊子输送机根据结构形式不同,可分为无动力辊子输送机和动力辊子输送机。动力辊子输送机根据传动形式不同,可分为单链、双链、底带摩擦式、O型、V带和同步带式。动力辊子输送机根据辊筒结构形式不同,可分为传动式和积放式两种。

3) 链条输送机

链条输送机指通过链条传动来输送物体的物流输送设备。一般用来输送托盘,链条多采用直板链,水平布置。承载能力大,结构简单。

4) 链板输送机

链板输送机以闭合、循环运行的链条作为牵引构件,用对接或搭接的平形板、波浪形板以及槽型或箱型等构件作为承载构件的物流输送设备。一般用来输送散料和成件货物。特别是灼热的物料和锐利棱边的物料。输送能力大,使用范围广,输送路线可以水平、倾斜布置。

5) 链网输送机

链网输送机以闭合的、循环运行的链条或链网结构作为牵引构件,用塑料链网模块或钢质网带等构件作为承载构件的物流输送设备,一般用于食品等行业。

6) 垂直输送机

垂直输送机用于物体的连续或往复式的垂直输送。

9.2.5 分拣配货作业装备

自动分拣机是按照预先设定的计算机指令对物品进行分拣,并将分拣出的物品送达指定位置的机械。随着激光扫描及计算机控制技术的发展,自动分拣机在物流中的使用日益普遍。自动分拣设备一般由控制装置、分类装置、输送装置、分拣道口四部分组成。自动分拣机包括以下几种类型。

1. 挡板式分拣机

挡板式分拣机是利用一个挡板(挡杆)挡住在输送机上向前移动的商品,将商品引导到一侧的滑道排出,挡板的另一种形式是挡板一端作为支点,可做旋转,挡板动作时,挡住商品向前移动,利用输送机对商品的摩擦力推动,使商品沿着挡板表面移动,从主输送机上排出至滑道。

2. 浮出式分拣机

浮出式分拣机是把商品从主输送机上托起,从而将商品引导出主输送机的一种结构形式,常见的有以下两种形式:

(1) 胶带浮出式分拣机。这种分拣结构用于辊筒式主输送机上,将有动力驱动的两条或多条胶带或单个链条横向安装在主输送辊筒之间的下方,当分拣机结构接受指令启动时,胶带或链条向上提升,接触商品底面把商品托起,并将其向主输送机一侧移出。

(2) 辊筒浮出式分拣机。这种分拣机用于辊筒式或链条式的主输送机上,将一个或数个有动力的斜向辊筒安装在主输送机表面下方。当分拣机结构接受指令启动时,斜向辊筒向上浮起,接触商品底部,将商品斜向移出主输送机。

3. 倾斜式分拣机

倾斜式分拣机是将商品装载在输送机的条板上,当商品行走到需要分拣的位置时,条板的一端自动升起,使条板倾斜,从而将商品移离主输送机,这是一种特殊型的条板输送机。商品占有的条板数是随着不同商品长度而定的,经占用的条板数如同一个单元,同时倾斜,因此,这种分拣机对商品的长度在一定范围内不受限制。

4. 翻盘式分拣机

翻盘式分拣机是由一系列的盘子组成,盘子为铰接式结构,可向左或向右倾斜,装载商品的盘子行走到一定位置时,盘子倾斜,将商品翻到旁边的滑道中。为减轻商品倾斜时的冲击力,有的分拣机能控制商品以抛物线状来倾倒,这种分拣机对分拣商品的形状和大小可以不拘,但以不超出盘子为限。

5. 滑块式分拣机

滑块式分拣机是一种特殊形式的条板输送机。输送机的表面用金属条板或管子构成,如竹席状,而在每一个条板或管子上有一枚用硬币材料制成的导向滑块,能沿条板做横向滑动,平时滑块停止在输送机的侧边,滑块的下部有销子与条板下导向杆联结,通过计算机控制,当被分拣的货物到达指定道口时,控制器使导向滑块有序的自动向输送机的对面一侧滑动,把货物推入分拣道口。

6. 托盘式分拣机

托盘式分拣机是一种应用十分广泛的机型,它主要由托盘小车、驱动装置、牵引装置等组成,其中常见的托盘小车形式有平托盘小车、U形托盘小车、交叉带式托盘小车等。

7. 悬挂式分拣机

悬挂式分拣机是用牵引链作牵引件的分拣设备,可分为固定悬挂式和推式悬挂两种机型,前者用于分拣、输送货物,它只有主输送线路、吊具和牵引链是连接在一起的;后者除主输送线路外还具备储存支线,并有分拣、储存、输送货物等多种功能。

8. 滚柱式分拣机

滚柱式分拣机是用于对货物输送、储存与分路的分拣设备,按处理货物流程需要,可以布置成水平形式,也可以和提升机联合使用构成立体仓库,滚柱机的每组滚柱均各自具有独立的动力,可以根据货物的存放和分路要求,由计算机控制各组滚柱的转动或停止。

9.2.6 包装加工作业装备

1. 包装机械

包装机械是指能完成全部或部分产品和商品包装过程的机械。包装过程包括充填、裹包、封口等主要工序,以及与其相关的前后工序,如清洗、堆码和拆卸等。此外,包装还包括计量或在包件上盖印等工序。使用机械包装产品可提高生产率,减轻劳动强度,适应大规模生产的需要,并满足清洁卫生的要求。

包装机械的种类繁多,分类方法很多。从不同的观点出发可有多种,按产品状态分,有液体包装机、块状包装机、散粒体包装机;按包装作用分,有内包装包装机、外包装包装机;按包装行业分,有食品包装机、日用化工包装机、纺织品包装机等;按包装工位分,有单工位包装机、多工位包装机;按自动化程度分,有半自动包装机、全自动包装机等。其基本分类如下。

1) 充填机

充填机是将精确数量的包装品装入到各种容器内的包装机。其主要种类有:容积式充填机,包括量杯式、插管式、柱塞式、料位式、螺杆式、定时式充填机;称重式充填机,包括间歇称重式、连续称重式、称重—离心等分式等充填机;计数式充填机,包括单件计数式、多件计数式充填机。

2) 封口机

封口机是将充填有包装物的容器进行封口的机械。其主要种类有:无封口材料封口机,包括热压式、冷压式、熔焊式、插合式、折叠式等封口机;有封口材料封口机,包括旋合式、滚纹式、卷边式、压合式等封口机;有辅助封口材料封口机,包括胶带式、黏结式、钉合式、结扎式、缝合式等封口机。

3) 裹包机

裹包机是用柔性的包装材料,全部或部分地将包装物裹包起来的包装机。其主要种类有:全裹式裹包机,包括扭结式、覆盖式、贴体式、接缝式等裹机;半裹式裹包机,包括折叠式、收缩式、拉伸式、缠绕式等裹机。

4) 多功能包装机

这类包装机具有两种或两种以上的功能。其主要种类有:充填封口机,它具有充填、封口两种功能。成型充填封口机,它具有成型、充填、封口三种功能。成型的种类有袋成型、瓶成型、箱盒成型、泡罩成型、熔融成型等。定型充填封口机,它具有定型、充填、封口功能。双面封箱机,它能同时封上盖和下底两个面。封箱时,箱子可侧放或立放。

2. 流通加工机械

1) 剪板机

剪板机主要是用来剪切各种厚重的钢板材料,它是在各种板材的流通加工中应用比较广泛的一种剪切设备,如图 9-31 所示。一般剪板机

图 9-31 剪板机

可分为脚踏式（人力）、机械剪板机式、液压摆式剪板机、精密剪板机液压闸式。剪板机常用来剪裁直线边缘的板料毛坯，剪切工艺应能保证被剪板料剪切表面的直线性和平行度要求，并尽量减少板材扭曲，以获得高质量的工件。剪板机属于锻压机械中的一种，主要作用就是金属加工行业，广泛适用于航空、轻工、冶金、化工、建筑、船舶、汽车、电力、电器、装潢等行业。

2）切割机

切割机种类异常繁多，常见的切割机分为火焰切割机（见图9-32）、等离子切割机（见图9-33）、激光切割机、水切割机等。激光切割机效率最快，切割精度最高，切割厚度一般较小。等离子切割机切割速度也很快，切割面有一定的斜度。火焰切割机针对厚度较大的碳钢材质。

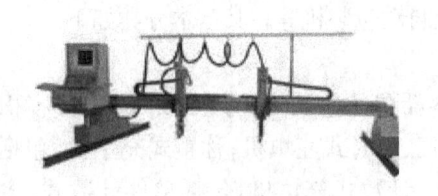

图9-32　火焰切割机　　　　　　图9-33　等离子切割机

任务三　物流标准化

9.3.1　物流标准化概述

1. 物流标准化的含义

标准化是指为在一定的范围内获得最佳秩序，对实际的或潜在的问题制定共同的和重复使用的规则。物流标准化是指以物流为一个大系统，制定系统内部设施、机械装备，包括专用工具等的技术标准，包装、仓储、装卸、运输等各类作业标准，以及作为现代物流突出特征的物流信息标准，形成全国以及和国际接轨的标准化体系，并在行业内推广实施。

2. 物流标准化的分类

按照物流标准化的应用范围，物流标准分为技术标准、工作标准、作业标准。技术标准是指对标准化领域中需要协调统一的技术制定标准，包括大系统统一标准和各个分系统技术标准。工作标准是对工作的方法、程序、质量所制定的标准，包括各岗位职责与权限、完成任务的程序、相关岗位的协调、信息传递的方式、职工的奖惩办法、车辆运行时刻表、异常情况处理等。行业标准包括物流设备运行标准、作业流程等标准，是实现作业规范化、效率化的保证。

3. 我国物流标准化的现状

近些年，我国国民经济与对外贸易的发展为中国物流标准化的发展提供了良好的机遇，尤其是近几年来，国内的专业化物流公司和商业企业配送中心渐成气候，一些大型制造企业也在物流配送方面有所动作。随着物流产业基础市场的发育，我国的物流标准化工作开始启动，并取得了一系列成绩，具体表现在以下几个方面。

1) 制定了一系列物流或与物流有关的标准

据粗略统计，在我国现已制定颁布的物流或与物流有关的标准已有近千个。在包装标准方面，我国已全面制定了包装术语、包装尺寸、包装标志、运输包装件基本试验、包装技术、包装材料、包装材料试验方法、包装容器、包装容器试验方法、产品包装、运输、贮存与标志等方面的标准；在物流机械与设施方面，我国制定了起重机械、输送机械、仓储设备、装卸机械、自动化物流装置以及托盘、集装箱等方面的标准。

从系统性的角度来看，已不仅仅是单纯制定技术标准，有关物流行业的通用标准、工作标准和管理标准也已开始制定。从标准层次性的角度来看，制定的与物流有关的标准不只有企业标准和地方、行业标准，也有不少的国家标准，其中有一部分标准还采用了国际标准或国外先进标准。从部门的角度来看，中国与物流关系比较密切的一些部门，如铁道部、交通部、机械工业部、冶金部、国内贸易部等均制定了一系列与物流有关的标准，特别是制定了许多作为国家标准系列中比较欠缺的作业标准和管理标准。

2) 建立了与物流有关的标准化组织、机构

中国已经建立了一套以国家技术监督局为首的全国性的标准化研究管理机构体系，而这中间有许多机构和组织从事着与物流有关的标准化工作。

3) 积极参与国际物流标准化活动

中国参加了国际标准化组织 ISO 和国际电工委员会 IEC 与物流有关的各技术委员会与技术处，并明确了各自的技术归口单位。此外，还参加了国际铁路联盟 UIS 和社会主义国家铁路合作组织 OSJD 等两大国际铁路的权威机构。

4) 积极采用国际物流标准

在包装、标志、运输、贮存方面的近百个国家标准中，已采用国际标准的约占 30%；公路、水路运输方面的国标中，已采用国际标准的约占 5%；在铁路方面的国标中，已采用国际标准的约占 20%；在车辆方面的国标中，已采用国际标准的约占 30%。此外，在商品条形码、企事业单位和社团代码、物流作业标志等方面也相应采用了一些国际标准。

5) 积极开展物流标准化的研究工作

在加入 WTO 的今天，中国物流国际化是必然的趋势，如何实现我国物流系统与国际物流大系统顺利接轨，关键在于物流的标准化。至此，物流标准化工作被提到了前所未有的高度上来，全国不少相关科研院所、高等院校的科研机构，都投入到了这项研究工作当中。

9.3.2　物流模数系列标准化

物流基础模数是物流系统各标准尺寸的最小公约尺寸。在基础模数尺寸确定之后，各个具体的尺寸标准，都要以基础模数尺寸为依据，选取其整数倍为规定的尺寸标准，基础模数尺寸确定后，只需在倍数中进行标准尺寸选择，便可作为其他尺寸的标准。

物流模数是为了物流的合理化和标准化，以数值关系表示的物流系统各种因素尺寸的标准尺度。它是由物流系统中的各种因素构成的，这些因素包括货物的成组、成组货物的装

卸机械、搬运机械和设备货车、卡车、集装箱以及运输设施、用于货物保管的机械和设备等。常见的物流模数的分类有以下几种。

1. 物流基础模数尺寸

物流基础模数尺寸是指为使物流系统标准化而制定的标准规格尺寸。

国际标准化组织中央秘书处和欧洲各国确定的物流基础模数尺寸为 600 mm×400 mm。确定这样的基础模数尺寸,主要考虑了现有物流系统中影响最大而又最难改变的输送设备,采用"逆推法",由现有输送设备的尺寸推算的。也考虑了已通行的包装模数和已使用的集装设备,并从行为科学角度研究人和社会的影响,使基础模数尺寸适合于人体操作。基础模数尺寸一经确定,物流系统的设施建设、设备制造,物流系统中各环节的配合协调,物流系统与其他系统的配合,都要以基础模数尺寸为依据,选择其倍数为规定的标准尺寸。

2. 物流建筑基础模数尺寸

物流建筑基础模数尺寸是指物流系统中各种建筑物所使用的基础模数尺寸。它是以物流基础模数尺寸为依据而确定的,也可以选择共同的模数尺寸。该尺寸是设计物流建筑物长、宽、高尺寸,门窗尺寸,建筑物立柱间距、跨度及进深等尺寸的依据。

3. 集装模数尺寸

集装模数尺寸也称物流模数尺寸,是指在物流基础模数尺寸的基础上,推导出的各种集装设备的基础尺寸,以此尺寸作为设计集装设备三项(长、宽、高)尺寸的依据。在物流系统中,集装起贯穿作用,集装尺寸必须与各环节物流设施、设备、机具相匹配。因此,整个物流系统设计时往往以集装模数尺寸为依据,决定各设计尺寸。集装模数尺寸是影响和决定物流系统标准化的关键。

9.3.3 物流托盘标准化

物流托盘化包括托盘尺寸规格标准化,托盘制造材料标准化,各种材质托盘质量的标准化,托盘检测方法及鉴定技术标准化,托盘作业标准化,托盘集装单元化和托盘作业一贯化,托盘国内、国际共用化和托盘与物流设施、设备、运输车辆、集装箱等尺寸协调合理化等内容。托盘标准化是物流托盘化的核心,是物流托盘化的前提和基础,没有托盘标准化,就不可能实现物流托盘化,也就没有快速、高效、低成本的现代物流。

经过(IO/TC51)托盘标准化技术委员会多次分阶段审议,国际标准化组织已于 2003 年对 ISO 6780《联运通用平托盘主要尺寸及公差》标准进行了修订,在原有的 1 200 mm×1 000 mm、1 200 mm×800 mm、1 219 mm×1 016 mm(即 48 in×40 in)、1 140 mm×1 140 mm 四种规格的基础上,新增了 1 100 mm×1 100 mm、1 067 mm×1 067 mm 两种规格,现在的托盘国际标准共有六种。

9.3.4 集装箱标准化

1. 国际标准集装箱

国际标准集装箱是指根据国际标准化组织(ISO)第 104 技术委员会制定的国际标准来建造和使用的国际通用的标准集装箱。目前,国际标准集装箱共分为三个标准规格系列,其中第Ⅰ系列共13种(1A～1D、1AA～1CC、1AAA～1BBB、1AX、1BX、1CX、1DX)、第Ⅱ系列3种(2A～2C)、第Ⅲ系列3种(3A～3C)。现行的国际标准第Ⅰ系列部分集装箱的规格,如表9-1所示。

表9-1 第Ⅰ系列标准集装箱规格

箱 型	长/mm	长	宽/mm	高/mm	最大总重量/kg
1A	12 192	40英尺	2 438	2 438	30 480
1AA	12 192	40英尺	2 438	2 591	30 480
1B	9 125	29英尺11.5英寸	2 438	2 438	25 400
1BB	9 125	29英尺11.5英寸	2 438	2 591	25 400
1C	6 058	19英尺10.5英寸	2 438	2 438	20 320
1CC	6 058	19英尺10.5英寸	2 438	2 591	20 320
1D	2 991	9英尺9.75英寸	2 438	2 438	10 160

为了便于统计集装箱运量,常将20英尺的标准箱作为国际标准集装箱的换算单位,称其为换算箱或标准箱,简称 TEU。一个20英尺的标准集装箱换算为一个标准箱,一个40英尺的标准集装箱,简称 FEU,1 FEU=2 TEU。

每种集装箱的宽度相同,为充分利用各种运输工具的底积,必须了解各种规格集装箱的长度关系,其中1A型40英尺(12 192 mm)、1B型30英尺(9 125 mm)、1C型20英尺(6 058 mm)、1D型(2 991 mm),另外集装箱的标准间距I为3英寸(76 mm),则:

1A=1B+I+1D=9 125+76+2 991=12 192(mm)

1B=1D+I+1D+I+1D=3×2 991+2×76=9 125(mm)

1C=1D+I+1D=2×2 991+76=6 058(mm)

2. 地区标准集装箱

地区标准集装箱指根据欧洲国际铁路联盟所制定的标准而制造的,此类集装箱仅适用于该地区,其规格如表9-2所示。

表9-2 第Ⅱ系列标准集装箱规格

箱 型	长/mm	长/英尺	宽/mm	高/mm	最大总重量/kg
2A	2 920	9英尺	2 300	2 100	7 100
2B	2 400	7英尺	2 100	2 100	7 100
2C	1 450	4英尺	2 300	2 100	7 100

3. 国家标准集装箱

国家标准集装箱是由各国参照国际标准并参考本国国情制定的集装箱标准。中国、美国、日本、德国、英国、法国等都有自己的国家标准。

➤ 项目小结

本章较为详细地阐述了物流信息、物流配送的信息技术装备、配送各作业环节装备以及装备标准化问题，重点介绍了各种作业装备的分类、使用，要求读者了解并且掌握物流配送中涉及的各种技术装备的分类和使用。通过这一章的学习，希望读者能够掌握配送装备的使用，同时在今后的配送业务中能够准确、合适地选择相应的设备。

同步练习

一、选择题

1. （　　）是指物流活动中产生和使用的必要的信息，它是物流活动的内容、形式过程以及发展变化的反映，是物流活动所形成的文字、资料、图像、数据、文件等的总称。

　　A. 物流信息　　B. 商流信息　　C. 配送信息　　D. 商品信息

2. （　　）最主要的功能就是用于与出库商品实际的运输交付过程相关的派车、配载、运输、签收等作业活动的管理，其主要功能模块包括配送计划管理、车辆调度管理、配送装车管理、在途监控管理、配送签收管理。

　　A. 物流管理信息系统　　　　B. 配送管理信息系统
　　C. 供应链管理信息系统　　　D. 采购管理信息系统

3. （　　）是指对物流过程中的实体按照一定的规则进行统一表示的代码，是对实现供应链高效运作所需的信息的合理的表示，以便能够迅速、准确地采集。

　　A. 配送信息编码标识　　　　B. 商品信息编码标识
　　C. 物流信息编码标识　　　　D. 包装信息编码标识

4. （　　）是以计算机技术、电子技术和通信技术为基础的一门综合性技术，是数据编码、数据采集、数据标识、数据管理、数据传输的标准化手段，包括条码识别技术、射频识别技术、生物特征识别技术、语音识别技术、图像识别技术等。

　　A. 信息技术　　B. GPS技术　　C. 条形码技术　　D. 自动识别技术

5. （　　）是对法律实体、功能实体、物理实体进行标识的代码。

　　A. 位置码　　B. 条形码　　C. 信息系统　　D. 物流信息

二、问答题

1. 物流信息的功能有哪些？
2. 船舶按用途不同，可以分为哪几种类型？
3. 物流信息编码的主要内容包括哪些？
4. 集装箱是如何分类的？
5. 什么叫集装模数尺寸？

三、实训题

1. 实训目的：使学生对配送技术装备有个整体的认识。
2. 实训方式：到配送企业进行参观学习，也可在学校实验室进行学习。

3. 实训内容：
(1) 使学生了解如何对配送技术装备进行管理。
(2) 使学生熟悉配送技术装备主要有哪些。
(3) 使学生学会如何使用配送技术装备，为配送企业服务。

微信扫码查看

项目十 配送成本管理

微信扫码查看

知识目标	技能目标
1. 掌握配送成本的概念、特征及构成。 2. 理解影响配送成本的因素。 3. 掌握配送成本核算的项目和步骤。	1. 学会进行配送成本分析与核算。 2. 领会降低配送成本的策略,会结合不同的企业进行配送成本控制。

▶ 项目概述

财务管理是配送管理活动的重要一环,与各部门的营运作业息息相关。要想学好企业管理的知识就必须了解成本管理,这对企业资金管理、配送核算均有重大的影响。

企业运作过程中,我们将各种配送费用如运输费用、分拣费用、人工费用、作业消耗、物品损耗、利息支出、管理费用等按一定对象进行汇集就构成了配送成本。配送成本的高低直接关系到配送中心的利润,进而影响企业利润的高低。因此,如何用最低的配送成本达到"在适当的时间将适当的产品送到适当的地方"的目标,是摆在企业面前的一个关键问题,配送成本管理工作变得十分重要。

任务一 配送成本概述

10.1.1 配送成本的概念及计算范围

1. 配送成本的概念

配送成本是指在配送活动的备货、储存、分拣、配装、送货、送达服务及配送加工的作业环节所发生的各项费用的总和,是配送过程中所消耗的各种活劳动和物化劳动的货币表现。简单来讲,配送成本是配送过程中所支付的费用总和,即配送是物流企业的关键作业环节,物流活动必须通过配送作业才能实现,而完成配送活动需要付出代价的,即配送成本。

财务管理是配送企业管理活动中的重要内容,在企业配送过程中,伴随着物资不断运动的是物资的价值运动过程。由于这种价值运动过程可以用货币形式表现出来,而通常又将经营过程中的物资价值地货币表现成为资金,所以物资的价值运动过程成为资金运动。资金运动是企业再生产的价值方面,它以价值形式综合地反映着企业的再生产过程。企业的资金运动,构成企业经济活动的一个相对独立方面,具有自己的运动规律,这就是企业的财务活动。

成本与费用是指企业在经营产品、提供劳务等日常活动中所发生的各种耗费。成本与费用管理就是对企业经营过程中所有成本、费用的发生和形成进行决策、计划、控制、核算、分析和考核等工作的总称。其目的在于不断降低成本费用,提高企业经济效益。

2. 配送成本的计算范围

进行配送成本计算时的首要任务是明确计算的范围。配送成本的范围确定需要考虑以下三方面问题:

一是成本的计算范围如何确定的问题。配送过程中涉及不同的配送对象,如不同的送货对象、不同的配送产品,此时如按不同对象进行成本归集,计算结果有明显的差别。

二是在备货、储存、配货、送货等诸种配送物流活动中,以哪些活动作为计算对象的问题。选择不同的活动进行成本归集计算出来的配送成本自然是有差别的。

三是把哪些费用列入配送成本的问题。支付运费、支付保管费、支付人工费、支付折旧费等,取其中哪一部分列入配送成本进行计算直接影响到配送成本的高低。

在实践过程中,核算人员确定不同的前提条件,会得出不同的计算结果。企业应根据实际情况及企业需要来决定本企业配送成本的计算范围。

10.1.2 配送成本的特征

1. 配送成本的隐含性

如同"物流成本冰山"理论指出的一样,要想直接从企业的财会业务中完整地提取出企业发生的配送费用往往很难办到。虽然通过"销售费用"、"管理费用"等科目可以看出部分配送费用情况,但这仅仅是全部配送成本的一部分,即企业对外支付的配送费用,并且这一部分费用往往是混同在其他有关费用中,而并不是单独设立"配送费用"科目进行独立核算的。具体来讲,像连锁店之间进行配送所发生的费用是计算在销售费用中的;同样,备货时支付的费用最终也会归入销售费用;而配送中发生的人工费用与其他部门的人工费用一起分别列入管理费用和销售费用;与配送有关的利息和企业内的其他利息一起计入营业外费用。这样企业支出的有关配送费用实际上就隐藏在了各种财务会计科目中,管理人员也就很难意识到配送成本管理的重要性。

> **?小思考**
>
> "物流成本冰山"是什么意思?

2. 配送成本削减具有乘数效应

假定一个企业的销售额为2 000万元,配送成本为200万元。如果配送成本降低10%,就可能得到20万元的利润。假如这个企业的销售利润率为2%,则创造20万元利润,需要增加1 000万元的销售额,即降低10%的配送成本所起的作用相当于销售额增加50%。可见,配送成本的下降会产生极大的效益,配送成本削减的乘数效应是不言自明的。

3. 配送成本的"二律背反"

所谓"二律背反",是指同一资源的两个方面处于互相矛盾的关系之中,要达到一个目的必然要损失一部分另一目的;要追求一方,必得舍弃另一方的一种状态,即两方面之间呈此消彼长、此长彼消的现象。

配送各作业之间也存在"二律背反",譬如,减少库存据点以及库存,必然引起频繁补货,增加运输次数,同时,仓库的减少,会导致运输距离变长,进一步增大运输费用,即库存成本降低的同时运输成本提高,产生成本的"二律背反"状态。如果运输费用的增加超过库存费用的降低部分,总成本反而会增加,这样减少库存据点以及库存变得毫无意义。再如,简化包装可降低包装作业强度,进而降低包装成本,但却导致仓库里货物堆放不能过高,降低了保管效率,而且,由于包装简化,在装卸和运输过程中容易出现包装破损,导致搬运效率降低,破坏率增加。上述"二律背反"的情况在许多公司是常见的。由于配送活动各环节之间密切相关而且在多数场合处于成本的"二律背反"状态,所以在对配送活动进行成本管理时必须把相关成本拿到同一场所用"总成本"来评价其损益,从而实现整体配送活动的合理化。

10.1.3 计算配送成本的意义

计算配送成本,主要有以下几个方面的意义。

1. 掌握企业的物流实际成本

配送是物流活动的关键环节,配送成本的计算分析是企业整个物流成本计算的一部分,把握了配送成本就能对企业的物流总成本有一个清晰而全面的认识。

2. 有利于提高企业的物流管理水平

以时间为基础进行比较,如对上月的比较,去年同月的比较,同一企业相同时间内不同配送业务的比较,可以发现物流配送管理存在的问题,以便发现不合理的物流活动,以图改进。

3. 有利于分清成本发生的责任归属,促进物流管理一体化

计算配送成本可以找出配送成本上升的原因,同时可以发现企业中存在的不合理物流活动,进而可以明确企业各部门的责任。

很多公司都把物流合理化看成是物流部门或配送部门的事,这种观念是错误的。物流系统是一个综合的概念,实际物流运作部门都有物流活动发生,物流费用牵涉到企业的大多数部门,如生产、销售等部门。物流费用过高、活动不合理的责任不仅仅在物流配送部门。明确物流成本责任可以促使其他部门重视物流管理工作,重视物流活动合理化,实现企业物流管理一体化。

4. 加快物流合理化

物流合理化是物流管理追求的总目标。它是对物流设备配置和物流活动组织进行调整改进,实现物流系统整体优化的过程。因此,物流合理化不单单是物流配送部门的事情,而是企业内部所有涉及物流活动的部门的事。实施物流合理化时必须要明确物流合理化的责任范围有多大,是扩大到生产、销售等部门,还是局限在物流配送部门本身范围之内。前者,是从企业物流一体化这种观点出发来改变销售结构的一种想法,即所谓后勤思想,为达到物流系统化这一目的去寻求合理的物流形式。后者的主导思想是不触及销售结构,把这些部门看作是客观给出的条件,或通过对作业方法、合同运费标准、运输工具的利用、事物处理方法、信息流通手段等活动的评价研究,力求把物流合理地组织起来。两种做法是明显不同

的,实施的程序和方法等也有很大差别。从合理化这一点来说,前者的成果远比后者大,这是毫无疑问的。但是,从我国企业存在的销售优先和物流靠后这种公司内部的传统观念来看,其困难程度之大,也是不能否认的。因此,现实的做法是,物流部门先自己推进物流合理化,等到了极限阶段,再扩大到销售领域。

5. 提供物流管理方面的数据,为绩效考核提供依据

计算配送成本可以为企业管理提供物流管理方面的数据和绩效考核依据,表现为两个方面:一是为企业物流活动计划、执行、控制提供数据计算和绩效考核依据,为企业高层管理人员提供正确的分析数据与报告,可以加强全公司对物流重要性的认识,促成物流革新的决心;二是通过物流配送成本测算、评价物流配送部门对企业经营绩效的贡献率。

10.1.4 配送成本的构成及分类

1. 配送成本的构成

根据配送流程及配送环节,配送成本主要包含运输费用、分拣费用、包装费用、流通加工费用、储存保管费用、信息处理费用等。所以配送成本应由以下费用构成。

1) 运输费用

配送运输费用主要包括营运直接费用和营运间接费用两个方面。

(1) 营运直接费用。营运直接费用是指从事配送运输业务而发生的各项费用,具体包括驾驶员及助手的工资及福利费、燃料费、轮胎费、修理费、折旧费、车船使用税等项目。

(2) 营运间接费用。营运间接费用是指营运过程中发生的不能直接计入各成本计算对象的站、队经费,包括站、队人员的工资及福利费、办公费、水电费、折旧费等内容,但不包括管理费用。

2) 分拣费用

(1) 分拣人工费用。分拣人工费用是指从事分拣工作的作业人员及有关人员工资、奖金、补贴等费用的总和。

(2) 分拣设备费用。分拣设备费用是指分拣机械设备的折旧费用及修理费用。

3) 包装费用

(1) 包装材料费用。常见的配装材料有木材、纸、自然纤维、合成纤维、塑料等。这些包装材料功能不同,成本相差很大。

(2) 包装辅助费用。除上述费用外,还有一些辅助性费用,如包装标记、标志的印刷,拴挂物费用等的支出。

(3) 包装人工费用。包装人工费用是指从事包装工作的工人及有关人员的工资、奖金、补贴等费用总和。

4) 流通加工费用

(1) 流通加工设备费用。流通加工设备因流通加工形式的不同而不同,购置这些设备所支出的费用,以流通加工费用的形式转移到被加工产品中去。

(2) 流通加工材料费用。流通加工材料费用是指在流通加工过程中,投入到加工过程中的一些材料消耗所需要的费用。

(3) 流通加工人工费用。在流通加工过程中，从事加工活动的管理人员、工人及有关人员工资、奖金等费用的总和。

5) 储存保管费用

(1) 仓储费。仓储费是指物资储存、保管业务所发生的费用，主要包括仓库管理人员工资、物资维修保养费用、固定资产折旧费、低值易耗品的摊销、修理费、动力照明费等。

(2) 进出库费。进出库费是指物资进出仓库过程中所发生的费用，主要包括装卸搬运费、验收人员工资等。

(3) 其他费用。其他费用主要有固定资产折旧费、大修理费、材料费、燃料费和管理费等。

6) 信息处理费用

(1) 信息处理人工费用。信息处理人工费用是指从事配送信息处理工作的人员的工资、奖金、补贴等费用的总和。

(2) 信息处理设备费用。信息处理设备费用是指信息处理设备的折旧费和修理费等。

实际应用过程中，成本管理人员应结合企业配送工作的具体业务流程进行配送成本的归集。采用不同配送模式的企业，其成本构成差异较大；即使是采用相同的配送模式，由于配送物品的性质不同，其成本构成差异也很大。

2. 配送成本的分类

1) 按支付形态分类

把配送成本分别按订货费、运费、保管费、包装材料费、人工费、管理费、利息支付等支付形态记账，就可以计算出配送成本的总额。这样可以了解花费最多的项目，从而确定管理中的重点。按支付形态不同来进行配送成本的分类主要是以财务会计中发生的费用为基础，通过乘以一定的比率来加以核算。此时配送成本可分为以下几种：

(1) 材料费，因物料消耗而发生的费用。由物质材料费、燃料费、消耗性工具、低值易耗品摊销及其他物料消耗组成。

(2) 人工费，因人力劳务的消耗而发生的费用，包括工资、奖金、福利费、医药费、劳保费以及职工教育培训费和其他一切用于职工的费用。

(3) 公益费，向电力、煤气、自来水等提供公益服务部门支付的费用。

(4) 维护费，土地、建筑物、机械设备、车辆、搬运工具等固定资产的使用、运转和维修保养所产生的费用，包括维修保养费、折旧费、房产税、土地、车船使用税、租赁费、保险费等。

(5) 一般经费，差旅费、交通费、资料费、零星购进费、邮电费、城建费、能源建设税及其他税款，还包括商品损耗费、事故处理费及其他杂费等一切一般支出。

(6) 特别经费，采用不同于财务会计的计算方法计算出来的配送费用，包括按实际使用年限计算的折旧费和企业内利息等。

(7) 对外委托费，企业对外支付的包装费、运费、保管费、出入库装卸费、手续费等业务费用。

(8) 其他企业支付费用，比如商品购进采用送货制时包含在购买价格中的运费和商品销售采用提货制时因顾客自己取货而从销售价格中扣除的运行费。在这种情况下，虽然实际上本企业内并未发生配送活动，但却发生了相关费用，故也应把其作为配送成本计算在内。

2) 按功能分类

按功能分类即为通过观察配送费用是由配送的哪种功能产生的所进行的分类。按前面所述的支付形态进行配送成本分析，虽然可以得出总额，但还不能充分说明配送的重要性。若想降低配送费用，就应把这个总额按照其实现的功能进行详细区分，以便掌握配送的实际状态，了解在哪个功能环节上有浪费，达到有针对性的成本控制。按照配送功能进行分类，配送成本大体可分为物品流通费、信息流通费和配送管理费三大类。

（1）物品流通费是指为了完成配送过程中商品、物资的物理性流动而发生的费用，可进一步细分为：

① 备货费是指进行备货工作时需要的费用，包括筹集货源、订货、集货、进货以及进行有关的质量检验、结算、交接等而发生的费用。

② 保管费是指一定时期内因保管商品而需要的费用。除了包租或委托储存的仓储费外，还包括企业在自有仓库储存时的保管费。

③ 分拣及配货费是指在分拣、配货作业中发生的人力、物力的消耗。

④ 装卸费是指伴随商品包装、运输、保管、运到之后的移交而发生的商品在一定范围内进行水平或垂直移动所需要的费用。在企业内，一般都未单独计算过装卸费，而是根据其发生的时间将其计入相关的运杂费、保管费、进货费中。如果在实务中进行分离很困难，也可将装卸费分别计算在相应的费用中。

⑤ 短途运输费是指把商品从配送中心转移到顾客指定的送货地点所需要的运输费用。除了委托运输费外，还包括由本企业的自有运输工具进行送货的费用，但要将伴随运输的装卸费用除外。

⑥ 配送加工费是指根据用户要求进行加工而发生的费用。

（2）信息流通费，因处理、传输有关配送信息而产生的费用，包括与储存管理、订货处理、顾客服务有关的费用。在企业内处理、传输的信息中，要把与配送有关的信息与其他信息的处理、传输区分开来往往极为困难，但是这种区分在核算配送成本时却是十分必要的。

（3）配送管理费，进行配送计划、调整、控制所需要的费用，包括作业现场的管理费和企业有关管理部门的管理费。

3）按适用对象分类

按不同的功能来计算配送成本可实现对配送成本的控制，但作为管理者还希望能分别掌握对不同的产品、地区、顾客产生的配送成本以便进行未来发展的决策，这就需要按适用对象来计算配送成本。通过按不同对象归集配送成本可以分析出产生不同配送成本的不同对象，进而帮助企业确定不同的销售策略。

（1）按分店或营业所计算配送成本，就是要算出各营业单位配送成本与销售金额或毛收入的对比，用来了解各营业单位配送工作中存在的问题，以便加强配送成本管理。

（2）按顾客计算配送成本，就是要算出对顾客提供服务时所发生的实际成本。按顾客计算物流成本，可作为选定顾客、确定物流服务水平等制订顾客战略的参考，对于加强客户服务管理很有必要。

（3）按商品计算配送成本，指的是通过把按功能计算出来的成本，用各自不同的基准分配各类商品的方法计算出来的配送成本。这种方法可用来分析各类商品的盈亏，进而为确定企业的产品策略提供参考。在实际应用中，要考虑进货和出货差额的毛收入与商品周转率之间的交叉比率。

10.1.5 影响配送成本的因素

1. 产品

（1）产品的数量和重量。货物的数量和重量增加会增加配送作业量，大批量作业又可以提高配送效率，因此，配送的货物直接影响到配送成本的高低。

（2）产品的种类及作业过程。企业所需要配送的商品的密度、体积和重量的大小等都会给配送活动带来不同的难度，进而影响到配送成本的高低。另外，采用不同的作业过程时，配送成本也不一样，比如说采用原包配送的成本显然要比配装配送成本要低。

2. 配送时间

用户对配送时间的要求不同，就会影响企业所选择的配送方式和配送运输工具等，进而也会影响到配送成本的高低。通常时间要求越紧，所产生的配送成本往往就越高。另外，配送时间越长，占用配送中心的固定成本越高，这种成本往往表现为机会成本，具体表现为配送中心不能提供其他配送服务，收入减少；或者表现为配送中心在其他服务上增加成本。

? 小思考

提前配送合理吗，为什么？

3. 配送服务水平

配送服务水平与配送成本之间存在着非常直接的关系，配送服务水平越高，配送成本也就越高，反之，配送成本越低。

4. 配送管理水平

企业的各项配送活动管理水平也影响着配送成本的高低，企业管理水平越高，配送方案设计科学，配送线路选择合理，配送车辆搭配得当，各种资源利用得充分，配送活动中的各种消耗就会减少，配送效率就越高，配送成本就会降低。

5. 配送距离

距离是影响配送成本的主要因素，配送距离越远，配送总成本就越高。

6. 外部成本

配送过程中可能要用到企业外部的资源，如租赁起吊设备等。

除以上因素外，影响配送成本的因素还有企业的经营规模和技术装备水平、企业专业化和劳动者技术熟练程度、企业拥有的各种资源及其利用效率、企业所处的地理位置和市场环境等。

10.1.6 配送成本分析

1. 配送成本结构分析

配送成本的结构分析就是在获得配送成本数据的基础上，进一步明确配送成本的构成情况，了解各项费用所占比例，明确配送成本管理工作的重点。同时，结合企业所制订的计划指标,考核配送成本完成程度,以明确配送成本管理工作的方向,改进配送作业状况。

表 10 - 1 某物流企业配送费用报表 单位:元

费用项目		配送环节						
		运 输	储 存	分 拣	加 工	包 装	信息处理	合 计
1	材料费	35 789	21 700	28 970	2 350	1 320	4 650	94 779
2	折旧费	1 432	587	897	1 370	1 795	641	6 722
3	工 资	12 567	13 680	56 421	16 590	7 844	9 780	116 882
4	修理费	7 632	1 870	786	965			11 253
5	水电费	1 243	4 288	2 387	1 675	589	1 290	11 472
6	燃料费	50 206						50 206
7	其 他	10 206	2 567	1 845	2 520	860		17 998
合计	金 额	119 075	44 692	91 306	25 470	12 408	16 361	309 312
	比 例	38%	14%	30%	8%	4%	6%	100%

从表中的企业的配送成本分析,可知:在其当月发生的各项配送成本中,运输费用所占比例最大,为38%;分拣费用其次,为30%;再次是储存费用,占到14%,而加工费用、包装费用和信息处理费用则相对较低。所以该企业配送成本管理的重点应该放在运输费用和分拣费用上,分析其作业情况,确定改进点,还可以结合历史数据进行对比,找出各种费用的变动趋势,分析影响因素。

2. 配送成本指标分析

常用的配送成本指标有以下几种。

1) 有关运输活动的指标

$$装载率 = \frac{实际载重量}{标准载重量} \times 100\%$$

$$车辆开动率 = \frac{月总开动次数}{拥有台数} \times 100\%$$

$$运行周转率 = \frac{月总运行次数}{拥有台数} \times 100\%$$

$$单位车辆月行驶里程 = \frac{月总行驶里程}{拥有台数} \times 100\%$$

$$单位里程行驶费 = \frac{月实际行驶三费}{月总行驶里程}$$

(行驶三费 = 修理费 + 内外胎费 + 油料费)

$$单位运量运费 = \frac{运输费}{运输总量}$$

2) 有关保管活动的指标

$$仓库利用率 = \frac{存货面积}{总面积} \times 100\%$$

$$库存周转次数 = \frac{年出库金额(数量)}{平均库存金额(数量)} = \frac{年出库金额(数量) \times 2}{年初库存金额 + 年末库存金额}$$

3）有关装卸活动的指标

$$单位人时工作量 = \frac{总工作量}{装卸作业人时数}$$

（装卸作业人时数＝作业人数×作业时间）

$$装卸效率 = \frac{标准装卸作业人时数}{实际装卸作业人时数}$$

$$装卸设备开工率 = \frac{装卸设备实际开动时间}{装卸设备标准开动时间}$$

$$单位工作量修理费 = \frac{装卸设备修理费}{总工作量}$$

$$单位工作量装卸费 = \frac{装卸费}{总工作量}$$

4）有关物流信息活动的指标

$$物流信息处理率 = \frac{物流信息处理数量}{标准物流信息处理数}$$

任务二 配送成本核算

10.2.1 配送成本的核算

配送成本的核算是多环节的核算，是各个配送环节或活动的集成。配送各个环节的成本费用核算都具有各自的特点，如流通加工的费用核算与运输费用的核算具有明显的区别，其成本计算的对象及计算单位都不同。

配送成本费用的计算由于涉及多环节的成本计算，对每个环节应当计算各成本计算对象的总成本。总成本是指成本计算期内成本计算对象的成本总额，即各个成本项目金额之和。配送成本费用总额是由各个环节的成本组成。其计算公式如下：

$$\frac{配送}{成本} = \frac{配送运}{输成本} + \frac{分拣}{成本} + \frac{配装}{成本} + \frac{流通加}{工成本} + \frac{储存}{成本} + \frac{信息处}{理成本}$$

需要指出的是，在进行配送成本费用核算时要避免配送成本费用重复交叉。下面就运输成本、流通加工成本、储存成本和分拣成本的核算进行阐述。

1．运输成本的核算

运输成本的核算，是指将配送车辆在配送过程中所发生的费用，按照规定的配送对象和成本项目，计入配送对象的运输成本项目中去的方法。

1）运输成本的核算项目

（1）工资及职工福利费。根据"工资分配汇总表"和"职工福利费计算表"中各运输工作组成员所分配的金额计入相关运输成本。

（2）燃料。根据"燃料发出凭证汇总表"中各车型耗用的燃料金额计入成本。配送车辆在本企业以外的油库加油，其领发数量不作为企业购入和发出处理的，应在发生时按照配送车辆领用数量和金额计入成本。

(3) 轮胎。轮胎外胎采用一次摊销法的,根据"轮胎发出凭证汇总表"中各车型领用的金额计入成本。采用按行驶公里提取法的,根据"轮胎摊提费计算表"中各车型应负担的摊提额计入成本。发生轮胎翻新费时,根据付款凭证直接计入各车型成本或通过待摊费用分期摊销。内胎、垫带根据"材料发出凭证汇总表"中各车型成本领用金额计入成本。

(4) 修理费。辅助生产部门对配送车辆进行保养和修理的费用,根据"辅助营运费用分配表"中分配各车型的金额计入成本。

(5) 折旧费。根据"固定资产折旧计算表"中按照车辆种类提取的折旧金额计入各分类成本。

(6) 运输管理费。配送车辆应缴纳的运输管理费,应在月终计算成本时,编制"配送营运车辆应缴纳管理费计算表",据此计入配送成本。

(7) 车船使用税、行车事故损失和其他费用。如果是通过银行转账、应付票据、现金支付的,根据付款凭证等直接计入有关的车辆成本。如果是在企业仓库内领用的材料物资,根据"材料发出凭证汇总表"、"低值易耗品发出凭证汇总表"中各车型领用的金额计入成本。

(8) 营运间接费用。根据"营运间接费用分配表"计入有关配送车辆成本。

2) 配送运输成本计算表

企业在期末应编制配送运输成本计算表,以反映配送运输总成本和单位成本。配送运输总成本是指成本计算期内成本计算对象的成本总额,即各个成本项目金额之和。单位成本是指成本计算期内各成本计算对象完成单位周转量的成本额。各成本计算对象计算的成本降低额,是指用该配送成本的上年度实际单位成本乘以本期实际周转量计算的总成本,减去本期实际总成本的差额。它是反映该配送运输成本由于成本降低所产生的节约金额的一项指标。

按各成本计算对象计算的成本降低率,是指该配送运输成本的降低额与上年度实际单位成本乘以本期实际周转量计算的总成本比较的百分比。它是反映该配送运输成本降低幅度的一项指标。

各成本计算对象的降低额和降低率的计算公式如下:

$$成本降低额 = 上年度实际单位成本 \times 本期实际周转量 - 本期实际总成本$$

$$成本降低率 = \frac{成本降低额}{上年度实际单位成本 \times 本期实际周转量} \times 100\%$$

表 10-2 配送运输成本计算表

成本项目	运输工作组		
	1组	2组	3组
一、运营直接费用			
工资福利费			
燃料费			
轮胎费			
修理费			

续 表

成本项目	运输工作组		
	1组	2组	3组
折旧费			
税费			
二、运营间接费用			
合 计			

2．流通加工成本的核算

1）流通加工成本项目

(1) 直接材料费。流通加工的直接材料费用是指对流通加工产品加工过程中直接消耗的材料、辅助材料、包装材料以及燃料和动力等费用。与工业企业相比，在流通加工过程中的直接材料费用，占流通加工成本的比例不大。

(2) 直接人工费用。流通加工成本中的直接人工费用，是指直接进行加工生产的生产工人的工资总额和按工资总额提取的职工福利费。生产工人工资总额包括计时工资、计件工资、奖金、津贴和补贴、加班工资、非工作时间的工资等。

(3) 制造费用。流通加工制造费用是物流中心设置的生产加工单位为组织和管理生产加工所发生的各项间接费用，主要包括流通加工生产单位管理人员的工资及提取的福利费、生产加工单位房屋、建筑物、机器设备等的折旧和修理费、生产单位固定资产租赁费、机物料消耗、低值易耗品摊销、取暖费、水电费、办公费、差旅费、保险费、试验检验费、季节性停工和机器设备修理期间的停工损失以及其他制造费用。

2）流通加工成本项目的归集

(1) 直接材料费用的归集。直接材料费用中，材料和燃料费用数额是根据全部领料凭证汇总编制的"耗用材料汇总表"确定的，外购动力费用是根据有关凭证确定的。

在归集直接材料费用时，凡能分清某一成本计算对象的费用，应单独列出，以便直接计入该加工对象的成本计算单中；属于几个加工成本对象共同耗用的直接材料费用，应当选择适当的方法，分配计入各加工成本计算对象的成本计算单中。

(2) 直接人工费用的归集。计入成本中的直接人工费用的数额，是根据当期"工资结算汇总表"和"职工福利费计算表"来确定的。

"工资结算汇总表"是进行工资结算和分配的原始依据。它是根据"工资结算单"按人员类别（工资用途）汇总编制的。"工资结算单"应当依据职工工作卡片、考勤记录、工作量记录等工资计算的原始记录编制。

"职工福利费计算表"是依据"工资结算汇总表"确定的各类人员工资总额，按照规定的提取比例计算后编制的。

(3) 制造费用的归集。制造费用是通过设置制造费用明细账，按照费用发生的地点来归集的。制造费用明细账按照加工生产单位开设，并按费用明细账项目设专栏组织核算。流通加工制造费用表的格式可以参考工业企业的制造费用表的一般格式。由于流通加工环节的折旧费用、固定资产修理费用等占成本比例较大,其费用归集尤其重要。

3) 流通加工成本计算表

表 10-3 流通加工成本计算表

成本项目	流通加工品种			合 计
	A产品	B产品	C产品	
一、加工直接费用				
工资福利费				
材料费				
维修保养费				
折旧费				
其他费用				
二、加工间接费用				
合 计				

3. 储存成本的核算

1) 储存成本项目

（1）工资及福利费。根据"工资分配汇总表"和"职工福利费计算表"中分配的储存成本的金额计入成本。

（2）材料费用。根据"材料发出凭证汇总表"、"领料单"及"领料登记表"等原始凭证中的记录计入储存成本。

（3）折旧费用。根据"固定资产折旧计算表"中按照储存器具提取的折旧金额计入成本。

（4）维护保养、水电费、物业管理及保管费等依据相关原始凭证及费用分配表依次计入储存成本。

2) 储存成本计算表

表 10-4 储存成本计算表

成本项目	本月计划数	本月实际数	占总成本比例
工资及福利费			
材料费			
维修保养费			
保管费			
水电费			
办公费			
其他费用			
合 计			

4. 分拣成本的核算

1) 分拣成本项目

(1) 工资及福利费。根据"工资分配汇总表"和"职工福利费计算表"中分配的金额计入成本。

(2) 材料费用。根据"材料发出凭证汇总表"、"领料单"及"领料登记表"等原始凭证中的记录,计入分拣成本。

(3) 折旧费用。根据"固定资产折旧计算表"中按照分拣器具提取的折旧金额计入成本。

(4) 维护保养费。按照分拣器械的实际支出计入成本。

(5) 其他费用。按照相关费用分配表计入成本,主要是管理费用及低值易耗品的分摊。

2) 分拣成本计算表

表 10-5 分拣成本计算表

成本项目	分拣品种			各项目所占比例
	货物1	货物2	其他货物	
工资及福利费				
材料费				
折旧费				
修理费				
其他费用				
合 计				

10.2.2 配送成本的核算步骤

1977年,日本运输省流通对策本部为适应各企业物流人员提出的对于物流成本计算要有一个"标准"方法的要求公布了《物流成本统一计算标准》(以下简称《计算标准》)。参照《计算标准》中的物流成本计算方法可以很方便地计算出企业的配送成本。

根据《计算标准》,在计算物流成本时要注意把握住一个基本原则,就是从"按支付形态"入手,来计算物流费用。同样,配送成本的计算也应从"按支付形态"入手开始进行。按支付形态不同分类来计算配送成本,必须首先从企业会计核算的全部相关科目中抽出所包含的配送成本。诸如运输费、保管费等向企业外部支付的费用,可以全部看作配送成本,而企业内部的配送费用的计算必须从有关项目中进行提取。

1. 材料费

可以根据进出库记录提出某一时期用于配送活动中的消耗量,在乘以材料的购进单价而得来。可是,这需要出入库账目以物流为主进行记录。当难以实际通过材料支出单据进行统计时,可采用盘存计算法,即:

$$本期消耗量 = 期初结余 + 本期购进 - 期末结余$$

材料的购进单价应包括材料的购买费、进货运费、装卸费、保险费、关税、购进杂费等。

2. 人工费

报酬总额根据发给配送人员的工资、补贴、奖金等开支或按整个企业职工的平均工资额等费用情况进行计算。职工劳保费、按规定提取的福利基金及职工教育培训费等都需要从企业这些费用项目的总额中把用于配送人员的费用部分抽取出来。当实际费用很难抽取出来计算时，也可将这些费用的总额按从事配送活动的职工人数比例分摊到配送成本中。

3. 公益费

公益费包括电费、煤气费、自来水费等开支。严格地讲，应该每一个用于配送活动的设施都安装上计数表来直接计费，但作为一种简易方法，也可以从整个企业的上述项目开支中，按配送设施和配送人员的比例计算得出。

4. 维护费

维护费包括固定资产的使用、运转和维修保养所产生的维修保养费、房产税、土地、车辆使用税、租赁费、保险费等。维护费应该根据本期实际发生额计算，对于经过多个期间统一支付的费用（如租赁费、保险费等），可按期间分摊计入本期相应的费用中。先提出能直接掌握的部分，不能直接掌握的部分可以根据建筑物面积和设备金额等进行分摊。

5. 一般经费

这一费用对应于财务会计中的一般管理费。其中，对于差旅费、书报资料费等人员和使用目的明确的费用，直接计入配送成本，不能直接掌握的部分，可按人头或设备比例进行分摊。

6. 特别经费

特别经费包括按实际使用年限计算的折旧费和企业内利息等。

企业内利息实际上是配送活动所占用的全部资金的资金成本。因为这部分资金成本不是以银行利率而是以企业内部利率计算，所以称为企业内部利息。这种企业内利息仅仅是以管理会计中资本成本的形式加到成本中，实质上是对配送活动占用资产的一种以整个企业内部平均利息率来计算的资金成本，它与实际支付的利息不同，实质上它应该看作是一种机会成本。

企业内利息的计算，对配送中使用的固定资产以征收固定资产占用税时的评估价乘以企业内部利息率；对存货以账面价值乘以企业内利息率。

7. 对外委托费

根据本期实际发生额进行计算。除此以外的间接委托的费用按一定标准分摊到各功能的费用中。

8. 其他企业支付费用

以本期发生购进时其他企业支付和发生销售时其他企业支付配送费的物品重量或件数为基础，乘以费用估价计算。

其他企业支付的费用虽然不作为本企业费用支付，但对购进商品实际上已经将运费、装卸费包含在进货价格中。企业自己到商品产地购进，这部分费用是要由本企业实际支付的。

对销售的商品,买方提货所支付的费用相当于折减了销售价格,如果销售的商品采用送货制,这部分费用也要由本企业支付。因此,其他企业支付的配送费用实际上是为了弥补应由本企业负担的配送费而计入配送成本的。该费用的计算必须依靠概算估价的费用单价,但当本企业也承担与此相应的配送费时可用本企业相当的配送费来代替。

根据计算配送成本的需要,将数据资料填入表10-6中。

表10-6 配送成本计算表

支付形态			范围	营业所	顾客	商品	合计
企业本身成本	本企业支付配送费	企业本身配送费	材料费	资料费			
				燃料费			
				消耗性工具、器具费			
				其他			
				合计			
			人工费	工资、薪水、补贴			
				福利费			
				其他			
				合计			
			公益费	水、电费			
				煤气费			
				其他			
				合计			
			维护费	消耗性材料费			
				租赁费			
				保险费			
				其他			
				合计			
		特别经费	一般经费				
			折旧费				
			企业内利息合计				
		企业本身配送费合计					
		对外委托费					
	本企业支付配送费						
	外企业支付配送费						
	企业配送费合计						

任务三 配送成本控制

10.3.1 配送成本控制概述

1. 控制配送成本的意义

进入21世纪,随着科学技术的进步和经济的全球化,企业面临着愈加激烈的竞争,与此同时,顾客对产品和服务的期望值也越来越高,为了在激烈竞争中生存下来,企业急需提高客户服务水平。此时,越来越多的企业选择建立配送中心,开展配送作业。配送是按照顾客的订货需求,在物流据点进行分货、配货工作,并将配好的货送交收货人的活动。它是流通加工、整理、拣选、分类、配货、装配、运送等一系列活动的集合。通过配送,才能最终使物流活动得以实现,而且,配送活动还可以增加产品价值,提高企业的竞争力,但完成配送活动是需要付出代价的,即配送作业的实施往往又带来配送成本的居高不下,从而削弱企业的竞争力。此时,配送成本的控制工作显得愈发重要。

? 小思考

配送成本和配送服务水平的矛盾在哪里?

企业进行配送成本核算的最终目的是为了实现对配送成本的有效控制,做到配送成本的优化。配送成本的优化就是在配送服务与配送成本之间寻求平衡,即在特定的顾客服务水平之下使配送成本最小化,或在配送成本一定的情况下尽量提高顾客服务水平。

2. 配送成本的控制方法

一般而言,配送成本的控制方法包括以下几个方面。

1) 加强配送的计划性

在实际配送活动中,经常会出现临时配送、紧急配送或无计划的随时配送的情况。临时配送指的是由于事先计划不善,未能考虑正确的装配方式和恰当的运输路线,到了临近配送截止时期时,不得不安排专车,单线进行配送,造成车辆不满载。紧急配送往往只要求按时送货,为了保持服务水平,无法统筹安排车辆配装及配送路线,从而造成载重和里程的浪费。随时配送要求配送车辆随时待命,对订货要求不做计划安排,有一笔送一次,这样虽然能保证服务质量,但是不能保证配装与路线的合理性,也会造成很大浪费。由此可见,以上情况都会造成配送成本的大幅度增加。

为了加强配送的计划性,需要建立客户的配送计划申报制度。在实践中,应针对配送商品的特性,制订不同的配送计划和申报制度。下面我们以零售商店为例说明配送申报制度。

鲜活商品应实行定时定量申报、定时定量配送。为保证商品的鲜活,零售店一般一天申报一次,商品的量应控制在当天全部销售完为度。实行定时定量申报的商品,在商品量确定以后,分店除特殊情况外,不必再进行申报。由配送中心根据零售店的定量,每天送货。

普通商品应实行定期申报、定期配送。定期申报是指零售店定期向配送中心订货,订货量为两次订货之间的预计需求量。实行定期申报的优点是:一是各零售店的要货相对集中。

零售店同时发出订货申请,配送中心将订货单按商品分类、汇总,统一完成配送。二是零售店不必经常清点每种产品的盘存量,减少了工作量。三是零售店是向众多单个消费者销售商品,不确定因素多。实行定期申报,零售店只需预测订货周期较短时间内的需求量,降低了经营风险。零售店定期发出订货申请,配送中心定期送货。送货的时间间隔与订货的时间间隔一致,如每七天订一次,每七天送一次货。问题的关键是如何确定合理的时间间隔:时间太长,每次的发货量必定很多,这无疑将配送中心的存货分散到零售店储备;时间太短,每次发的货过于零星,既增加了配送难度,也增加了配送次数。一个合理的时间间隔应该使零售店保持较少的库存而又不缺货的前提下,集中零售店的订货。在实际操作中,应通过数据来分析和经验来确定。

2)进行合理的车辆配载,提高车辆货物装载率

配送过程中,不同客户的需求情况不同,每次配送的货物可能有多个品种。这些商品不仅包装形态、储运性质不一,而且密度差别较大。密度大的商品往往达到了车辆的载重量,但体积空余很大,密度小的商品虽然达到了车辆的最大体积,但达不到载重量。如果能够实行轻重配装,有效利用车辆的装载空间,既能提高单次装载货物的负荷,使车辆满载,又能充分利用车辆的有效体积,从而大大降低配送成本。

3)选择合理的配送线路

配送线路是指各送货车辆向各个客户送货时所要经过的路线。配送线路的合理与否直接影响到配送时间、车辆的利用效率和配送成本。选择适当的配送线路可以在保证供应的前提下实现运输距离最短,运输费用最省,从而降低配送成本。

采用科学的方法确定合理的配送线路,可以有效提高配送效率,降低配送成本。确定配送线路的方法很多,既可以采用方案评价法进行定性分析,也可以采用数学模型进行定量分析。无论采用何种方法,都必须考虑以下条件:满足所有客户对商品品种、规格和数量的要求;满足所有客户对货物发到时间的要求;在交通管理部门允许通行的时间内送货;各配送路线的商品量不得超过车辆容积及载重量;在配送中心现有运力及可支配运力的范围之内配送。

优化配送线路的主要目的是提高配送效率,科学合理的配送线路可以达到事半功倍的效果,因此在设定配送线路时应避免走回头路,同时还应注意不能因追求效率而降低服务质量和标准。

4)加强自动化技术的运用,提高配送作业效率

配送作业中分拣、配货要占全部业务流程的60%,而且容易发生错误。如果在拣货、配货过程中运用自动化技术(比如条形码技术),就可以使拣货作业快速、准确,使配货简单、高效,从而提高生产效率,降低人力成本,实现作业的标准化,降低配送成本。

5)确定合理的配送中心选址

配送中心的选址涉及配送的范围和配送线路等,直接影响到配送中心各项活动的成本,同时也关系到配送中心的正常运作和发展,因此,配送中心的选址和布局必须在充分调查分析的基础上综合考虑自身经营的特点、商品特性及交通状况等因素,在详细分析现状及预测的基础上对配送中心进行选址。

6) 建立通畅的配送信息系统

配送作业中需要处理大量的信息，建立通畅的配送信息系统，能够简化配送作业，提高配送作业效率，制订最佳的配载计划和配送路线，最终降低配送成本。

10.3.2 降低配送成本的策略

在一定的顾客服务水平下使配送成本最小的策略主要有以下几个方面。

1. 混合策略

混合策略是指在分析企业配送作业的基础上，首先合理地安排企业自身有能力完成的配送作业，然后把其他配送作业外包给第三方物流公司，或与其他物流企业共同开展一些配送作业。这种策略的基本思想是，尽管采用纯策略（即配送活动要么全部由企业自身完成，要么完全外包给第三方物流完成）易形成一定的规模经济，并使管理简化，但由于产品品种多变、规格不一、销量不等等情况，有时采用纯策略的配送方式不仅不能取得规模效益，反而还会造成规模不经济。而采用混合策略，可以充分利用外部资源，与其他企业协同完成某项配送任务，合理安排企业自身完成的配送和外包给第三方物流完成的配送，降低配送成本。

例如，美国一家干货生产企业为满足遍及全美的1 000家连锁店的配送需要，建造了6座仓库，并拥有自己的车队。随着经营的发展，企业决定扩大配送系统，计划在芝加哥投资700万美元再建一座新仓库，并配以新型的物料处理系统。该计划提交董事会讨论时，却发现这样不仅成本较高，而且就算仓库建起来也还是满足不了需要。于是，企业把目光投向租赁公共仓库，结果发现，如果企业在附近租用公共仓库，增加一些必要的设备，再加上原有的仓储设施，企业所需的仓储空间就足够了，但总投资只需20万美元的设备购置费，10万美元的外包运费，加上租金，也远远低于700万美元。

2. 合并策略

合并策略包含两个层次：一是配送方法上的合并；二是共同配送。

1) 配送方法上的合并

企业在安排车辆完成配送任务时，充分利用车辆的容积和载重量，做到满载满装，这是降低成本的重要途径。由于产品品种繁多，不仅包装形态、储运性能不一，在容重方面，也往往相差甚远。一车上如果只装容重大的货物，往往是达到了载重量，但容积空余很多；只装容重小的货物则相反，看起来车装得满，实际上并未达到车辆载重量。这两种情况实际上都造成了浪费。实行合理的轻重配装、容积大小不同的货物搭配装车，就可以不但在载重方面达到满载，而且也充分利用车辆的有效容积，取得最优效果。最好是借助电脑计算货物配车的最优解。

2) 共同配送

共同配送是一种产权层次上的共享，也称集中协作配送。它是几个企业联合集小量为大量共同利用同一配送设施的配送方式。其标准运作形式是：在中心机构的统一指挥和调度下，各配送主体以经营活动（或以资产为纽带）联合行动，在较大的地域内协调运作，共同对某一个或某几个客户提供系列化的配送服务。这种配送有两种情况：一是中小生产、零售企业之间分工合作实行共同配送,即同一行业或在同一地区的中小型生产、零售企业单独进行配送的运输量少、效率低的情况下进行联合配送,不仅可减少企业的配送费用,配送能力得到互补,而且有利于缓和城市交通拥挤,提高配送车辆的利用率;第二种是几个中小型配送中心之间的联合,针对某一地区的用户,由于各配送中心所配物资数量少、车辆利用率低等原因,几个配送中心将用户所需物资集中起来,共同配送。

3. 差异化策略

差异化策略就是立足于配送物品的特性,用特定的配送方式对待特定的货物。其指导思想是:产品特征不同,顾客服务水平也不同。

当企业拥有多种产品线时,不能对所有产品都按同一标准的顾客服务水平来配送,而应按产品的特点、销售水平,来设置不同的库存、不同的运输方式以及不同的储存地点,忽视产品的差异性会增加不必要的配送成本。

例如,一家生产化学品添加剂的公司,为降低成本,按各种产品的销售量比重进行分类:A类产品的销售量占总销售量的70%以上,B类产品占20%左右,C类产品则为10%左右。对A类产品,公司在各销售网点都备有库存,B类产品只在地区分销中心备有库存而在各销售网点不备有库存,C类产品连地区分销中心都不设库存,仅在工厂的仓库才有存货。经过一段时间的运行,事实证明这种方法是成功的,企业总的配送成本下降了20%之多。

4. 延迟策略

传统的配送计划安排中,大多数的库存是按照对未来市场需求的预测量设置的,这样就存在着预测风险,当预测量与实际需求量不符时,就出现库存过多或过少的情况,从而增加配送成本。延迟策略的基本思想就是对产品的外观、形状及其生产、组装、配送应尽可能推迟到接到顾客订单后再确定。一旦接到订单就要快速反应,因此采用延迟策略的一个基本前提是信息传递要非常快。

实施延迟策略常采用两种方式:生产延迟(或称形成延迟)和物流延迟(或称时间延迟),而配送中往往存在着加工活动,所以实施配送延迟策略既可采用形成延迟方式,也可采用时间延迟方式。具体操作时,常常发生在诸如贴标签(形成延迟)、包装(形成延迟)、装配(形成延迟)和发送(时间延迟)等领域。

例如,美国一家生产金枪鱼罐头的企业就通过采用延迟策略改变配送方式,降低了库存水平。历史上这家企业为提高市场占有率曾针对不同的市场设计了几种标签,产品生产出来后运到各地的分销仓库储存起来。由于顾客偏好不一,几种品牌的同一产品经常出现某种品牌的畅销而缺货,而另一些品牌却滞销压仓。为了解这个问题,该企业改变以往的做法,在产品出厂时都不贴标签就运到各分销中心储存,当接到各销售网点的具体订货要求后,才按各网点指定的品牌标志贴上相应的标签,这样就有效地解决了销售中存在的矛盾,从而降低了库存。

5. 标准化策略

标准化策略就是要求配送中心所有的作业环节都设置详细的具体的作业标准,制定严格的规章制度,尽可能多地采用标准零部件、模块化产品。例如,服装制造商按统一规格生产服装,直到顾客购买时才按顾客的身材调整尺寸大小。

标准化策略可使企业实行规模经济,大幅度降低产品研究、开发、生产、销售等各个环节的成本而提高利润。

项目小结

配送成本的高与低直接关系到配送中心的利润,进而影响到企业的利润。因此,如何用最低的配送成本达到"在适当的时间将适当的产品送到适当的地方"的目标,是摆在企业面前的一个关键问题,配送成本管理工作变得十分重要。本章较为详细地阐述了配送成本的相关知识,重点介绍配送成本的概念、特征,配送成本的构成与分类,影响配送成本的因素,配送成本的分析、核算与控制。

同步练习

一、选择题

1. (　　)是指企业在经营产品、提供劳务等日常活动中所发生的各种耗费。成本与费用管理就是对企业经营过程中所有成本、费用的发生和形成进行决策、计划、控制、核算、分析和考核等工作的总称。

　　A. 成本与费用　　B. 成本　　　　C. 费用　　　　D. 利润与费用

2. (　　)是指同一资源的两个方面处于互相矛盾的关系之中,要达到一个目的必然要损失一部分另一目的;要追求一方,必得舍弃另一方的一种状态,即两方面之间呈此消彼长、此长彼消的现象。

　　A. 四律背反　　B. 二律背反　　C. 二律相同　　D. 二律原理

3. 物流合理化是物流管理追求的总目标。它是对物流设备配置和物流活动组织进行调整改进,实现物流系统(　　)的过程。

　　A. 整体组合　　B. 阶段优化　　C. 整体优化　　D. 整体提高

4. 配送成本的优化就是在配送服务与配送成本之间(　　),即在特定的顾客服务水平之下使配送成本最小化,或在配送成本一定的情况下尽量提高顾客服务水平。

　　A. 找出差距　　B. 提出问题　　C. 优化组合　　D. 寻求平衡

5. 配送作业中需要处理大量的信息,建立通畅的配送信息系统,能够简化配送作业,提高配送作业效率,制订最佳的配载计划和配送路线,最终(　　)。

　　A. 降低配送成本　B. 实现目标　　C. 优化组合　　D. 利用信息

二、问答题

1. 计算配送成本主要有哪些意义?
2. 配送成本由哪些成本构成?
3. 影响配送成本的因素有哪些?
4. 配送成本的控制方法有哪些?
5. 运输成本的核算项目有哪些?

三、实训题

1. 实训目的:使学生对配送成本管理有个整体的认识。

2. 实训方式:到配送企业进行顶岗实践。
3. 实训内容:

(1) 使学生了解配送成本管理在配送企业中的重要性。

(2) 使学生熟悉配送成本管理的内容主要有哪些,应如何加强对配送企业成本的管理。

微信扫码查看

项目十一　配送业务绩效考核

知识目标	技能目标
1. 掌握配送业务绩效评估。 2. 掌握配送成本与配送服务绩效评估。 3. 理解配送员工绩效评估，了解绩效考核系统相关知识。	1. 熟悉各项配送业务的考核。 2. 会结合数据资料进行指标计算和具体业务绩效分析。

> **项目概述**

绩效是现在很多人都在认真研究的话题，很多企业也都在进行绩效考核，试图通过考核来研究绩效管理，促进绩效水平的大幅度提高。

如今，配送能力已经成为企业创造和保持竞争利益的一个关键因素，因此配送绩效评价和控制显得尤为重要。

配送绩效评价是指运用数理统计和运筹学方法，采用特定的指标体系，按照统一的评价标准和特定程序，通过定量、定性分析，对配送在一定经营期间的经营效益和经营者的业绩做出客观、公平和准确的综合判断。有效的配送绩效评价与控制，对资源的监督和配置是非常重要的。

对于个人的考评应从德能勤绩四个方面进行。德能勤绩就是从一个人的思想品德、工作能力、勤奋程度、工作成果等各个方面依次并有一定针对性的标准进行比较，得出各个方面的评估结果，然后再进行综合的方法。这在传统的企业中常常用得较多。相对于观察而言，更注重被考评者周围人对其的评判，德能勤绩则比较注重"人品"和一贯的做事方式，但是这种评价方法却很容易成为非绩效导向，只适用于在一些初级评估或针对管理人员的评估。

任务一　绩效考核系统

11.1.1　绩效的内涵

1. 绩效的含义

绩效包含有成绩和效益两层意思，用在经济管理活动方面，指的是社会经济管理活动的结果和成效；用在人力资源管理方面，指的是主体行为或者结果中的投入产出比；用在公共部门中来衡量政府活动的效果，则是一个包含多元目标在内的概念。

从管理学的角度看，绩效是组织期望的结果，是组织为实现其目标而展现在不同层面上的有效输出，包括个人绩效和组织绩效。简单来讲，绩效是一个组织或个人在一定时期内的投入产出情况,投入指的是人力、物力、时间等物质资源,产出指的是工作任务在数量、质量及效率方面的完成情况。绩效是一门科学,更是一门艺术,是一把双刃剑,用得好,可以削铁如泥;用不好,反而会割伤自己。

管理根据其关注的重点不同,经常可以被分为结果和过程的管理。对于绩效考核来说,绩效可以说是结果,但如果某些因素相对于其他因素而言,对结果有明显、直接的影响时,绩效的意义就与这些因素等同起来了。绩效考核要的是结果,但也从达成结果的一些因素出发,进行过程管理。

2. 绩效的特点

(1) 多因性。多因性是指一个人的绩效的高低受到多方面因素的影响。影响绩效的关键因素主要有以下五个方面:① 工作者本身的态度、工作技能、掌握的知识、IQ、EQ 等;② 工作本身的目标、计划、资源需求、过程控制等;③ 包括流程、协调、组织在内的工作方法;④ 工作环境,包括文化氛围、自然环境以及工作环境;⑤ 管理机制,包括计划、组织、指挥、监督、控制、激励、反馈等。

(2) 多维性。多维性是指应从多方面、多角度去分析一个人绩效的优劣,才能取得比较合理的、客观的、易接受的结果。

(3) 动态性。动态性是指一个人的绩效高低会随着时间、职位等因素发生变化。

11.1.2 绩效考核

1. 绩效考核的含义

绩效考核是一项系统工程。绩效考核的定义为:企业在既定的战略目标下,运用特定的标准和指标,对员工过去的工作行为及取得的工作业绩进行评估,并运用评估的结果对员工将来的工作行为和工作业绩产生正面引导的过程和方法。

明确这个概念,可以明确绩效考核的目的及重点。企业在制订发展规划、战略目标时,为了更好地完成这个目标需要把目标分阶段分解到各部门,最终落实到每一位员工身上,也就是说每个人都有任务。绩效考核就是对企业人员完成目标情况的一个跟踪、记录、考评。注意绩效考核的时效关系,绩效考核是对被考核主体过去进行评价并对其将来产生影响。

2. 绩效考核的分类

1) 按时间划分

(1) 定期考核。企业考核的时间可以是一个月、一个季度、半年、一年。考核时间要根据企业文化和岗位特点进行选择。

(2) 不定期考核。不定期考核有两方面的含义:一方面是指组织中对人员的提升所进行的考评,另一方面是指主管对下属的日常行为表现进行纪录,发现问题及时解决,同时也为定期考核提供依据。

2) 按考核的内容划分

(1) 特征导向型。考核的重点是员工的个人特质,如诚实度、合作性、沟通能力等,即考量员工是一个怎样的人。

（2）行为导向型。考核的重点是员工的工作方式和工作行为，如服务员的微笑和态度、待人接物的方法等，即对工作过程的考量。

（3）结果导向型。考核的重点是工作内容和工作质量，如产品的产量和质量、劳动效率等，侧重点是员工完成的工作任务和生产的产品。

3）按主观和客观划分

（1）客观考核方法。客观考核方法是对可以直接量化的指标体系所进行的考核，如生产指标和个人工作指标。

（2）主观考核方法。主观考核方法是由考核者根据一定的标准设计的考核指标体系对被考核者进行主观评价，如工作行为和工作结果。

综上所述，对各级人员的考核可以从以下几个方面进行：知识（专业知识、行业知识、社会阅历等）、工作业绩、工作能力（组织能力、协调能力、沟通能力等）、工作态度、工作方法、工作效率、组织纪律、道德品质、配合度、学习精神、团队精神、成本意识、目标达成、绩效改进等。不同职级的人员考核的重点不尽相同，各考核点所占分值权重不一样，但绩效改进是每一位被考核者都必须包含的内容，它是落实绩效考核 PDCA 循环的具体体现。

3. 绩效考核方法

（1）图尺度考核法（Graphic Rating Scale，GRS），是最简单和运用最普遍的绩效考核技术之一，一般采用图尺度表填写打分的形式进行。

（2）交替排序法（Alternative Ranking Method，ARM），是一种较为常用的排序考核法。其原理是：在群体中挑选出最好的或者最差的绩效表现者，较之于对其绩效进行绝对考核要简单易行得多。因此，交替排序的操作方法就是分别挑选、排列"最好的"与"最差的"，然后挑选出"第二好的"与"第二差的"，这样依次进行，直到将所有的被考核人员排列完全为止，从而以优劣排序作为绩效考核的结果。交替排序在操作时也可以使用绩效排序表。

（3）配对比较法（Paired Comparison Method，PCM），是一种更为细致的通过排序来考核绩效水平的方法，它的特点是每一个考核要素都要进行人员间的两两比较和排序，使得在每一个考核要素下，每一个人都和其他所有人进行了比较，所有被考核者在每一个要素下都获得了充分的排序。

（4）强制分布法（Forced Distribution Method，FDM），是在考核进行之前就设定好绩效水平的分布比例，然后将员工的考核结果安排到分布结构里去。

（5）关键事件法（Critical Incident Method，CIM），是一种通过员工的关键行为和行为结果来对其绩效水平进行绩效考核的方法，一般由主管人员将其下属员工在工作中表现出来的非常优秀的行为事件或者非常糟糕的行为事件记录下来，然后在考核时点上（每季度或者每半年）与该员工进行一次面谈，根据记录共同讨论来对其绩效水平做出考核。

（6）行为锚定等级考核法（Behaviorally Anchored Rating Scale，BARS），是基于对被考核者的工作行为进行观察、考核，从而评定绩效水平的方法。

（7）目标管理法（Management by Objectives，MBO），目标管理法是现代更多采用的方法，管理者通常很强调利润、销售额和成本这些能带来成果的结果指标。在目标管理法下，每个员工都确定有若干具体的指标，这些指标是其工作成功开展的关键目标，它们的完成情况可以作为评价员工的依据。

（8）叙述法，在进行考核时，以文字叙述的方式说明事实，包括以往工作取得了哪些明显的成果，工作上存在的不足和缺陷是什么。

（9）360°考核法，又称全方位考核法，是指考核时通过同事评价、上级评价、下级评价、客户评价以及个人评价来评定绩效水平的方法。该方法通过评论知晓各方面的意见，清楚自己的长处和短处，来达到提高自己的目的。

绩效考核是一项复杂的系统工程，计划、监控、考核流程、成果运用等动态管理，构成绩效考核的主要工作内容。因此，要持续不断地根据考核工作中存在的问题改进考核工作，同时还要把工作制度化、持续性地开展下去。

小思考

德能勤绩之间的关系是什么？一个人最重要的是什么？

11.1.3 绩效考评的作用

1. 达成目标

绩效考核本质上是一种过程管理，而不是仅仅对结果的考核。它是将中长期的目标分解成年度、季度、月度指标，不断督促员工实现、完成的过程，有效的绩效考核能帮助企业达成目标。

2. 挖掘问题

绩效考核是一个不断制订计划、执行、改正的 PDCA 循环过程，体现在整个绩效管理环节，包括绩效目标设定、绩效要求达成、绩效实施修正、绩效面谈、绩效改进、再制定目标的循环，这也是一个不断地发现问题、改进问题的过程。

3. 分配利益

与利益不挂钩的考核是没有意义的，员工的工资一般包括固定工资和绩效工资两个部分。绩效工资的分配与员工的绩效考核得分息息相关，所以一说起考核，员工的第一反应往往是绩效工资的发放。

4. 促进成长

绩效考核的最终目的并不是单纯地进行利益分配，而是促进企业与员工的共同成长。通过考核发现问题、改进问题，找到差距进行提升，最后达到双赢。绩效考核的应用重点在薪酬和绩效的结合上。薪酬与绩效在人力资源管理中，是两个密不可分的环节。在设定薪酬时，一般已将薪酬分解为固定工资和绩效工资，绩效工资正是通过绩效予以体现，而对员工进行绩效考核也必须要表现在薪酬上，否则绩效和薪酬都失去了激励的作用。

11.1.4 绩效管理

1. 绩效管理概述

所谓绩效管理，是指为了达到组织目标，各级管理者和员工共同参与的绩效计划制订、绩效辅导沟通、绩效考核评价、绩效结果应用、绩效目标提升的持续循环过程。绩效管理的目的在于提高员工的能力和素质，从而改进并提高企业的绩效水平，实现企业的战略目标。

绩效考核与绩效管理是不同的。绩效管理是指将企业的远景、战略目标分解到组织和个体,并通过绩效计划、绩效辅导、绩效评估和绩效激励四个环节环环相扣,由具有严格逻辑关系的环节所构成,注重员工未来绩效的改善和提高,有助于推动组织战略目标的实现。绩效评估则是对企业员工过去一定时期内的工作表现和工作成果给予考核和评判,其着眼点是对员工过去绩效的总结。从这两个概念上来看,两者的着眼点和概念的外延是不相同的,绩效考核只是绩效管理的一个环节,绩效管理功能的正常发挥还需要其他几个环节的有效"辅助"。绩效管理的目的在于提高企业、部门、小组和个人的绩效,完成企业最终设定目标,绩效考核的目的在于是区分、奖励、发展和反馈。两者的主要区别如表11-1所示。

表 11-1 绩效管理与绩效考核的主要区别

不同点	绩效管理	绩效考核
目的不同	解决问题	事后算账
关注点不同	注重结果和过程	注重结果
工作侧重点不同	侧重信息沟通与绩效提高	侧重于判断
结果不同	双赢	成或败
过程不同	贯穿于管理活动的全过程	只出现在特定的阶段
关注的时间因素不同	关注未来的绩效	关注过去的绩效

2. 绩效管理的流程

做好绩效管理的基础在于使绩效管理流程清晰化、规范化,如图11-1所示。

```
(1) 制订考核计划
① 明确考核的目的和对象;② 选择考核内容和方法;③ 确定考核时间。
```

```
(2) 进行技术准备
绩效考核是一项技术性很强的工作,其技术标准主要包括确定考核标准、选择或设计考核方法以及培训考核人员。
```

```
(3) 选拔考核人员
① 通过培训,可以使考核人员掌握考核原则,熟悉考核标准,掌握考核方法,克服常见偏差;
② 在考核人员时,按照上面所述的两方面因素要求,确定各种考核人选。
```

```
(4) 收集资料信息
收集资料信息要建立一套与考核指标体系有关的制度,并通过采取各种有效的方法来达到。
```

```
(5) 做出分析评价
① 确定单项的等级和分值;② 对同一项目各考核来源的结果进行综合;③ 对不同项目考核结果的综合。
```

```
(6) 考核结果反馈
① 考核结果反馈的意义;② 考核结果反馈面谈,建立和谐的面谈关系。
```

```
(7) 考核结果运用
考核结果的运用,可以说就是进入绩效管理的流程。
```

图 11-1 绩效管理流程

任务二　配送服务与配送成本绩效考核

降低配送成本和提高配送服务水平是配送管理肩负的两大使命,正确处理和协调两者的关系是配送管理的重要内容。配送服务与配送成本绩效考核有助于配送中心分析配送绩效,提高配送中心的经营能力,进而增加配送中心以及整个供应链的整体效益。

11.2.1　配送服务与成本之间的二律背反

1. 配送服务概述

作为物流系统的终端,配送直接面对服务的客户,其服务水平的高低直接决定了整个物流系统的效益。

理想的配送服务水平要求达到"7R",即正确的商品(Right Product)、适当的质量(Right Quality)、适当的数量(Right Quantity)、适当的时间(Right Time)、适当的地点(Right Place)、适当的状态(Right Condition)、适当的价格(Right Price)。衡量服务水平的具体标准由以下若干因素组成：

(1) 服务的可靠性。可靠的服务内容包括:商品品种齐全、数量充足、保证供应;接到客户订货后,按照要求的内容迅速提供商品;在规定的时间内把商品送到需要的地点;商品运到时,保证数量准确,质量完好。

(2) 缺货比率。

(3) 订货周期的长短。

(4) 运输工具及运输方式的选择。

(5) 特殊服务项目的提供。

(6) 免费服务。

配送活动通过提供高水平、高标准的服务,可以满足企业销售需要,争取更多的顾客,从而增加企业的利润,与此同时也产生了较高的成本。

2. 配送服务与成本之间的"二律背反"

过去曾有学者提出把"在任何时间、任何地点、任何数量上都满足顾客的要求"作为配送服务的一般标准,然而这样的服务水平只能在不考虑成本的前提下才办得到。从管理的角度来看,这是一种"无原则"的服务标准,既不现实又不可取。另一个错误思路则是不考虑其他要求,一味追求最低成本。例如,为了降低采购费用,大批量集中进行送货,以致不考虑顾客的需要,延长送货时间,结果造成缺货损失,影响企业信誉。这种以牺牲企业的利益而换来的低成本同样毫无意义,是管理上的本末倒置。

如上所述,配送成本与配送服务之间存在"二律背反"问题,即一般来讲,提高配送服务,配送成本即上升,成本与服务之间受收益递减法则的支配;处于高水平的配送服务时,成本增加而配送服务水平不能按比例相应提高。

那么在管理中如何正确处理和协调这两者之间的关系呢？管理者在选择时应注意权衡利弊,用综合的方法来求得两者之间的平衡。此时,可以通过考察配送系统的投入产出比,来对配送系统的经济效益进行衡量和评价。配送系统中的投入就是我们所说的配送成本,而配送系统的产出就是配送服务。以最低的配送成本达到所要求的配送服务水平,这样的配送系统就是一个有效率的系统。

11.2.2 配送服务分析

1. 配送服务分类

配送服务分为基本服务和增值服务。基本服务是配送主体据以建立基本业务关系的客户服务方案,所有客户同等对待;增值服务是指按照特定客户的特定配送要求实行的配送服务,是超出基本服务范围的附加服务。

2. 配送基本服务

配送基本服务是社会化物流企业能够向客户提供的最低限度和通常的配送服务。这个服务所遵循的原则主要有以下几点:

(1) 满足用户的基本需求,以用户为上帝,服务具有被动性。
(2) 服务的买卖双方是一种合同关系。
(3) 无故障或低故障服务,该目标带有保守性。
(4) 面向所有用户,即对客户实行完全同等的服务方式和服务水平。

基本服务可以满足客户对配送的一般需求,如客户的运输需求和仓储需求,也就是说,基本服务具有"可得性";企业对客户的服务方式、服务水准应该得到客户的认同,如双方在合同中明确差错率或故障率,也就是说,基本服务对于客户而言要有"可接受性"。

3. 配送增值服务

配送增值服务是对特定客户的特定要求实行的服务,是指针对特定客户或特定的物流活动,在配送基本服务基础上提供的定制化服务。物流企业为了体现自身在服务方面的创新,可以用配送增值服务的形式面对所有的客户进行服务。

1) 配送增值服务的分类

(1) 按照配送增值服务的核心不同进行分类。

第一,以顾客为核心的配送增值服务。以顾客为核心的配送增值服务是指由配送中心提供的,以满足买卖双方对于配送产品的要求为目的的各种可供选择的服务。例如,从收货到递送的货物全程追踪服务;电话预约当天收货;车辆租赁服务;对时间敏感的产品提供快速可靠的服务(含相关记录报告);对温度敏感的产品提供快速可靠的服务,如冷藏、冷冻运输(含相关记录报告);配合产品制造或装配的零部件、在制品及时交付;被客户退回的商品逆向配送;运输设备的清洁或消毒等卫生服务;信誉好的承运人甚至可以为客户提供承运人的评估选择、运输合同管理服务等。这类专门化的增值服务可以被有效地用来支持新产品的引入,以及基于当地市场的季节性配送。

美国 UPS 公司就开发了独特的服务系统,专门为批发商配送纳贝斯克食品公司的快餐食品,这种配送方式不同于传统的糖烟配送服务。这些增值活动的内容包括:处理顾客向制造商的订货,直接送货到门(商店或顾客家),以及按照零售商的需要及时地持续补充送货。这类专门化的增值服务可以被有效地用来支持新产品的引入,以及基于当地市场的季节性配送。

第二，以促销为核心的配送增值服务。以促销为核心的配送增值服务是指为了给生产企业或流通企业提供有利于营销活动的服务，在提供配送服务的同时，增加更多的有利于促销的配送支持。例如，为商品打价格标签或条形码；为成衣销售提供加挂衣架、重新包装等服务；为储存的产品进行特别的介绍；协助处理退回的商品并追踪服务；为食品、药品类客户提供低温冷藏服务，并负责先进先出，最大限度地方便商家。例如，保加利亚索菲亚服装配送中心由样品陈列室、批发洽谈室和保管众多家服装制造厂的各种服装的高层自动化仓库等组成，客户在陈列室看样品，在洽谈室进行商务谈判后，配送中心就负责准时地把所需服装送达客户，集贸易和配送于一体。

第三，以制造为核心的配送增值服务。以制造为核心的配送增值服务是通过独特的产品分类和递送来支持制造活动的配送服务。

每一个客户进行生产的实际设施和制造装备都是独特的，在理想状态下，配送和内向物流的材料和部件应进行顾客定制化。例如，有的厂商将外科手术的成套器具按需要进行装配，以满足特定医师的独特要求。此外，有的仓储公司切割和安装各种长度和尺寸的软管，以适合个别顾客所使用的不同规格的水泵。这些活动在物流系统中都是由专业人员承担的。这些专业人员能够在客户的订单发生时对产品进行最后定型，利用的是物流的时间延迟。

第四，以时间为核心的配送增值服务。以时间为核心的增值服务涉及使用专业人员在递送以前对存货进行分类、组合和排序。

以时间为核心的增值服务的一种流行形式就是准时化。在准时化概念下，供应商先把商品送进工厂附近的仓库，当需求产生时，仓库就会对由多家供应商提供的产品进行重新分类、排序，然后送到配送线上。以时间为基础的服务，其主要的一个特征就是排除不必要的仓库设施和重复劳动，以便能最大限度地提高服务速度。例如，海尔物流采用的以时间为核心的增值服务就涉及指示专业人员在递送以前对存货进行分类、组合和排序。

（2）按照配送增值服务的功能进行分类。

第一，增加便利性的配送增值服务。一切能够简化手续、简化操作的服务都是增值性服务。简化是相对于消费者而言的，并不是说服务的内容简化了，而是指为了获得某种服务，以前需要消费者自己做的一些事情，现在由物流服务提供商以各种方式代替消费者做了，消费者获得服务变得更加简单、方便，从而增加商品或服务的价值。在提供配送服务时，进行一条龙门到门服务、提供完备的操作或作业提示、免费培训、维护、省力化设计或安装、代办业务、24小时营业、自动订货、传递信息和转账等都是对客户有用的增值性服务。

第二，加快反应速度的配送增值服务。快速反应是指物流企业面对多品种、小批量的买方市场，不是储备了"产品"，而是准备了各种要素，在客户提出要求时，能以最快速度抽取要素，及时"组装"，提供所需服务或产品。

快速反应已经成为物流发展的动力之一。传统观点和做法将加快反应速度变成单纯对快速运输的一种要求，而现代物流的观点却认为，可以通过以下两条途径使过程变快：一是提高运输基础设施和设备的效率，比如修建高速公路、铁路提速、制定新的交通管理办法、提高汽车本身的行驶速度等，这是一种速度的保障，但在需求方绝对速度的要求越来越高的情况下,它也变成了一种约束,因此必须想其他的办法来提高速度。第二种办法,也是具有重大推广价值的增值性物流服务方案,就是优化配送中心、物流中心网络,重新设计适合客户的流通渠道,以此来减少物流环节、简化物流过程,提高物流系统的快速反应能力。

第三,降低成本的配送增值服务。通过提供配送增值服务,寻找能够降低物流成本的配送解决方案。可以考虑的方案包括:采用第三方物流服务商;采取物流共同化计划;同时,可以通过采用比较适用但投资较少的物流技术和设施设备,或推行物流管理技术,如运筹学中的管理技术、单品管理技术、条形码技术和信息技术等,提高物流的效率和效益,降低物流成本。

第四,延伸服务。这种增值服务主要是将物流的各项基本功能进行延伸,伴随着物流运作过程实施,从而将各环节有机衔接起来,实现便利、高效的物流运作。例如,仓储的延伸服务有原料质检、库存查询、库存补充及各种形式的流通加工服务等,运输的延伸服务如选择国际、国内运输方式、运输路线,安排货运计划,为客户选择承运人,确定配载方法,货物运输过程中的监控、跟踪、门到门综合运输、报关、代垫运费、运费谈判、货款回收与结算等。配送服务的延伸有集货、分拣包装、配套装配、条码生成、贴标签、自动补货等。这种增值服务需要有协调和利用其他物流企业资源的能力,以确保企业所承担的货物交付任务能以最合理的方式、尽可能低的成本来完成。

以上各种服务中延伸服务最具有增值性,但也是最难提供的服务。目前,能否提供此类增值服务已成为衡量一个物流企业是否真正具有竞争力的标准。

2) 配送增值服务的模式

增值服务模式的创新是配送中心经营的闪光点,目前中国物流企业分别尝试采用了以下的几种服务模式。当然,各配送中心的增值服务可以采用与客户经营方式相匹配的服务模式来完成,并不一定要局限于以下模式。

第一,承运人型增值服务。例如,从收货到送达的货物全程追踪服务;对时间敏感的产品提供快速可靠的服务;对温度敏感的产品提供快速可靠的服务,如冷藏、冷冻运输等。这类专门化的增值服务可以被有效地用来支持新产品的引入,以及基于当地市场的季节性配送。

第二,仓储型增值服务。拥有大型仓储设施的仓储物流企业可以考虑下列增值服务:材料及零部件的到货检验;材料及零部件的安装制造;提供全天候收货和发货窗口;配合客户营销计划进行制成品的重新包装和组合,如不同产品捆绑促销时提供商品的再包装服务。

第三,货运代理型增值服务。中国很多配送中心(如中远物流、中国邮政物流)可以帮助货主客户订舱、租船、包机、包舱、托运、仓储、包装;货物的监装、装卸、集装箱拼装拆箱、分拨、中转及相关的短途运输服务;报关、报验、报检、保险;内向运输与外向运输的组合;多式联运、集运、含集装箱拼箱等。

第四,信息型增值服务。中国以信息技术为优势的物流服务商可以把信息技术融入物流作业安排当中。例如,向供应商下订单,并提供相关财务报告;接受客户的订单,并提供相关财务报告;利用对数据的积累和整理,对客户的需求预测,提供咨询支持;运用网络技术向客户提供在线的数据查询和在线帮助服务。

第五,第四方物流增值服务。目前,有少部分配送中心向客户提供全面意义上的供应链解决方案;对第三方物流企业的管理和技术等物流资源进行整合优化,对物流作业流程进行再造,甚至对其组织结构进行重组;为客户物流决策提供咨询服务等。

4. 增值服务和基本服务的区别

增值服务和基本服务的主要区别,有以下几点:

(1) 增值服务是一种深层次的物流服务。物流企业必须对客户的物流需求及与其相关的所有活动有深入的了解,才能提出特殊的增值服务方案。一般来讲,增值服务是面对特定客户的一种特殊服务方案。

(2) 增值服务费用较高。对于物流企业而言,增值服务需要在一般的基础服务和高水平服务的前提下增加投入才能取得产出的增值。因此,对于客户来讲,增值服务需要收取超出基本服务的费用支出。

(3) 增值服务具有时效性。随着物流服务水平的逐步提高,原来的增值服务在经过一段时间之后,就可能变成物流企业的基本服务,不再属于增值服务的范畴。

(4) 增值服务具有动态性。随着整个社会经济的进步,物流的增值服务呈现出动态性。不断涌现出新的增值服务方式,物流企业必须不断研究、不断发展才能够不断提高增值服务的水平。

总之,增值服务是竞争力强的企业区别于一般小企业的重要方面。增值服务的特征是在提供基本服务的基础上,满足更多的顾客期望,为客户提供更多的利益和不同于其他企业的优质服务。

❓ 小思考

在配送服务时,应注意哪些礼仪?

11.2.3　配送服务与成本绩效评价

根据配送作业流程,配送服务与成本绩效评价可以通过人员利用率、设备利用率、设施空间利用率、配送规划管理能力、时间效率、配送成本、质量水平等指标来衡量。

1. 人员利用率

人员利用率是企业经营评估的重要指标。配送人员利用率评估配送人员的工作分摊及其作业贡献度,以衡量其作业绩效。人员利用率可用以下指标衡量:

$$人均配送量 = \frac{配送量}{配送人员总数}$$

$$人均配送距离 = \frac{配送总距离}{配送人员总数}$$

$$人均配送吨公里 = \frac{配送总吨公里}{配送人员总数}$$

$$人均配送体积或重量 = \frac{配送总体积或总重量}{配送人员总数}$$

2. 设备利用率

设备利用率用于衡量资产设备是否发挥最大产能,一般通过提高设备每单位时间内的处理量来达到提高设备利用效率的目的。下面以车辆利用率为例来说明:

$$平均每辆车配送金额 = \frac{配送总金额}{配送车辆总数}$$

$$配送车辆总数 = 自有车辆数 + 外用车辆数$$

$$平均每辆车配送吨公里 = \frac{配送总吨公里}{配送车辆总数}$$

$$平均每辆车配送距离 = \frac{配送总距离}{配送车辆总数}$$

$$满载车次比率 = \frac{满载车次}{总配送车次}$$

$$空车率 = \frac{空车行驶距离}{配送总距离}$$

3. 设施空间利用率

设施空间利用率指标用来衡量整个配送企业空间设施利用率的高低。所谓设施,是指除人员、设备以外的一切硬件,包括办公室、休息室、仓储区、拣货区、收货区和出货区等区域空间的安排及一些消防设施等周边硬件。设施空间利用率要针对空间利用率、有效度等方面进行考虑,提高单位土地面积的使用效率,同时还要考虑货架、仓储区的储存量以及每天理货场地的配货周转次数。

4. 配送规划管理能力

配送规划管理能力可评估车辆的负荷和外用车所占比例等,可用以下指标衡量:

$$车辆满载率 = \frac{配送货物的总体积}{车辆总体积数 \times 配送车运转率 \times 工作天数}$$

$$平均每车次配送吨公里 = \frac{配送总吨公里}{配送总车次}$$

$$平均每车次配送距离 = \frac{配送总距离}{配送总车次}$$

$$外用车比率 = \frac{外用车数}{自有车数 + 外用车数}$$

$$配送平均速度 = \frac{配送总距离}{配送总时间}$$

5. 时间效率

时间效率用来衡量每个作业是否掌握最佳时间。时间是衡量效率最直接的因素,通过它最容易看出整体作业能力是否降低,如某段时间搬运了多少商品,平均每天配送了多少家门店的要货等,从而很容易了解配送企业整体经营运作的优劣,可用以下指标衡量:

$$季节品比率 = \frac{本月季节品库存量}{平均库存量}$$

$$配送时间比率 = \frac{配送总时间}{配送人员数 \times 工作天数 \times 正常班工作时数}$$

配送时间比率是观察配送时间对配送的贡献,比率太低,说明资源利用率低。

$$单位时间配送量 = \frac{出货量}{配送总时间}$$

$$单位时间配送生产力 = \frac{营业额}{配送总时间}$$

6. 配送成本

配送成本包括自有车辆配送成本和外用车辆配送成本,可用以下指标衡量:

$$配送成本比率 = \frac{自车配送成本 + 外车配送成本}{物流总成本}$$

$$单位重量配送成本 = \frac{自车配送成本 + 外车配送成本}{配送总重量}$$

$$单位体积配送成本 = \frac{自车配送成本 + 外车配送成本}{出货品总体积}$$

$$每车次配送成本 = \frac{自车配送成本 + 外车配送成本}{配送总车次}$$

$$每公里配送成本 = \frac{自车配送成本 + 外车配送成本}{配送总距离}$$

$$配送延迟率 = \frac{配送延迟车次数}{配送总车次}$$

7. 质量水平

质量水平用来衡量配送中心服务质量是否达到客户满意的水平。这里的质量不仅包括商品本身的质量优劣,还包括物流配送作业中特殊的质量指标,如耗损、缺货、维修、通货、延迟交货、事故和误差率等。

11.2.4 确定配送服务水平的方法

在服务和成本之间,首先应该肯定服务是第一位的,是前提条件。因为就物流配送的职能来讲,就是要提高满足购销活动所要求的服务。使服务达到一定水平,就是配送管理的第一使命。与此同时,以尽可能低的配送成本达到这种服务水平,则是配送管理的第二使命。所以"首先是服务,其次是成本",既然服务是第一位,企业该如何确定其适当的服务水平呢?

相对于前述"无原则"的服务标准,企业要确定的是有原则的服务标准。具体来说,就是确定了下述条件后的服务水平。例如,订货是任何时间内都接受呢,还是只在规定的时间内接受;订货数,是一件也订,还是规定最低订货数量;此外,当天订货,限定什么时间交货;送货服务达到什么程度等等。总之,在制定服务标准时必须站在用户的角度,了解用户真正需要的是什么,制定的服务目标要具备可行性,并且服从于企业经营总目标。

一般来说,企业用来确定配送服务水平的方法,主要有以下三种:

(1) 采用销售竞争所需要的服务水平。根据竞争需要确定适宜的服务水平,既可以采用竞争对手所确定的服务水平或略高于竞争对手的服务水平,也可以根据实际需要以比竞争对手高得多的服务水平去竞争,以牺牲眼前利益的代价去获得长远利益。

(2) 在增加成本与销售额之间进行权衡选择,选择的原则是保证最大限度的利润。配送服务水平的提高对企业的影响是两方面的:增加销售收入的同时,提高了配送成本。这种服务水平的提高对于企业是否适宜,评价的方法是将由此增长的销售额与增加的成本相比,考察企业的盈利状况。

(3) 随着配送服务水平的提高,配送成本中有一部分上升,也有一部分不受服务水平提高的影响。如果后一部分成本的降低额不小于因服务水平提高而增加的成本额,这种服务水平的确定或调整是适宜的。

❓小思考

在配送实践中,有些配送企业首先考虑的是配送成本,其次是配送服务,这样对吗,为什么?

任务三 运输绩效考核

运输作为物流的一项重要活动,也是配送的重要组成部分,主要完成实物从供应地到需求地的移动问题。进行运输绩效评价与分析有利于提高运输效率和运输经济效益。

运输可以分为运输企业的运输和其他企业的运输。无论哪种运输,其绩效都主要体现在一系列运输活动及结果上,即运输绩效主要是通过对一系列运输活动或过程的绩效管理来实现的。由于各种企业的情况差别较大,要设计一套适用于所有企业运输绩效评价的通用指标体系不太现实;如果按照运输活动或过程来设计指标体系,不同的运输企业或企业运输均可以根据实际情况,有选择地运用这些指标建立绩效评价指标体系。这里将运输活动或过程作为运输绩效考核的对象。

11.3.1 运输绩效考核的含义

运输绩效考核指的是对运输活动或运输过程的绩效考核,一般是按照统一的评价标准,采用一定的指标体系,按照一定的程序,运用定性和定量的方法,对一定时期内运输活动或过程的效益和效率做出的综合判断。

运输绩效考核是运输企业及其他相关企业进行绩效管理的主要环节,是管理者了解运输活动效果的基本手段,也是加强企业管理的一种方法。

11.3.2 运输绩效考核体系的构成

运输绩效考核体系作为企业绩效管理系统的子系统,也是企业管理控制系统的一部分。

为保证绩效评价的效果，应该建立科学合理的绩效考核体系。有效的运输绩效考核体系应包括以下内容：

（1）考核对象，它主要说明对谁进行绩效评价。运输绩效评价对象主要是指企业的运输活动或运输过程，一般包括集货、分配、搬运、中转、装卸、分散等作业活动。这些活动在实际工作中还会涉及运输活动计划、目标、相关组织与人员以及相关的环境条件等相关情况。

（2）考核组织，即负责领导、组织所有评价活动的机构，评价组织的构成情况及其能力大小将直接影响绩效评价活动的顺利实施及效果。它一般由企业有关部门负责人组成，有时也邀请其他有关专家参与。

（3）考核目标，被用来指导整个绩效评价工作，一般根据运输绩效管理目标、企业实际状况以及发展目标来确定。评价目标是否明确、具体和符合实际，关系到整个评价工作的方向是否正确。

（4）考核原则，就是实际评价工作中应坚持的一些基本原则，如客观公正、突出重点、建立完善的指标体系等，它会影响到评价工作能否顺利开展及其效果。

（5）考核内容，它说明了应该从哪些方面对运输绩效进行评价，反映了评价工作的范围，一般包括运输成本、运输能力、服务质量、作业效率、客户满意度等。

（6）考核标准，这是用来考核评价对象绩效的基准，也是设立评价指标的依据。评价指标主要有三个来源：一是历史标准，就是以企业运输活动过去的绩效作为评价标准；二是标杆标准，就是将行业中优秀企业运输活动的绩效水平作为标准，以此来判断本企业的市场竞争力和自己在市场中的地位；三是客户标准，即按照客户的要求设立的绩效标准，以此来判断满足客户要求的程度以及与客户关系紧密程度。

（7）考核指标体系，就是评价运输活动的具体指标及其体系。运输绩效指标可以按照运输量、运输服务质量、运输效率以及运输成本与效益等方面来分别设立。

（8）考核方法，它是依据评价指标和评价标准以及评价目标、实施费用、评价效果等方面因素来判断运输绩效的具体手段。评价方法及其应用正确与否，将会影响到评价结论是否正确。通常用的评价方法有专家评价法、层次分析法、模糊综合评价法等。

（9）考核报告，这是评价工作实施过程最后所形成的结论性文件以及相关材料，内容包括对评价对象绩效优劣的结论、存在问题及其原因分析等。

以上9项内容之间相互联系、相互影响，共同组成一个完整的运输绩效考核体系。在实际工作中，运输绩效考核体系的具体构成要视企业实际情况而定。

11.3.3 运输绩效考核指标体系的构建

能否正确选择绩效评价指标，将直接影响运输绩效评价结果，也关系到运输绩效管理以及企业管理的成效，所以选择和确定适当的评价指标是进行运输绩效评价的基础和前提，也是运输绩效管理的一种手段。在实际绩效评价工作中，应把握一定的基本原则来选择和确定具体的评价指标，并使之形成完整的和系统的指标体系，以取得良好的绩效评价效果。

1. 运输绩效考核指标选择的原则

选择运输绩效考核指标时，应坚持以下原则：

（1）目的性原则。绩效指标的选择应该以正确反映企业整体经济效益和运输活动绩效为目的。也就是说,所选指标应科学合理地评价运输活动的作业过程以及投入、产出、成本费用等客观情况。

(2) 系统性原则。运输活动由许多环节组成,会受到来自人、财、物、信息、服务水平等因素及其组合效果的影响,必须对其进行多层次、多方位、多渠道的评价,以保证评价的全面性和可信度,因此在选择绩效评价指标必须系统地、全面地考虑所有影响运输绩效的因素。

(3) 层次性原则。在选择评价指标时,应注意各项指标的层次性,这样有利于确定每层重点,并有效地进行关键指标分析、评价方法的运用以及绩效评价的具体操作。

(4) 定性指标与定量指标相结合的原则。由于运输活动具有复杂性、动态性,所以绩效评价指标应该既包括易于定量表示的技术经济指标,又包括很难用量化表示的社会环境指标,如安全、快速、舒适、便利等方面的指标。实际的评价活动中,应该使定量指标与定性指标相结合,这样可以利用两者的优势,弥补双方的不足,以保证绩效评价的全面性、客观性。

(5) 可操作性原则。就是使各项指标尽量含义清晰、简单规范、操作简便,同时,能够符合运输活动的实际情况,并与现有统计资料、财务报表兼容,以提高实际评价的可操作性和整个绩效评价的效率。

(6) 时效性与比较性原则。为了及时了解企业的运营业绩,应该及时进行评价。评价绩效,数据是最佳的衡量工具,但是,如果没有比较的基准数据,再及时的评价也是徒劳的。因此,企业的盈余或亏损,须同一定的基准数据如过去的记录、预算目标、同行业水平、国际水平等进行比较,才能鉴别其优劣,绩效评价才具有实际意义。

(7) 责、权、利相结合的原则。评价的目的主要是改革绩效,不能为评价而评价、为奖惩而评价、为升迁而评价。但是,运输绩效评价结果出来后,应分析责任的归属,在确定责任时,要确定是否在当事人责、权范围内,并且是否为当事人可控的事项,只有这样,奖惩才能公平合理。

2. 运输活动绩效考核指标体系的构成

运输绩效考核指标体系可以根据货物运输量、运输质量、运输效率以及运输成本与效益来确定。运输绩效考核指标体系主要包括以下内容。

1) 商品运输量指标

它包括以实物量为计量单位的指标和以实物金额为计量单位的指标。其计算公式为:

(1) 以实物件数为计量单位。

$$商品运输量(吨) = \frac{商品件数 \times 每件商品毛重(千克)}{1\,000}$$

(2) 以金额为计量单位。

$$商品运输量(吨) = \frac{运输商品总金额}{该类商品每吨的平均金额}$$

2) 运输损失指标

运输过程中的货物损失率有两种表示方式:一种是以货物损失总价值与所运输货物的总价值进行比较,这种方式主要适用于货主企业的运输损失绩效考核;另一种方式是用运输损失赔偿金额与运输业务收入金额的比率来反映,此方式更适用于运输企业或物流企业为货主企业提供运输服务时的货物安全性绩效考核。两者计算公式如下:

(1) 按运输收入计算。

$$运输损失率 = \frac{货物损失总价值}{运输业务收入} \times 100\%$$

(2) 按商品价值计算。

$$运输损失率 = \frac{货物损失总价值}{发运商品总价值} \times 100\%$$

3) 运输成本与效益指标

(1) 单位运输费用指标。该指标可用来评价运输作业效益高低以及综合管理水平,一般用运输费用总额与同期货物总周转量的比值来表示。其计算公式为:

$$单位运输费用 = \frac{运输费用总额}{货物总周转量} \times 100\%$$

(2) 燃料消耗指标。评价燃料消耗的指标主要有单位实际消耗、燃料消耗定额比,它反映了运输活动中燃料消耗的情况,可以促进企业加强对燃料消耗的管理。

(3) 运输费用效益指标。该指标表示单位运输费用支出额所带来的盈利额。其计算公式为:

$$运输费用效益 = \frac{经营盈利额}{运输费用支出额} \times 100\%$$

(4) 单车(船)经济收益指标。该指标表示单车(船)运营收入中扣除成本后的净收益。

$$单车(船)经济收益 = 单车(船)运营收入 - 单车(船)运营成本$$

该公式计算结果为正值,说明车辆运营盈利;公式计算结果为负值,说明车辆运营亏损。

(5) 社会效益指标。该指标主要反映运输活动对环境污染的程度以及对城市交通的影响程度等。可以用专业性的环境评价指标对运输活动进行社会效益评价,也可以用定性的指标进行评价。例如,对企业具体的运输活动评价,可以考察运输活动中采用清洁能源车辆情况、运输时间是否考虑避开城市交通高峰、运输活动对周围环境污染情况等。

4) 合理的运输评价指标

(1) 商品待运期。其计算公式为:

$$商品待运期 = \frac{计算期每日累计待运商品的吨数}{计算期逐日累计商品发运吨数}$$

(2) 货损货差率指标,是指在发运的货物总票数中货损货差的票数所占的比重。其计算公式为:

$$货损货差率 = \frac{货损货差票数}{办理商品发运抵达总票数} \times 100\%$$

5) 安全评价指标

(1) 事故频率指标,是指单位行程内发生行车安全事故的次数,一般只计大事故和重大事故。该指标反映车辆运行过程中随时发生或遭遇行车安全事故的概率。其计算公式为:

$$事故频率(次/万公里) = \frac{报告期内事故次数}{报告期内总行驶公里 \div 10\,000}$$

(2) 安全间隔里程指标,是指平均每两次行车事故之间车辆安全行驶的里程数,该指标是事故频率的倒数。其计算公式为：

$$安全间隔里程(万公里)=\frac{报告期内总行驶公里\div 10\,000}{报告期内事故次数}$$

6) 运输质量评价指标

$$准时运输率=\frac{准时运送次数}{运输总次数}\times 100\%$$

$$车(船)满载率=\frac{车(船)实际装载力}{车(船)装载能力}\times 100\%$$

可靠性指标，是反映运输工作质量的指标，它可以促进企业采用先进的运输管理技术，做好运输调度管理，保证货物流转的及时性。

7) 运输效率与效益评价指标

运输效率与效益评价指标主要是车(船)利用效率指标，包括时间、速度、里程及载重量等方面的指标，下面是其中主要的几种：

(1) 时间利用指标，包括车(船)辆利用率与完好率指标。车(船)辆利用率指一定时期内运营车辆总天数(时数)中工作天数(时数)所占的比重；完好率是指一定时期内运营车辆总天数中车(船)辆技术状况完好天数所占的比重。其计算公式为：

$$车(船)利用率=\frac{报告期内运营车(船)投产总天数}{报告期内车(船)总天数}\times 100\%$$

$$车(船)完好率=\frac{报告期内运营车(船)完好总天数}{报告期内车(船)总天数}\times 100\%$$

(2) 里程利用率，是指一定时期内车辆总行程中载重行程所占的比重，反映了车辆的实载和空载程度，可以用来评价运输组织管理的水平高低。其计算公式为：

$$里程利用率=\frac{报告期内车船载重行驶里程}{报告期内车船总行驶里程}\times 100\%$$

(3) 载重量利用指标，是反映车辆载重能力利用程度的指标，包括吨位利用率和实载率。吨位利用率按照一定时期内全部营运车辆载重行程载重量的利用程度来计算，其中载重行程载重量亦称为重车吨位公里。

$$吨位产量=\frac{报告期内完成的周转量}{报告期内平均总运力}\times 100\%$$

$$吨公里成本=\frac{报告期内运输生产总成本(元)}{报告期内货物总周转量(吨公里)}$$

8) 运输服务质量指标

(1) 客户满意率指标，是对运输服务质量的总体评价指标，用满意客户数与被调查客户数的比率来表示。所谓满意客户，是指在对货主进行满意性调查中，凡在调查问卷上回答对运输服务感到满意及以上档次的客户。客户满意率指标计算公式为：

$$客户满意率=\frac{满意客户数}{被调查客户总数}\times 100\%$$

(2) 客户意见处理率指标，该指标用已经处理的意见数与客户所提意见数的比率来表示,它反映了对客户信息的及时处理能力,也可反映客户对运输服务性好坏的基本评价及企业补救力度的大小。已处理意见是指在客户针对运输服务质量问题提出的意见中,企业予以及时查处并给予客户必要的物质或精神补偿而取得满意效果的意见。意见处理率和满意率均可按季度计,必要时也可按月计。客户意见处理率指标计算公式为:

$$客户意见处理率 = \frac{已经处理的意见数}{客户所提意见总数} \times 100\%$$

在实际运输活动中,可综合考虑运输活动的目标与任务、运输货物特点、运输环境、运输能力、客户要求等方面的因素,具体确定各项评价指标及其主次顺序,形成完整的、相互衔接的指标体系,以获得良好的评价效果。

11.3.4 运输活动绩效考核标准

配送中心进行具体运输绩效考核与分析时,可以参考以下内容来确定考核标准:
(1) 运输、取货、送货的服务质量,即整个运输过程是否做到了准确、安全、可靠。
(2) 是否能够实现门到门服务,而且费用合理。
(3) 是否能够及时提供有关运输状况、运输信息及其他服务。
(4) 如果货物发生丢失或破坏,是否能够及时处理有关索赔事项。
(5) 是否认真填制提货单、票据等运输凭证。
(6) 与用户长期保持真诚的合作伙伴关系的能力。

在对运输活动进行绩效考核时,并非完全按上述六条标准选择,可结合承运人与顾客的实际情况,确定考核标准,并将所选择标准按重要程度进行打分,根据汇总的总分多少判别优劣,具体操作见表11-2。

表 11-2 运输活动绩效考核标准

评价因素	相对重要性	承运人绩效	承运人等级
运输成本	1	1	1
中转时间	3	2	6
可靠性	1	2	2
运输能力	2	2	4
可达性	2	2	4
安全性	2	3	6
总等级	2	3	6

注:承运人等级=相对重要性×承运人绩效。
　　相对重要性:1—高度重要,2—适度重要,3—低度重要。
　　承运人绩效:1—绩效好,2—绩效一般,3—绩效差。

表中的考核标准显然首先考虑的是运输成本,但是运费并不是唯一的成本构成,整个物流系统的成本还必须考虑设备条件、索赔责任及装载情况等相关因素。

中转时间直接影响库存水平,所以也是一条重要的标准。可以想象,如果承运人提供的运输服务不稳定，就必须有较多的库存。同样道理，如果承运人不能将货物及时运达，就可能会失去市场。

可靠性的评估通常是以订货交付的完成为基础的。一旦一票订货已经完成并装运交付，仓库就会记录抵达时间与日期，并传输到采购部门。经过计算机处理后，将一个承运人绩效记录及时地提交给采购部门及运输部门，就很容易分析判断承运人的可靠程度。

运输能力包括运输与服务两方面的能力。运输能力主要指提供专用车船的能力及卸车的能力。服务能力主要是 EDI 的运用、在线跟踪储存及门到门服务等。

另外一个标准是可达性。多方式联运提供的是广泛服务，使可达性越来越不成为问题。通过直达运输和联合运输的协议来实现承运人的可达性越来越重要。

最后一个标准是安全运输能力。主要考察如果一旦出现事故，承运人有无能力迅速理赔。对安全性的评价包括预防能力与理赔能力两方面。

11.3.5 运输绩效评价的步骤

1. 建立运输绩效评价组织机构

评价组织机构直接组织实施评价，评价组织机构负责成立评价工作组，并选聘有关专家组成专家咨询组。委托社会中介机构实施评价时应先选定中介机构并与其签订委托书，然后由中介机构组建评价工作组及专家咨询组。参加评价工作的成员应具有较丰富的物流管理、财务会计、资产管理及法律等方面的专业知识，熟悉运输绩效评价业务，有较强的综合分析判断能力。

2. 制定评价工作方案

配送运输活动的绩效评价也是一个非常重要的问题，进行运输绩效评价时应根据企业的具体要求及评价重点，确定评价指标体系，安排工作进程和时间表，确定评价的原则和方法以及人员分工等。

3. 收集整理数据

根据评价工作方案的要求及评分的需要收集、核实和整理基础资料和数据，包括评价方法、评价准值、连续三年的会计决算报表以及有关统计数据和定性评价的基础资料，制作各种调查表，分发给调查对象，并提出填写要求，然后及时收回，并对数据进行分类、登记。

4. 统计计分

运用计算机软件计算评分指标的实际分数，这是绩效评价的一个关键步骤。

5. 评价结论

将绩效基本评价得分与物流产业中相同行业及同规模的最高分数进行比较，对运输绩效进行分析判断，形成综合评价结论，并听取企业有关方面负责人的意见，进行适当的修正和调整。

6. 撰写评价报告

评价报告的主要内容包括评价结果、评价分析、评价结论及相关附件等，送专家咨询组征求意见。评价项目主持人签字，报送评价组织机构审核认定，如果是委托中介机构进行评价,则须加盖单位公章。

7. 评价工作总结

将评价工作的背景、时间地点、基本情况、评价结果、工作中的问题及措施、工作建议等形成书面材料,建立评价工作档案,同时报送企业备案。

任务四　配送员工绩效考核与分析

11.4.1　配送员工工作考核的原则

1. 确立统一的标准

业绩考核必须公正才能有效,而公正的重要因素就是考核必须有正式规定的统一标准,不能以考核者的印象、好恶为考核的依据。考核者必须预先制定出各岗位统一的考核标准,这种标准应通过对每一工作岗位的工作方法进行深入研究后制定而成,要尽可能量化、书面化,并通告所有将被考核的员工。同一岗位员工的工作成绩都由同一套标准来判定,这样考核才会令人信服。

2. 构建科学的考核指标体系

配送各岗位员工的工作内容和工作方法是不相同的,因此,制定考核标准的第一步就是应该科学地划分配送部门存在的不同岗位,根据它们各自的特点分别制定不同的考核标准,最终形成由不同岗位、不同工种考核标准组成的标准体系。

3. 确定严格的考核机制

考核不能随意进行,如果一个配送管理人员有时间时组织几次,没时间时则长期疏于考核,考核工作就无法起到鞭策、激励员工的作用。因此,考核工作必须确定考核的机制,它包括以下内容。

1) 考核工作多长时间进行一次

考核时间间隔太长,则容易侧重于员工的最近表现,而忽略他们的整体表现;间隔太短则容易使烦琐的考核工作成为例行公事。因此,应根据员工在企业工作时间的长短以及不同的工作性质和不同的考核内容来确定考核时间。一般来说,配送员工的日常考核每月进行一次比较适宜,再配合进行半年考核、年考核,这样会得到比较好的效果。

2) 由谁来进行考核

考核不能仅由配送主管一个人来进行,而应该由具有各种代表性的一组人来进行,这样能够保证考核的公正性。通常这一组人中应包括被考核者的直接上级,如组长、主管、配送经理、员工代表等。

3) 考核方法的确定

首先,确定考核的信息来源,如对员工工作表现的评价是来源于员工个人的总结,还是同事的评语,抑或来自外界的反映。其次,考核时由全体讨论评定还是制定表格计分,或是累计员工平日业绩,这些都必须事先确定,并让每一位员工明了。

4) 考核必须与奖惩相结合

考核的目的是使好的工作态度、好的工作方法得到宣传和效法,使不好的工作态度、不合乎要求的工作方法得到批评和修正。考核只是达到这一目的的手段之一,必须附以相应的奖励和惩罚措施才能产生效果。

11.4.2 配送员工绩效考核程序

配送人员绩效考核程序分为准备阶段、实施阶段、反馈阶段和考核结果运用阶段。

1. 准备阶段

1) 确定考核主体

一般考核主体包括上级部门、主管领导、同级员工、下级员工、专家与被考核人。当同级员工和下级员工作为考核主体时,要确保人数在5人以上,保证考核结果的真实性。

2) 确定考核时机

为了保证考核结果的准确性,对考核时机的选择尤为重要。选择考核时机要参考以下三方面的因素:避免选择组织气氛欠佳和工作繁忙时考核;考核时间不宜过长、麻烦,应快速完成考核相关内容;接近年底,年终评比、成果鉴定、各项激励应结合在同一时期进行考核。

3) 确定考核内容

配送人员考核内容分为配送前考核、配送中考核、配送后考核三部分。表11-3以某配送公司为例来具体说明。

表 11-3 配送人员考核内容及考核指标

考核内容	权重(%)		评估指标
配送前	30%	30%	分拣准确率
		30%	紧急订单响应率
		40%	按时发货率
配送中	50%	25%	配送延误率
		20%	货物破损率
		20%	货物差错率
		20%	货物丢失率
		15%	签收单返回率
配送后	20%	30%	通知及时率
		30%	投诉处理率
		40%	客户满意度

4) 确定考核周期

配送人员的考核一般采用月度考核与年度考核。月度考核结果决定配送人员当月绩效评估得分,并作为绩效工资发放标准;年度考核将配送人员当年各月考核评估得分进行汇总,并按照年考核次数得出年平均考核得分,结合部门主管的意见,最终作为年终奖的发放依据。

2. 实施阶段

1) 绩效考核说明

配送部门主管在进入考核周期之前与配送人员进行绩效考核沟通,明确考核目标与考核标准。

2) 绩效考核指导

在考核周期内配送部主管要对被考核的配送人员进行绩效指导,以帮助其随时保持正确的工作方法,最终保证绩效考核目标的顺利达成。

3) 自我绩效评价

配送部主管在考核周期结束之前向被考核配送人员下发考核表,指导其对照绩效目标进行自我绩效评价。

4) 部门主管考核

被考核配送人员完成自我绩效评价后上交考核表,由配送部主管对照绩效目标进行考评,并按照得分划分等级。表11-4以某企业为例说明。

表11-4 评分等级表

考核标准	杰 出	优 秀	良 好	普 通	需改进
绩效评估得分	95分以上	86～95分	76～85分	60～75分	60分以下
绩效评分等级	A	B	C	D	E

3. 反馈阶段

配送部主管要与被考核配送人员进行面谈,将考核评分结果告知被考核者,并一同分析考核结果,制定具体的工作绩效改进措施。

4. 考核结果运用阶段

公司可根据配送人员年度考核情况,挑选适合的配送员工进行培训。表11-5是某企业的配送培训目标。

表11-5 某企业的配送培训目标

职 位	能力要求
初级职员	为开展配送活动,要求掌握配送构造、机制等知识和技术
中级职员	为顺利开展配送业务,改革配送要求,掌握能跟上配送发展进步的专门知识、技术和判断能力
高级职员	要求具有高深的配送专门知识和技术,能从自己所负责的工作全局着眼,辅佐领导,提出有用的建议,并具有预见能力
部门经理	具有从全局出发,把单位领导提出的思想系统化的能力、创造性的系统思考的能力和能给下属提出目标的能力

11.4.3 配送员工绩效考核方法

1. 自我评定考核法

配送管理人员及负责考核的人员将业绩考核的内容以问题的形式向员工提出来,让员工自己做出报告。这种方法为员工反思、总结自己过去所做的工作提供了机会。员工在经过系统地思考以后可以比较容易地发现自己的成绩和所存在的不足,甚至可以发现企业配送管理中所存在的问题。所以,这种方法在业绩考核工作中应用比较广泛,并经常与为企业提合理化建议的工作一起进行。

自我评价法的局限性也是显而易见的。个人对自己的评价有时不够客观、全面,有时故意回避某些情况。所以,自我评价的结果并不能作为业绩考核的唯一标准。

2. 面谈考核法

"自我评定"的方法虽然有一定的缺点,但它可以使配送管理人员能事先研究员工对他自己的工作成绩的看法,可以使考核面谈取得最佳的效果。由于员工在"自我评定报告"中已反映出其最敏感的问题是什么,也鉴定出了自己所存在的弱点,负责考核的配送管理人员可以在面谈中把精力集中在其他方面,而不需再重复其缺点。为了使面谈能顺利进行,不出现离题、跑题等现象,配送管理人员应准备一份设计完善的考绩表。表格的设计应取决于评定的目的,至少应包括以下内容:

(1) 员工评定情况,如员工姓名、工作时间、担任的工作等。

(2) 考绩报告,包括知识、技能、知识应用能力、计划与组织能力、与他人共事的能力、指导他人的能力等。

(3) 在本职岗位上的培训需求。

(4) 潜能。

(5) 培训发展需求。

(6) 参考性工资推荐意见。

在进行面谈时,管理人员应注意不要使以下情况发生:

(1) 谈话仓促进行。让人感到此事毫不重要,只不过是为了完成工作程序的一环而应付差事。

(2) 事先预定谈话结果。面谈之前就把表格填好,谈话时,以"印证自己的主观印象"为目的提问题,迫使接受面谈者"就范"。

(3) 照表宣读,不用自己的语言解释评语。

(4) 夸夸其谈或随意聊天。

总之,为提高配送人员的工作效率与服务质量,规范配送人员工作标准,增强企业配送竞争力,必须定时的对配送人员进行绩效考核。一些关键员工的绩效考核指标量表,如表11-6、表11-7所示。

表 11-6 配送部经理绩效考核指标量表

被考核人姓名		职位	配送部经理	部门	配送部
考核人姓名		职位	总经理	部门	
序号	关键指标	权重	绩效目标值		考核得分
1	配送计划完成率	20%	考核期内配送计划完成率达到100%		
2	发运总量(吨数)	15%	考核期内配送部发运总量在____吨以上		
3	配送管理费用控制	15%	考核期内配送管理费用控制在预算范围之内		
4	单位配送成本降低率	10%	考核期内配送成本降低率在____%以上		
5	客户满意率	10%	考核期内客户满意率在____%以上		
6	配送及时率	10%	考核期内配送及时率在____%以上		
7	配送货损率	5%	考核期内配送货损率在____%以下		
8	配送的差错率	5%	考核期内配送的差错率在____%以下		
9	收发货差错率	5%	考核期内收发货差错率在____%以下		
10	员工管理	5%	考核期内部门员工绩效考核平均得分在____分以上		
		本次考核总得分			
考核指标说明					
被考核人 签字： 日期：		考核人 签字： 日期：		复核人 签字： 日期：	

表 11-7 运输部经理绩效考核指标量表

被考核人姓名		职位	运输部经理	部门	运输部
考核人姓名		职位	总经理	部门	
序号	KPI指标	权重	绩效目标值		考核得分
1	运输任务完成率	20%	考核期内运输任务完成率达100%		
2	运输管理费用总额	15%	考核期内运输管理费用总额控制在预算范围内		
3	运输路线计划更改的次数	10%	考核期内运输路线计划更改次数在____次以内		
4	运输资源开发计划完成率	10%	考核期内运输资源开发计划完成率在____%以上		

续 表

序号	KPI指标	权重	绩效目标值	考核得分
5	完成运量及时率	10%	考核期内完成运量及时率在___%以上	
6	运输货损率	10%	考核期内运输货损率在___%以下	
7	单位运输成本降低率	10%	考核期内单位运输成本降低率达___%	
8	车辆完好率	5%	考核期内车辆完好率达___%	
9	运输安全事故发生次数	5%	考核期内运输安全事故发生次数在___次以下	
10	员工管理	5%	考核期内部门员工绩效考核平均得分在___分以上	
本次考核总得分				
考核指标说明				

被考核人	考核人	复核人
签字：　　日期：	签字：　　日期：	签字：　　日期：

项目小结

本章较为详细地阐述了配送业务绩效评估的基础知识，从运输、配送服务和配送成本、配送员工等方面探讨配送活动的绩效考核。现有的配送中心配送绩效评价研究着重于对评价指标体系的构建，且评价指标主要评价各作业的完成情况，没有科学的、客观的对整个作业流程进行评价，只注重对配送中某一个作业环节的评价，很难从整体上去审视整个配送活动的综合效果。对现代物流企业进行分析与评估，结合物流企业自身特点建立一套科学、合理的物流配送企业绩效评估指标体系，已成为摆在我们面前的一个重要课题。

同步练习

一、选择题

1. 管理根据其关注的重点不同，经常可以被分为结果和（　　）的管理。
   A. 过程　　　　B. 人员　　　　C. 组织　　　　D. 企业

2. （　　）是一种通过员工的关键行为和行为结果来对其绩效水平进行绩效考核的方法，一般由主管人员将其下属员工在工作中表现出来的非常优秀的行为事件或者非常糟糕的行为事件记录下来，然后在考核时点上（每季度或者每半年）与该员工进行一次面谈，根据记录共同讨论来对其绩效水平做出考核。

A. 结果法　　　B. 关键事件法　　C. 过程法　　　　D. 事件法

3. 作为物流系统的终端,配送直接面对服务的客户,其(　　)的高低直接决定了整个物流系统的效益。

A. 工作效率　　B. 商品质量　　　C. 服务水平　　　D. 技术水平

4. 运输能力包括运输与(　　)两方面的能力。

A. 速度　　　　B. 工作　　　　　C. 社会　　　　　D. 服务

5. 配送人员绩效考核程序分为准备阶段、实施阶段、反馈阶段和(　　)阶段。

A. 考核结果运用　B. 考核结果评价　C. 考核运用　　　D. 监督

二、问答题

1. 什么叫绩效考核?
2. 理想的配送服务水平要求达到的"7R"指的是什么?
3. 增值服务和基本服务的区别是什么?
4. 运输绩效评价的步骤有哪些?
5. 有效的运输绩效考核体系应包括哪些内容?

三、实训题

1. 实训目的:使学生对配送业务绩效考核有个整体的认识。
2. 实训方式:到配送企业进行顶岗实践。
3. 实训内容:

(1) 使学生了解配送业务绩效考核的内容和方法。

(2) 使学生熟悉企业配送业务绩效考核的标准。

(3) 设计一个考核标准和方法,使学生对自己和他人的学习和表现进行考核。

参考文献

[1] 冷志杰. 配送管理. 重庆:重庆大学出版社,2015.
[2] 马俊生. 配送管理. 北京:机械工业出版社,2016.
[3] 刘北林. 物流配送管理. 北京:化学工业出版社,2014.
[4] 曹泽州. 物流配送管理. 北京:清华大学出版社,2010.
[5] 陈修齐. 仓储与配送管理. 北京:电子工业出版社,2015.
[6] 田侠. 仓储与配送管理. 大连:大连理工大学出版社,2016.
[7] 张念. 仓储与配送管理. 大连:东北财经大学出版社,2016.
[8] 赵家俊. 仓储与配送管理. 北京:科学技术出版社,2014.
[9] 刘会亚. 现代物流管理. 北京:中国农业出版社,2016.
[10] 王国文,赵海然. 供应链管理. 北京:企业管理出版社,2015.
[11] 郭晖. 采购实务. 北京:中国物资出版社,2006.
[12] 徐源. 物控主管实务. 广州:广东经济出版社,2016.
[13] 王槐林. 采购管理与库存控制. 北京:中国物资出版社,2010.
[14] 张理. 现代物流案例分析. 北京:中国水利水电出版社,2015.
[15] 梁军,杨明. 物流采购与供应管理实训. 北京:中国劳动社会保障出版社,2016.
[16] 戴维·泰勒. 全球物流与供应商管理案例. 北京:中信出版社,2015.